Mémoires De Louis Xiv, Écrits Par Lui-Même, Composés Pour Le Grand Dauphin, Son Fils, Et Adressés À Ce Prince: Suivis De Plusieurs Fragmens De Mémoires Militaires, De L'instruction Donnée À Philippe V, De Dix-Sept Lettres Adresées À Ce Monarque Sur Le Gou

Louis XIV

Nabu Public Domain Reprints:

You are holding a reproduction of an original work published before 1923 that is in the public domain in the United States of America, and possibly other countries. You may freely copy and distribute this work as no entity (individual or corporate) has a copyright on the body of the work. This book may contain prior copyright references, and library stamps (as most of these works were scanned from library copies). These have been scanned and retained as part of the historical artifact.

This book may have occasional imperfections such as missing or blurred pages, poor pictures, errant marks, etc. that were either part of the original artifact, or were introduced by the scanning process. We believe this work is culturally important, and despite the imperfections, have elected to bring it back into print as part of our continuing commitment to the preservation of printed works worldwide. We appreciate your understanding of the imperfections in the preservation process, and hope you enjoy this valuable book.

DE LOUIS XIV,

ÉCRITS PAR LUI-MÊME,

COMPOSÉS POUR LE GRAND DAUPHIN, SON FILS, ET ADRESSÉS A CE PRINCE;

SUIVIS

De plusieurs Fragmens de Mémoires militaires, de l'Instruction donnée à Philippe V, de dix-sept Lettres adressées à ce Monarque sur le Gouvernement de ses États, et de diverses autres pièces inédites.

MIS EN ORDRE ET PUBLIÉS

Par J. L. M. de GAIN-MONTAGNAC.

PREMIÈRE PARTIE.

PARIS,

GARNERY, Libraire, rue de Seine.
Et à la Librairie Stéréotype, chez H. NICOLLE, rue des Petits-Augustins.

M. DCCC. VI.

Fr 1290.59.2

HARVARD COLLEGE LIBRARY
1874, April 28.
Bequest of
Hon. Charles Sumner,
of Boston.
(H. U. 1830.)

AVERTISSEMENT
DE L'ÉDITEUR.

Voltaire avoit annoncé dans le *Siècle de Louis XIV*, qu'il existoit des écrits de ce prince, il avoit même cité des instructions données à Philippe V partant pour l'Espagne, ainsi qu'un morceau sur le *métier de roi* (*a*). « Rien (dit-il avant de citer ce fragment), ne peut assurément faire mieux connoître son caractère que le morceau suivant, *qu'on a tout entier écrit de sa main*. Il le cite, et il met une note où reprenant l'abbé de St.-Pierre, de ce qu'il ne veut pas qu'on appelle Louis XIV Louis le Grand, il ajoute : « Si *grand* signi-

―――――――――――――
(*a*) Propre expression de Louis XIV.

AVERTISSEMENT

parfait, il est sûr que ce titre ne lui convient pas; mais par *les mémoires écrits de la main de ce monarque*, il paroît qu'il avoit d'aussi bons principes de Gouvernement, pour le moins, que l'abbé de St.-Pierre, etc. »

Après avoir fini de citer le morceau, il dit : « *Ce monument si précieux et jusqu'à présent inconnu, dépose à la postérité en faveur de la droiture et de la magnanimité de son ame.* » Quelques lignes plus bas, il dit encore : « *Il avoit écrit plusieurs mémoires dans ce goût, soit pour se rendre compte à lui-même, soit pour l'instruction du Dauphin, duc de Bourgogne* (a) ».

Ce sont précisément ces mémoires composés par Louis XIV pour l'instruction de son fils, que je publie aujourd'hui, ainsi que d'autres morceaux écrits de

---

(*a*) Voltaire s'est trompé, les mémoires sont adressés au grand Dauphin.

la main de ce prince, déposés à la bibliothèque impériale par M. le maréchal de Noailles.

La collection des ouvrages de Louis XIV qui existe à la bibliothèque, se compose de trois volumes *in-folio* reliés, et de trois grands porte-feuilles. Les volumes reliés sont des originaux avec les copies faites par ordre de M. de Noailles, qui les déposa à la bibliothèque le 3 décembre 1749. On trouve en tête du premier volume son certificat ainsi conçu :

« Je soussigné, Adrien Maurice, duc de Noailles, pair et maréchal de France, certifie que le feu roi Louis XIV, par un effet de la confiance dont il m'honoroit, me chargea un soir, en 1714, d'aller chercher dans son cabinet, et de lui apporter différens papiers enfermés dans des tiroirs. Sa majesté en brûla d'abord une partie, et sur les instantes prières que je lui fis de me permettre d'en garder le surplus, qui concernoit principalement ses campagnes, elle y consentit ; et voulant assurer à jamais la conservation de ce précieux monument, j'ai rassemblé les originaux, avec les copies que j'en ai fait faire pour en faciliter davantage la lecture, en trois volumes *in-folio*, pour être, le tout ensemble, déposé à la bibliothèque du roi. Fait à Paris le 10 octobre 1749.

» *Signé*, le maréchal de Noailles. »

De ces trois volumes, les deux tiers au moins ne contiennent que des ordres du jour très-insignifians, des états de troupes, des listes d'officiers, etc. Le surplus consiste d'abord dans le détail de trois campagnes (a), et ensuite, dans quelques morceaux détachés, comme l'instruction à Philippe V, les réflexions sur le métier de roi, un projet de ha-

---

(a) Je regrette de n'avoir pas celle de 1674, ainsi qu'une partie de celle de 1673.

rangue à ses sujets, etc. On les trouvera ici fidèlement copiés, d'après les originaux.

Les porte-feuilles ne se rattachent au dépôt de M. de Noailles que pour les sommaires des instructions au Dauphin, qu'on trouve écrits de la main du roi au commencement du premier volume. Sans cette preuve, et les fréquentes corrections et additions que Louis XIV a faites sur les différentes copies, on auroit pu naturellement craindre, avant de les avoir lus, que ces mémoires ne fussent pas de lui. Loin de rien vouloir cacher au public, je vais au-devant de ce qu'il pourroit penser, en lui disant qu'on croit même que ces instructions au dauphin, ont été revues par Pelisson ou par Racine. Il est sûr au moins, par quelques notes trouvées dans les portefeuilles, qu'à mesure que le roi les composoit, elles passoient dans les mains d'une personne chargée de les mettre au net, et probablement de donner au style plus de correction et d'harmonie ; elles revenoient ensuite sous ses yeux, et il y faisoit encore des changemens assez considérables. Je ne citerai qu'une des additions, elle est placée vers la fin de l'année 1666. Louis XIV recommande à son fils d'être réservé dans ses propos. Le texte porte :

« Il se faut bien garder de penser qu'un souverain, par ce qu'il a l'autorité de tout faire, ait aussi la liberté de tout dire. Au contraire, plus il est grand et respecté, plus il doit être circonspect. Les choses qui ne seroient rien dans la bouche d'un particulier, deviennent souvent importantes dans celle du prince. »

Louis XIV ajoute en marge :

« Et les rois ne se doivent pas flatter sur cette matière jusqu'à penser que tes sortes d'injures s'oublient par ceux auxquels elles sont faites, ni qu'elles leur puissent demeurer inconnues. Nous avons dit ailleurs, que tout ce qu'ils font et tout ce qu'ils disent, est toujours connu tôt ou tard ; mais ce que l'on peut dire de particulier, c'est que ceux mêmes devant lesquels ils parlent et qui feignent d'applaudir à leurs railleries, sont souvent offensés dans leur ame, principalement lorsque le prince les fait contre des gens qui sont attachés à son service, parce qu'ils appréhendent de lui le même traitement. »

Et il ajoute plus bas :

« La moindre marque de mépris qu'il donne d'un particulier, fait au cœur de cet homme une plaie incurable. Ce qui peut consoler quelqu'un d'une raillerie piquante ou d'une parole de mépris que quelqu'autre a dite de lui, c'est, ou qu'il se promet de trouver bientôt occasion de rendre la pareille, ou qu'il se persuade que ce que l'on a dit, ne fera pas d'impression sur l'esprit de ceux qui l'ont entendu : mais celui de qui le souverain a parlé, sent son mal d'autant plus impatiemment, qu'il n'y voit aucune de ces consolations ; car, enfin, il peut bien dire du mal du prince qui en a dit de lui ; mais il ne sauroit le dire qu'en secret, et ne peut pas lui faire savoir ce qu'il en a dit, qui est la seule douceur de la vengeance. Il ne peut pas non plus se persuader que ce qui a été dit n'aura pas été approuvé ni écouté, parce qu'il sait avec quels applaudissemens sont reçus tous les sentimens de ceux qui ont en moins l'autorité.

» Le prince peut-il prononcer un seul mot indifférent dont quelqu'un de ceux qui l'entendent n'applique le sens ou à soi ou à quelqu'autre, auquel souvent on ne pense pas; et quoiqu'à dire vrai nous ne soyons pas obligés d'avoir égard à toutes les conjectures impertinentes que chaque particulier peut former en de pareilles occasions, du moins cela nous doit obliger en général à nous précautionner davantage dans nos paroles, et à ne pas donner de raisonnable fondement aux pensées que l'on pourroit concevoir au désavantage de notre personne ».

On peut juger, par cette addition toute entière de la main de Louis XIV, que le travail du rédacteur n'a pas dû être très-difficile; et chacun, après avoir lu ces mémoires, aura si bien la conviction qu'il n'y a que Louis XIV qui a pu les penser et en écrire la substance, qu'on attachera probablement peu d'importance à ce que certaines périodes ayent été arrondies par tel ou tel écrivain. Personne, je crois n'a jamais pensé à la gloire littéraire de Louis XIV. Ce qui intéresse, ce qui frappera, c'est donc la netteté, la force et la profondeur des vues et la fixité des principes; principes que Racine (ou tout autre), n'auroit pas développés avec la même variété, parce que n'ayant pas été intéressé à diriger toutes ses méditations sur la science du gouvernement, il n'eût pas calculé de même ses difficultés et ses moyens. Quel qu'eût été d'ailleurs l'homme de lettres chargé du soin de composer de pareilles instructions et de les tirer de son propre fonds, il est cent pages de ces mémoires qu'il n'eût pas osé mettre sous les yeux de Louis XIV, et que Louis XIV seul a pu écrire lui-même. Les réflexions sur le clergé, celles sur le danger des maîtresses pour un roi, les idées sur les souverains en général, surtout celles sur la distance où il faut tenir les princes et les ministres : tous ces articles n'auroient pas été traités avec les mêmes détails, quand Louis XIV lui-même les eût commandés. Le rédacteur eût esquissé légèrement ce qui auroit pu blesser le prince, et il eût toujours craint de donner au fils, par les mains du père, un tableau trop vrai de certains défauts et de leurs inconvéniens. Chacun reconnoîtra donc à ces passages et à beaucoup d'autres la vérité de ces instructions. On trouvera aussi le cachet du maître à une certaine manière d'envisager les objets, à des locutions que j'ai conservées avec respect, et j'oserai même dire à certaines idées royales, que le lecteur peut apprécier quand on les lui offre, mais que le particulier, homme de lettres, même le plus observateur et le plus habile, ne peut ni concevoir ni retracer, parce qu'elles ne sont ni dans la nature de ses principes, ni dans celle de sa condition. Ce sont aussi à ces traits, plus qu'à la vue de tous les certificats, j'ose même dire, qu'à celle de l'écriture, qu'on reconnoîtra l'authenticité de ces mémoires.

On s'apercevra facilement, en les lisant, qu'ils doivent commencer en 1661, à la mort du cardinal Mazarin; mais, des cinq années qui forment la première partie, je n'ai trouvé que des fragmens de 1661, et j'ai cru devoir les placer naturellement en tête de l'ouvrage, parce que le roi y fait connoître positivement la résolution qu'il prit alors de gouverner par lui-même, et qu'il y donne en même temps les raisons du choix qu'il fit de ses ministres.

Les écrits qui suivent les Mémoires au dauphin, se trouvent dans les volumes déposés par M. de Noailles, et sont tous écrits de la main du roi.

Voltaire avoit omis les six premiers

articles de l'instruction donnée à Philippe V. On les retrouvera ici.

Les réflexions sur le *Métier de roi* (expression de Louis XIV), sont exactement transcrites, ainsi que le projet de harangue et le détail de la campagne de 1678. On trouvera aussi le commencement de celle de 1673.

Quant aux lettres adressées à Philippe V, la dernière seulement est originale; mais la copie des autres a été donnée à la bibliothèque, le 10 juin 1782, par M. Séguier, avocat général du parlement.

Ayant trouvé une lettre de madame de Maintenon, je n'ai pas cru devoir la négliger.

Il ne me reste plus qu'à dire deux mots de mon travail. Ayant appris, il y a déja quelques années, qu'il existoit à la bibliothèque impériale des écrits de Louis XIV, j'en demandai un jour la communication à messieurs les conservateurs; la lecture que j'en fis m'inspira le désir de les donner au public. Je les transmets avec fidélité (*a*).

Je ne me permettrai aucune réflexion, ni sur Louis XIV, ni sur ses Mémoires. Je pense que c'est ôter aux écrits particuliers des hommes célèbres une grande partie de leurs charmes, que de vouloir en faire, pour ainsi dire, la paraphrase en les expliquant. Il y auroit de la témérité, même à un homme de lettres habile, de chercher à se constituer le juge ou l'avocat de Louis XIV. Montesquieu, Bolingbroke et Voltaire ne s'accordent pas en tout dans le portrait qu'ils font de ce prince; mais dans ce qu'ils ont dit, ils ont usé de leur droit d'historiens. Un éditeur, au con-

---

(*a*) Je ne me suis pas permis de corriger les fautes les plus légères, ni même de remplir les plus petites lacunes.

traire, doit, ce me semble, se faire une loi de ne pas placer ses vues particulières à côté du livre qu'il donne et qu'il ne doit pas juger avant ses lecteurs. J'ai donc été retenu par le sentiment de mon insuffisance, et par un sentiment de convenance et de respect, pour le public et pour l'histoire.

Par suite de ce principe, je n'ai placé à la fin de l'ouvrage que les notes que j'ai cru nécessaires pour éclaircir certains passages du texte ou pour les appuyer par de nouveaux détails, et on pourra juger que je me suis toujours servi de l'autorité des historiens les plus estimés, et, surtout, de celle des mémoires les plus fidèles. J'ai cité des faits sans jamais me permettre de les expliquer en faveur de personne.

Puisse cette réserve m'être comptée pour quelque chose ! Ne voulant pas suivre la carrière des lettres, je n'ai eu que le désir de transmettre avec fidélité des écrits qui se recommandent assez d'eux-mêmes à la curiosité des lecteurs, et que j'ai toujours senti n'avoir besoin pour la fixer, ni de mes éloges, ni de mes observations.

MÉMOIRES DE LOUIS XIV,

ÉCRITS PAR LUI-MÊME,

ADRESSÉS A SON FILS.

Avant que d'entrer dans le détail des affaires, je crus que je devois choisir avec soin des instrumens propres à me soulager dans ce travail.

Car, sur-tout, j'étois résolu à ne prendre point de premier ministre, et à ne pas laisser faire par un autre les fonctions de roi pendant que je n'en aurois que le titre ; mais au contraire je voulois partager l'exécution de mes ordres entre plusieurs personnes, afin d'en réunir toute l'autorité en la mienne seule (1).

Ce fut pour cela que je voulus choisir des hommes de diverses professions et de divers talens, suivant la diversité des matières qui tombent le plus ordinairement dans l'administration d'un état ; et je distribuai entre eux mon temps et ma confiance, suivant la connoissance que j'avois de leur vertu ou de l'importance des choses que je leur commettois.

Dès-lors je m'établis pour règle de travailler deux fois par jour à l'expédition des affaires ordinaires, ne laissant pas de m'appliquer en tout autre temps à ce qui pouvoit survenir extraordinairement (2).

Pour les matières de conscience, ceux dont je me servois le plus souvent étoient mon confesseur (*a*), l'archevêque de *Toulouse* (*b*), et les évêques de *Rennes* (*c*) et de *Rodez* (*d*) (3).

(*a*) Le Père Annat, jésuite, né à Rodez, en 1590, nommé confesseur du roi en 1654, il le fut jusqu'en 1670.

(*b*) Pierre de Marca.

(*c*) Lamothe-Houdancourt.

(*d*) Hardouin de Péréfixe : il avoit été son précepteur.

Quand j'avois à régler quelque affaire de justice, je la communiquois au chancelier (4).

Pour les dépêches ordinaires du dedans du royaume, et pour les placets, (que je recevois alors en très-grand nombre à cause du désordre que l'on avoit jeté en toutes choses); je donnois aux secrétaires d'état deux jours de chaque semaine.

Mais dans les intérêts les plus importans de l'état, et les affaires secrètes, qui seules demandoient plus de temps que toutes les autres ensemble, ceux dont je crus me pouvoir mieux servir pour lors, furent *Letellier*, *Fouquet* et *Lionne* (5).

Car, pour *Letellier* (*a*), outre que le cardinal *Mazarin* m'avoit dit souvent que dans les occasions les plus délicates, il avoit reconnu sa suffisance et sa fidélité, je les avois aussi plusieurs fois remarquées moi-même, et je voyois que la charge de secrétaire d'état, exercée par lui depuis vingt

---

(*a*) Michel Letellier, fils d'un conseiller à la cour des aides, né à Paris en 1603; il continua d'être ministre jusqu'en 1666, qu'il céda sa place au marquis de Louvois son fils, qui en avoit la survivance.

1 *

ans, lui avoit donné une connoissance fort grande des affaires (6).

Ce même cardinal *Mazarin* m'avoit aussi parlé fort avantageusement de *Lionne* (*a*), et je savois que pas un de mes sujets n'avoit été si souvent employé que lui dans les négociations étrangères (7).

Pour *Fouquet* (*b*), l'on pourra trouver étrange que j'aie voulu me servir de lui, quand on saura que dès ce temps-là ses voleries m'étoient connues ; mais je savois qu'il avoit de l'esprit et une grande connoissance du dedans de l'état, ce qui me faisoit imaginer que pourvu qu'il avouât ses fautes passées, et qu'il me promît de se corriger, il pourroit me rendre de bons services (8).

Mais cependant pour prendre avec lui mes sûretés, je lui donnai dans les fi-

───────────────

(*a*) Hugues, marquis de Lionne, d'une ancienne maison du Dauphiné, eut le département des affaires étrangères jusqu'en 1670.

(*b*) Nicolas Fouquet, marquis de Belleisle, fils d'un conseiller d'état, naquit en 1615 : maître des requêtes à vingt-cinq ans ; et procureur-général du parlement à trente-cinq ; la place de surintendant des finances lui fut donnée en 1653.

nances *Colbert* (*a*) pour contrôleur, homme en qui j'avois toute la confiance possible, parce que je savois qu'il avoit beaucoup d'application, d'intelligence et de probité (9).

J'ai su depuis que le choix de ces trois ministres avoit été considéré diversement dans le monde, suivant les divers intérêts dont il est partagé : mais pour connoître si je pouvois faire mieux, il faut considérer quels étoient les autres sujets dont j'eusse pu me servir.

Le Chancelier (*b*) étoit véritablement fort habile, mais plus dans les affaires de justice que dans celles d'état. Je le connoissois fort affectionné à mon service, mais il étoit en réputation de n'avoir pas toute la fermeté nécessaire aux grandes choses, outre que les infirmités de son âge (*c*), et les continuelles occupations d'une charge si publique le pouvoient rendre moins assidu

---

(*a*) Jean-Baptiste Colbert, marquis de Seignelai, né à Paris en 1619.

(*b*) Pierre Séguier.

(*c*) Le chancelier Séguier etoit alors âgé de plus de soixante-douze ans, il vécut cependant encore jusqu'en 1672.

et moins propre à me suivre en tous les lieux où les besoins de mon état me pouvoient porter.

(*a*) Le comte de *Brienne*, secrétaire d'état, qui avoit le département des étrangers, étoit vieux, présumant beaucoup de soi, et ne pensant d'ordinaire les choses, ni selon mon sens, ni selon la raison.

Son fils, qui avoit la survivance de sa charge, avoit dessein de bien faire, mais il étoit si jeune, que bien loin de prendre ses avis sur mes autres intérêts, je ne pouvois seulement lui confier la fonction de son propre emploi, dont *Lionne* faisoit la plus grande partie.

Les deux autres secrétaires d'état, la *Vrillière* et *Duplessis*, étoient de bonnes gens, dont les lumières paroissoient assez proportionnées à l'exercice de leurs charges, dans lesquelles il ne tomboit rien de fort important.

J'eusse pu, sans doute, jeter les yeux

___

(*a*) Henri-Auguste Loménie de Brienne mourut le 5 novembre 1666, à soixante-onze ans ; son fils Henri-Louis n'étoit âgé que de seize ans lorsqu'il eut la survivance de son père.

sur des gens de plus haute considération ; mais les trois que je choisis me semblèrent suffisans pour exécuter sous moi les choses dont j'avois résolu de les charger.

Et pour vous découvrir toute ma pensée, je crus qu'il n'étoit pas de mon intérêt de chercher des hommes d'une qualité plus éminente, parce qu'ayant besoin, sur toute chose, d'établir ma propre réputation, il étoit important que le public connût par le rang de ceux dont je me servois, que je n'étois pas en dessein de partager avec eux mon autorité, et qu'eux-mêmes sachant ce qu'ils étoient, ne conçussent pas de plus hautes espérances que celles que je leur voudrois donner ; précaution tellement nécessaire, qu'avec cela même le monde fut assez long-temps sans me pouvoir bien connoître.

Beaucoup de gens se persuadoient que dans peu de temps, quelqu'un de ceux qui m'approchoient s'empareroit de mon esprit et de mes affaires. La plupart considéroient l'assiduité de mon travail comme une chaleur qui devoit bientôt se ralentir, et ceux qui vouloient en juger plus favorablement attendoient à se déterminer par la suite.

Mais le temps enfin leur fit voir ce qu'ils en devoient croire, car on me vit toujours marcher constamment dans la même route, vouloir être informé de tout ce qui se faisoit, écouter les prières et les plaintes de mes moindres sujets, savoir le nombre de mes troupes et l'état de mes places, traiter immédiatement avec les ministres étrangers, recevoir les dépêches, faire moi-même une partie des réponses, et donner à mes secrétaires la substance des autres ; régler la recette et la dépense de mon état, me faire rendre compte par ceux qui étoient dans les emplois importans, tenir mes affaires secrètes, distribuer les grâces par mon propre choix, conserver en moi seul toute mon autorité, et retenir ceux qui me servoient le mieux dans une modestie fort éloignée de l'élévation des premiers ministres.

L'observation que l'on fit à loisir de toutes ces choses, commença sans doute à donner un peu de bonne opinion de moi, et peut-être que cette bonne opinion n'a pas peu contribué au succès des affaires que j'ai depuis entreprises, parce qu'il n'y a rien qui puisse faire en si peu de temps de si grands effets, que la bonne ou mauvaise réputation des princes.

Mais il faut que je vous avoue qu'encore que j'eusse auparavant sujet d'être content de ma propre conduite, les éloges que cette nouveauté m'attiroit, me donnoient une continuelle inquiétude par la crainte que j'avois toujours de ne les pas assez bien mériter.

Car enfin je suis bien aise de vous avertir, mon fils, que c'est une chose fort délicate que la louange, qu'il est bien mal aisé de ne s'en pas laisser éblouir, et qu'il faut beaucoup de lumières pour savoir discerner au vrai ceux qui nous flattent d'avec ceux qui nous admirent.

Mais quelque obscures que puissent être en cela les intentions de nos courtisans, il y a pourtant un moyen assuré pour profiter de tout ce qu'ils disent à notre avantage, et ce moyen n'est autre chose que de nous examiner sévèrement nous-mêmes sur chacune des louanges que les autres nous donnent. Car, lorsque nous en entendrons quelqu'une que nous ne méritons pas en effet, nous la considérerons aussitôt, (suivant l'humeur de ceux qui nous l'auront donnée) ou comme un reproche malin de quelque défaut, dont nous tâcherons de nous corriger, ou comme une secrète exhortation à la vertu que nous ne sentons pas en nous.

Et, lors même que nous croirons mériter véritablement ce qui sera dit en notre faveur, au lieu de nous arrêter foiblement à la satisfaction que nous en recevrons, nous nous en servirons comme d'un pressant aiguillon pour nous exciter à mériter toujours de nouveaux éloges : car c'est assurément une des choses où les esprits vraiment élevés peuvent être mieux distingués des médiocres, de voir comme ces derniers, charmés du doux bruit des applaudissemens qui flattent incessamment leurs oreilles, s'abandonnent au sommeil de l'oisiveté, et se persuadent promptement qu'ils en ont assez fait, au lieu que les autres brûlant toujours d'une égale ardeur de se signaler, ne sont jamais pleinement satisfaits d'eux-mêmes, en sorte que tout ce qu'on donne de pâture au beau feu dont ils sont embrâsés, ne fait qu'en augmenter la violence.

C'est de cette façon, mon fils, que la gloire veut être aimée; la chaleur que l'on a pour elle n'est point une de ces foibles passions qui se ralentissent par la possession. Ses faveurs qui ne s'obtiennent jamais qu'avec effort, ne donnent aussi jamais de dégoût, et quiconque se peut passer d'en souhaiter de nouvelles, est indigne de toutes celles qu'il a reçues.

Les dispositions générales dont je viens de vous parler, m'occupèrent durant tout le mois de mars: mais avant que d'entrer dans l'exécution de mes principaux desseins, je me fis rendre un compte exact de chaque matière séparément par ceux qui en étoient les plus instruits.

Car encore que, depuis quelque temps, je me fusse appliqué à considérer avec attention tout ce qui se passoit dans mon royaume, je ne voulus pourtant pas me fier aux observations que j'avois faites jusqu'au point de me persuader que je n'eusse plus rien à découvrir.

Les résolutions que j'avois dans l'esprit me sembloient fort dignes d'être exécutées; mon activité naturelle, la chaleur de mon âge, et le désir violent que j'avois d'augmenter ma réputation, me donnoient une forte impatience d'agir : mais j'éprouvai dans ce moment, que l'amour de la gloire a les mêmes délicatesses et, si je l'ose dire, les mêmes timidités que les plus tendres passions. Car, autant que j'avois d'ardeur de me signaler, autant avois-je d'appréhension de faillir, et regardant comme un grand malheur la honte qui suit les moindres fautes, je voulois prendre dans ma conduite les dernières précautions.

De toutes les choses que j'observai dans cette revue particulière, il n'y en eut point qui me touchât si puissamment l'esprit et le cœur que la connoissance de l'épuisement où étoient alors mes peuples, après les charges immenses qu'ils avoient portées.

Ainsi, quoique les principaux desseins que j'avois formés pour guérir à fond le grand mal, ne pussent pas sitôt s'exécuter, vu le terrible engagement et l'extrême disette de toutes choses où je me trouvois moi-même, je ne laissai pas de diminuer incontinent trois millions sur les tailles de l'année suivante ; me persuadant que je ne pouvois mieux commencer à m'enrichir, qu'en empêchant mes sujets de tomber dans la ruine dont ils étoient menacés de si

Mais afin que les nobles même et les habitans des grandes villes qui ne profitoient en rien du rabaissement de la taille, tirassent d'ailleurs quelque fruit de mes premiers soins, je voulus du moins modérer leur dépense en retranchant par divers édits les ruineuses superfluités introduites par le luxe en passemens étrangers et en broderies d'or et d'argent.

Après ce premier besoin de mes sujets, je n'en voyois point où il fût plus important de remédier qu'aux désordres de la justice. Car ce précieux dépôt que Dieu a remis entre les mains des rois comme une participation de sa sagesse et de sa puissance, étoit tellement altéré par la corruption des hommes, qu'il dégénéroit en un commerce honteux.

Mais parce qu'il falloit du temps pour digérer avec toute la précaution nécessaire les réglemens qui devoient être donnés sur ce sujet, je me contentai pour lors de remédier à ce qui semble de plus pressé, et principalement à réprimer les entreprises qu'avoient jusque-là souvent faites les compagnies de judicature.

La cour des aides s'étant alors portée en certaine chose au delà de sa jurisdiction, j'en éloignai pour un temps quelques-uns des plus hardis, persuadé qu'il étoit à-propos de donner à l'entrée de mon administration ce léger exemple de sévérité pour contenir dans le devoir les autres compagnies du royaume.

Et en effet les parlemens qui avoient jusque-là fait difficulté de déférer aux arrêts de mon conseil, reçurent avec tout le respect que je devois désirer l'arrêt par lequel je leur défendis de continuer cet abus; leur permettant seulement de se plaindre à moi de ce qu'ils croiroient que mon conseil auroit ordonné contre l'équité ou contre les formes.

L'assemblée même du clergé, qui se tenoit alors à Paris, prétendant différer l'exécution des ordres que j'avois donnés pour la faire séparer, jusqu'à ce que j'eusse fait expédier certains édits qu'elle m'avoit demandés avec instance, n'osa plus soutenir cette résolution dès lors que je témoignai qu'elle me déplaisoit.

Cependant la charge de colonel-général

de l'infanterie ayant vaqué par la mort du duc d'*Épernon* (*a*), je pris la résolution de la supprimer, parce que sa fonction me sembloit trop étendue, et que je ne pensois pas qu'un souverain pût sagement donner à un particulier le droit de porter ses ordres, et de se faire des créatures dans tous les corps qui font les principales forces de son état.

Ce fut aussi dès lors que je commençai de modérer l'excessive autorité qu'avoient eue depuis long-temps les gouverneurs des villes frontières, qui avoient tellement fait perdre à la plupart le respect qu'ils devoient à l'autorité royale, qu'ils avoient fait les mêmes exactions sur mes sujets que sur mes ennemis, et avoient osé prétendre par

---

(*a*) Le duc d'Épernon étoit chevalier des ordres du Roi et de la Jarretière, et gouverneur de Guienne. Le roi, en supprimant sa charge, donna au maréchal de Grammont le titre de colonel des Gardes-Françaises, avec les mêmes appointemens qu'avoit le colonel-général. Le chevalier d'Épernon étoit fils du fameux duc d'Épernon, le plus puissant favori de Henri III, qui avoit créé pour lui cette charge de colonel-général de l'infanterie.

voie de négociation toutes les grâces qu'ils jugeoient à leur bienséance.

Et comme ce qui les avoit rendus le plus absolus dans leurs places, étoit la disposition qu'on leur avoit laissée du fonds des contributions, et la liberté de composer leurs garnisons des troupes qui dépendoient d'eux, je résolus de leur ôter insensiblement l'un et l'autre, et fis de jour en jour entrer dans toutes les villes importantes des troupes d'armée qui ne dépendoient que de moi seul. En quoi je suis persuadé d'avoir fait une chose très-importante pour le repos de mon état, et d'avoir reçu en même temps une preuve très-manifeste du rétablissement de l'autorité royale ; car ce que j'exécutai dès ce temps-là sans peine et sans bruit, n'eût pas pu seulement être proposé sans danger quelques années auparavant.

Je faisois cependant continuer les fortifications du château de Bordeaux et de la citadelle de Marseille, tant pour contenir ces villes-là même dans le devoir que pour donner exemple aux autres. Je réprimois avec vigueur tous les mouvemens qui sembloient approcher de la désobéissance,

comme

comme à Montauban, à Dieppe, en Provence et à la Rochelle, où je fis exécuter mes commandemens dans toute la sévérité nécessaire, ayant même donné ordre qu'ils fussent appuyés par des troupes en nombre suffisant, pour vaincre la résistance qui auroit pu y être faite.

Car, quoiqu'il faille tenir pour maxime qu'en toutes choses un prince est obligé d'employer les voies de la douceur les premières, et qu'il lui est plus avantageux de persuader ses sujets que de les contraindre, il est pourtant certain que dès lors qu'il trouve ou de l'obstacle ou de la rébellion, il est de l'intérêt de sa gloire, de celui même de ses peuples, qu'il se fasse obéir indispensablement.

Car on doit demeurer d'accord qu'il n'est rien qui établisse avec tant de sûreté le bonheur et le repos des provinces que la parfaite réunion de toute l'autorité dans la seule personne du souverain.

Le moindre partage qui s'en fait produit toujours de très-grands malheurs, et soit que les parties qui en sont détachées se trouvent entre les mains des particuliers ou dans celles de quelque compagnie, elles n'y

Ire. partie.

peuvent jamais demeurer que comme dans un état violent.

Le prince qui les doit conserver unies en soi-même, n'en sauroit permettre le démembrement sans se rendre coupable de tous les désordres qui en arrivent, dont le nombre est presque infini.

Car sans compter les révoltes et les guerres intestines que l'ambition des puissans produit infailliblement lorsqu'elle n'est pas réprimée, mille autres maux naissent encore du relâchement du souverain. Ceux qui l'approchent de plus près voyant les premiers sa foiblesse, sont aussi les premiers qui en veulent profiter; chacun d'eux ayant nécessairement des gens qui servent de ministres à leur avidité, leur donne en même temps la licence de l'imiter : ainsi de degré en degré la corruption se communique partout, et devient égale en toutes les professions.

Il n'est point de gouverneur qui ne s'attribue des droits injustes, point de troupes qui ne vivent avec dissolution, point de gentilhomme qui ne tyrannise les paysans, point de receveur, point d'élu, point de sergent qui n'exerce dans son détroit une violence d'autant plus criminelle, qu'elle se sert de l'autorité des lois pour appuyer son injustice.

Il semble que, dans ce désordre général, il soit impossible au plus juste de ne se pas corrompre ; car le moyen qu'il aille seul contre le courant de tous les autres, et qu'il se retienne sur un penchant où le pousse naturellement son propre intérêt, pendant que ceux qui devroient l'empêcher d'y tomber l'y précipitent eux-mêmes par leur exemple !

Cependant de tous ces crimes divers, le public seul est la victime ; ce n'est qu'aux dépens des foibles et des misérables, que tant de gens prétendent élever leurs monstrueuses fortunes. Au lieu d'un seul roi que les peuples devroient avoir, ils ont à la fois mille tyrans : avec cette différence pourtant, que les ordres du prince légitime ne sont jamais que doux et modérés, parce qu'ils sont fondés sur la raison, tandis que ceux de ces faux souverains n'étant inspirés que par leurs passions déréglées, sont toujours injustes et violens.

Parmi les diverses occupations dont je vous ai parlé, je ne manquai pas aussi d'occasions de divertissement (10). Comme l'on commençoit à prendre quelque idée de moi dans le monde, le grand duc de *Florence* (*a*) me demanda ma cousine d'*Orléans* pour son fils : je dotai cette princesse de mes deniers, et après l'avoir fait marier en ma présence, je la fis conduire à mes frais jusque dans les états de son beau-père.

Le connétable *Colonne* (*b*), à qui le cardinal *Mazarin* avoit fait espérer une de ses nièces, poursuivit aussi fort chaudement ce mariage, se promettant que l'affection que je conservois pour la mémoire de ce cardinal s'étendroit sur tous ceux de sa famille.

Mais, dans le même temps, il se traitoit des mariages de plus grande importance. Le mois de mars avoit été agréablement terminé par celui de mon frère avec la sœur du roi d'Angleterre, et j'avois dessein de

---

(*a*) Côme de Médicis.

(*b*.) Laurent-Onuphre de Colonne, connétable de Naples, grand d'Espagne, épousa Marie Mancini ; le cardinal Mazarin donna à cette nièce cent mille liv. de rente en Italie et sa belle maison de Rome. Le roi lui fit aussi de magnifiques présens.

marier ce même roi avec l'Infante de Portugal, pour des considérations qui méritent bien de vous être expliquées.

Je voyois que les Portugais, s'ils étoient privés de mon assistance, n'étoient pas suffisans pour résister seuls à toutes les forces de la maison d'Autriche. Je ne doutois point que les Espagnols ayant dompté cet ennemi domestique, entreprendroient plus aisément de troubler les établissemens que je méditois pour le bien de mon état; et néanmoins je me faisois scrupule d'assister ouvertement le Portugal, à cause du traité des Pyrénées. L'expédient le plus naturel, pour me tirer de cet embarras, étoit de mettre le roi d'Angleterre en état d'agréer que je donnasse sous son nom, au Portugal, toute l'assistance qui lui étoit nécessaire (11).

Ce n'est pas que je ne susse fort bien que les traités ne s'observent pas toujours à la lettre, et que les intérêts des couronnes sont de telle nature, que les princes, qui en sont chargés, ne sont pas toujours en liberté de s'engager à leur préjudice. J'étois même autorisé, dans cette maxime, par le propre exemple des Espagnols, qui souvent en pleine paix, et sans aucun engagement précédent, s'étoient ouvertement déclarés protecteurs de ceux qui s'étoient révoltés en France; et sans doute que le dessein que j'avois formé de protéger un roi légitime, qui ne pouvoit subsister sans mon secours, n'étoit pas si difficile à soutenir que celui de défendre, par pure animosité, une populace mutinée.

Mais, quoiqu'il y eût en effet dans mon procédé d'honnête et de généreux, j'étois bien aise encore d'en retrancher tout ce qui eût pu donner aux Espagnols quelque sujet de plainte contre moi, par le moyen du mariage dont je viens de parler.

Mais soit que les Espagnols fussent avertis de mes intentions, ou qu'ils eussent des raisons à part pour vouloir attirer les Anglais de leur côté, ils leur proposèrent le mariage de la princesse de Parme, qu'ils offroient de doter comme une Infante.

Ils passèrent même plus avant; car, voyant que j'avois fait rejeter cette première proposition, ils firent encore les mêmes offres pour la fille du prince d'Orange, quoique princesse protestante, sans vouloir s'apercevoir que, dans la profession qu'ils font d'être catholiques par excellence, il y avoit quelque chose d'extraordinaire à vouloir priver tous les catholiques d'Angleterre du secours qu'ils pouvoient tirer d'une reine qui faisoit même profession de foi.

Mais je fis ménager cette affaire de telle façon, que la seconde proposition fut rejetée comme la première, et servit même en quelque sorte à la conclusion de celle que j'avois faite de ma part.

Dans ce temps, je fis avorter le dessein que les ambassadeurs de Gênes avoient formé depuis plusieurs années d'usurper à ma cour le traitement royal. L'artifice dont ils s'étoient servis pour cela étoit de s'assujétir à ne prendre leurs audiences qu'au même jour où quelque ambassadeur de roi la devoit avoir, et affectant d'entrer dans le Louvre immédiatement après lui, entroient, comme lui, au son du tambour, que l'on battoit à son occasion.

Sur cette adresse pratiquée plusieurs fois, ils prétendoient avoir établi une possession, et furent assez hardis pour s'expliquer sur cette pensée; mais dès-lors qu'elle me fut connue, je leur fis savoir nettement le peu de succès qu'ils en devoient espérer, indigné de voir qu'une ville, autrefois sujette de mes aïeux, et qui n'avoit autres droits de souveraineté que ceux qu'elle tiroit de sa rebellion, osât prétendre des honneurs de cette nature.

J'éludai aussi une prétention de l'empereur, qui n'étoit guère mieux fondée. Ce prince croyant être obligé à me donner part de son élection, comme avoient fait ses prédécesseurs, n'avoit pu s'empêcher de m'écrire sur ce sujet; mais parce qu'il avoit répugnance à m'écrire le premier, il avoit adressé sa dépêche à l'ambassadeur d'Espagne, avec ordre de ne la point délivrer qu'il n'eût obtenu de moi une lettre de compliment, par laquelle il parût que c'étoit moi qui l'avois prévenu: mais je refusai de la donner, pour apprendre à l'empereur à me mieux connoître, et je l'obligeai en même temps à rayer les qualités de comte de Ferrete et de landgrave d'Alsace, qu'il avoit prises dans des pouvoirs donnés à ses ministres, au préjudice des cessions qu'il m'avoit faites par le traité de Munster, et bientôt après je lui fis encore retrancher le titre de chef du peuple chrétien, qu'il se donnoit dans un projet de ligue contre le Turc, comme s'il eût véritablement le même empire et les mêmes droits qu'avoit autrefois Charlemagne, après avoir défendu la religion contre les Saxons, les Huns et les Sarrazins.

Car enfin, lorsque le titre d'empereur fut mis dans notre maison, elle possédoit à la fois la France, les Pays-Bas, l'Allemagne, l'Italie, et la meilleure partie de l'Espagne, qu'elle avoit distribuée entre divers seigneurs particuliers, avec réserve de la souveraineté. Les sanglantes défaites de plusieurs peuples venus du Nord et du Midi, avoient porté si loin la terreur de nos armes, que toute la terre trembloit au seul bruit du nom français et de la grandeur impériale.

Mais la splendeur de cette dignité fut premièrement diminuée par les partages qui se faisoient alors entre les fils de France; et bientôt après nous la perdîmes entièrement par l'affoiblissement de la branche qui régnoit alors au-delà du Rhin.

Car, dès lors que les Allemands s'en furent une fois emparés, ils travaillèrent à nous en exclure pour jamais, en éloignant le droit de succession qui nous y rappeloit, et en rendant l'empire électif.

Le pape et les princes d'Allemagne y trouvant leurs avantages particuliers, s'accordèrent aisément entre eux pour conspirer à ce dessein; et le reste du pays, flatté par les grands priviléges que l'on donna aux moindres états de l'empire, embrassa si chaudement cette innovation, qu'on n'a pas pu depuis l'en détacher.

Mais ce qui peut nous consoler de ce malheur, c'est que le même artifice qui nous a ravi la possession de cette couronne, en a tellement avili la majesté, qu'elle ne peut plus se souvenir sans confusion de son ancienne splendeur.

Et c'est pour cela qu'il s'est trouvé en divers temps des princes qui, pouvant y parvenir avec facilité, s'en sont volontairement abstenus, la croyant plus onéreuse qu'honorable; car enfin cette partie de l'Allemagne, où la puissance de l'empereur est maintenant bornée, n'est qu'un léger démembrement de l'ancien empire d'Occident; leurs résolutions les plus importantes sont soumises aux délibérations des états de l'empire; leur élection est sujette à l'embarras des brigues, et à toutes les conditions qu'il plaît aux électeurs de leur imposer; la plupart des terres de leur dépendance ne défèrent aux ordres de l'empereur, qu'autant qu'ils y trouvent leurs avantages, et les villes même, qui lui sont le plus affectées, ont des droits si approchans de la liberté, que, si les empereurs n'avoient point de seigneuries héréditaires, ils ne seroient souverains qu'en imagination ; desquelles observations vous pourrez connoître si c'est avec justice qu'ils ont prétendu se distinguer des autres monarques.

Mais, ne me contentant pas de rabattre la vanité de l'empereur, je travaillois même à ruiner de plus en plus son crédit, et à détruire absolument en Allemagne la suprématie que la maison d'Autriche s'y étoit établie depuis deux siècles.

Dans cette pensée, je m'informai plus exactement qu'auparavant de la disposition des esprits, et, sur le rapport qu'on m'en fit, je crus que l'électeur de Trèves seroit un des premiers que je pourrois détacher de cette cabale. Et en effet, après une négociation de quelques mois, je levai toutes les difficultés qui l'arrêtoient, et le fis entrer dans l'alliance du Rhin, qui étoit un parti puissant que je faisois former au milieu de l'empire, sous prétexte de maintenir l'exécution du traité de Munster (12).

. Dix villes impériales que ce même traité avoit mises sous ma protection, firent alors le serment de fidélité qu'elles refusoient depuis quatorze ans de me prêter.

» Pour ôter les différens qui pouvoient être entre mes nouvelles conquêtes et mes autres pays, je réduisis la plupart des conseils souverains en présidiaux ; je mis des Français naturels dans les premières charges, et je fis ressortir les appellations à mes parlemens. J'écrivis aux généraux des ordres religieux, afin qu'ils unissent les couvens de ces pays-là aux anciennes provinces de France. D'ailleurs, j'empêchai que les églises d'Artois et de Hainault ne continuassent à recevoir les rescripts de Rome par la voie de l'internonce de Flandre, et ne permis plus que les abbés des Trois-Evêchés fussent élus sans ma nomination ; mais je trouvai bon seulement qu'à chaque vacance l'on me proposât trois sujets, l'un desquels je promis d'agréer.

En même temps, pour faire voir ce que valoit ma protection à ceux à qui je l'avois accordée, je fis mettre le prince d'*Epinoy* en possession des biens du comte de *Buccoy* jusqu'à ce que les siens lui eussent été rendus, et je délivrai le pays de (a) qui étoit alors en contestation entre moi et les Espagnols, de diverses oppressions dont il étoit menacé par eux.

Douze des principaux habitans en avoient été arrêtés pour le paiement de quelques arrérages d'une somme de douze mille écus que les Espagnols avoient accoutumé d'y lever; et déjà, pour la dépense qu'ils avoient faite depuis leur détention, l'on avoit exigé d'eux deux mille florins, lesquels je leur fis rendre avec leur liberté.

Je fis même quelque chose de plus avantageux pour ce peuple; car les Espagnols qui ne vouloient rien perdre de leur revenu, m'ayant proposé que, durant la contestation, cette imposition fût doublée, afin que la France et l'Espagne y trouvassent chacun leur droit tout entier, je refusai l'expédient comme trop dur et trop ruineux pour le pays.

Je fis encore cesser dans l'Artois quelques levées que les magistrats des villes y faisoient, sous prétexte de certains octrois accordés par le roi d'Espagne; je voulus même que tous les officiers des garnisons

---

(a) Ce nom manque à l'original.

payassent leur part des autres impositions qui se faisoient, afin de soulager d'autant les autres habitans, et je fis donner trois ans de surséance aux pauvres familles de la frontière pour payer leurs créanciers, qui les persécutoient cruellement depuis la paix.

Enfin je fis en sorte qu'une bonne partie des limites fussent marquées dès cette année là, les fortifications de Nanci démolies, et mes places soigneusement réparées et munies de toutes les choses nécessaires pour leur défense, tâchant d'établir à la fois la réputation de ma puissance et de ma bonté chez mes nouveaux sujets, et de faire cesser le reproche qu'on fait depuis si long-temps aux Français, que, s'ils savent conquérir, ils ne savent pas conserver.

Les heureux succès que j'avois en toutes choses, me faisant voir la protection que Dieu donnoit aux prémices de mon administration, je m'efforçois aussi de lui faire paroître mon zèle en tout ce qui regardoit son service.

Je donnai pouvoir au cardinal *Anthoine* et à *Aubenille*, mes agens à Rome, de faire une ligue contre le Turc, dans laquelle j'offrois de contribuer largement, et de mes deniers, et de mes troupes. Je m'étois d'ailleurs engagé avec les Vénitiens de leur fournir des forces considérables toutes les fois qu'ils voudroient faire effort pour chasser les infidèles de Candie; et cependant, pour leur aider au courant de la guerre, je leur avois donné cent mille écus.

Peu après j'offris encore à l'empereur de lui prêter contre les Turcs une armée de vingt mille hommes, toute composée de mes troupes et de celles de mes alliés.

Sur l'avis que j'eus qu'en divers lieux de mon obéissance, les gens de la religion prétendue réformée faisoient des entreprises contre l'édit de Nantes, je nommai des comissaires qui eurent ordre de moi de les réduire précisément dans les termes que mes prédécesseurs leur avoient accordé.

L'on m'avoit dit que, dans le faubourg Saint-Germain, il s'étoit fait par eux quelques assemblées, et que l'on y prétendoit établir des écoles de cette secte; mais je fis si bien entendre que je ne voulois pas souffrir ces nouveautés, qu'elles cessèrent incontinent.

Je fus averti que, dans la ville (*a*) où ils

_____

(*a*) Le nom n'a pas été déchiffré.

n'avoient point de droit de s'assembler, ils s'étoient donné cette liberté durant les désordres de la guerre, ce qui avoit grossi le nombre des habitans d'une grande quantité de religionnaires ; mais je défendis aussitôt les assemblées, et je fis sortir de la ville tous ceux qui y étoient nouvellement établis.

Je donnai les mêmes ordres à l'égard de ceux qui s'étoient retirés de nouveau dans la Rochelle, lesquels se trouvoient déja en fort grand nombre ; et portant même en cela mes soins au-delà des terres de mon obéissance, je fis distribuer des aumônes aux pauvres de Dunkerque, de peur que leur misère ne les tentât de suivre la religion des Anglais, sous la domination desquels ils étoient encore.

Je fis aussi diverses instances auprès des Hollandois en faveur des catholiques de Gueldres, que l'on traitoit rigoureusement ; et à l'égard du Jansénisme, je travaillois sans cesse à dissiper les communautés et les assemblées où se fomentoit cet esprit de nouveauté.

Quoique les duels eussent été plusieurs fois défendus, néanmoins parce que je savois

que

que toutes ces défenses étoient éludées par divers artifices, j'ajoutai de nouvelles précautions à celles qui avoient été déja prises; et pour montrer que je voulois qu'elles fussent exécutées, je bannis de ma cour le comte de *Soissons* pour avoir fait appeler le duc de *Navailles*, et fis mettre en prison celui qui avoit porté la parole de sa part, quoiqu'elle n'eût point eu d'effet.

Je rétablis par une nouvelle ordonnance la rigueur des anciens édits contre les juremens, dont je fis bientôt après quelques exemples, et pour autoriser toutes ces actions extérieures par une marque de piété personnelle, j'allai publiquement à pied, avec tous mes domestiques, aux stations du Jubilé, voulant que tout le monde conçût, par le profond respect que je rendois à Dieu, que c'étoit de sa grâce et de sa protection, plutôt que de ma propre conduite, que je prétendois obtenir l'accomplissement de mes desseins et la félicité de mes peuples.

Car vous devez savoir avant toutes choses, mon fils, que nous ne saurions montrer trop de respect pour celui qui nous fait respecter de tant de milliers d'hommes.

La première partie de la politique est celle

qui nous enseigne à le bien servir. La soumission que nous avons pour lui, est la plus belle leçon que nous puissions donner de celle qui nous est due, et nous pêchons contre la prudence, aussi bien que contre la justice, quand nous manquons de vénération pour celui dont nous ne sommes que les lieutenans. Ce que nous avons d'avantages sur les autres hommes est pour nous un nouveau titre de sujétion, et après ce qu'il a fait pour nous, notre dignité se relève par tous les devoirs que nous lui rendons. Mais sachez que pour le servir selon ses désirs, il ne faut pas se contenter de lui rendre un culte extérieur comme font la plupart des autres hommes ; des obligations plus signalées veulent de nous des devoirs plus épurés, et comme en nous donnant le sceptre il nous a donné ce qui paroît de plus éclatant sur la terre, nous devons en lui donnant notre cœur lui donner ce qui est de plus agréable à ses yeux.

Quand nous aurons armé tous nos sujets pour la défense de sa gloire, quand nous aurons relevé ses autels abattus, quand nous aurons fait connoître son nom aux climats les plus reculés de la terre, nous n'aurons fait que l'une des parties de notre devoir, et sans doute nous n'aurons pas fait celle qu'il desire le plus de nous, si nous ne nous sommes soumis nous-mêmes au joug de ses commandemens. Les actions de bruit et d'éclat ne sont pas toujours celles qui le touchent davantage, et ce qui se passe dans le secret de notre cœur est souvent ce qu'il observe avec plus d'attention.

Il est infiniment jaloux de sa gloire, mais il sait mieux que nous discerner en quoi elle consiste. Il ne nous a peut-être fait si grands qu'afin que nos respects l'honorassent davantage, et si nous manquons de remplir en cela ses desseins, peut-être qu'il nous laissera tomber dans la poussière de laquelle il nous a tirés.

Plusieurs de mes ancêtres, qui ont voulu donner à leurs successeurs de pareils enseignemens, ont attendu pour cela l'extrémité de leur vie, mais je ne suivrai pas en ce point leur exemple. Je vous en parle dès cette heure, mon fils, et vous en parlerai toutes les fois que j'en trouverai l'occasion. Car, outre que j'estime qu'on ne peut de trop bonne heure imprimer dans les jeunes esprits des pensées de cette conséquence, je crois qu'il se peut faire que ce qu'ont dit ces princes dans un état si pressant, ait quelquefois été attribué à la vue du péril où ils se trouvoient; au lieu que vous en parlant maintenant, je suis assuré que la vigueur de mon âge, la liberté de mon esprit et l'état florissant de mes affaires, ne vous pourront jamais laisser pour ce discours aucun soupçon de foiblesse ou de déguisement.

Année 1666.

Dans la première partie de ces mémoires qui contient près de cinq années, je vous ai fait voir de quelle manière je me suis conduit durant la paix; et dans cette seconde je prétends vous faire voir comment je me suis comporté durant la guerre.

Là j'ai tâché de vous apprendre par quels moyens un sage prince peut profiter de la tranquillité publique; ici je vous enseignerai comme il doit pourvoir à tous les besoins que le tumulte des armes produit.

Là vous m'avez vu le plus souvent comme un père de famille occupé tranquillement dans les soins de l'économie domestique ; ici vous me verrez comme un vigilant capitaine changer à toute heure de poste et de conduite suivant la contenance de mes ennemis.

Enfin, là vous n'avez trouvé que des réformations de troupes, des modérations d'impôts, des augmentations de revenus, des réglemens de justice, des établissemens avantageux, des acquisitions utiles et pacifiques. Ici vous ne rencontrerez que des levées de gens de guerre, des armemens de vaisseaux, des munitions de places, des soins inquiets, des combats sanglans, des dépenses continuelles.

Mais je m'assure que, dans cette diversité d'objets, vous remarquerez toujours en moi la même constance pour le travail, la même fermeté dans mes résolutions, le même amour pour mes peuples, la même passion pour la grandeur de l'état, et la même ardeur pour la véritable gloire.

La mort du roi d'Espagne (*a*) et la

(*a*) Philippe IV, mort le 17 novembre 1665.

guerre des Anglais contre les Provinces-Unies étant arrivés presqu'en même temps, offroient à la fois à mes armes deux importantes occasions de s'exercer, l'une contre les Espagnols pour la poursuite des droits échus à la reine par le décès du roi son père (1); et l'autre contre les Anglais pour la défense des états de Hollande, suivant le traité que j'avois nouvellement fait avec eux.

Ce n'est pas que le roi de la Grande-Bretagne ne me fournît un prétexte assez apparent pour me dégager de cette dernière querelle, disant que les Hollandais étoient les aggresseurs, et que je n'avois promis de les secourir qu'en cas qu'ils fussent attaqués; et quoiqu'ils fissent tout leur possible de leur côté pour me justifier le contraire, il est certain qu'ils n'eussent jamais pu m'en convaincre pour peu que j'eusse affecté d'en douter.

Mais bien qu'il fût de mon intérêt d'accepter une si belle occasion de demeurer neutre, je ne pus m'empêcher d'agir de bonne foi suivant la connoissance que j'avois de l'aggression des Anglais.

Je différai pourtant de me déclarer pour

tâcher de les mettre d'accord ; mais voyant que mon entremise ne réussissoit pas , et craignant qu'ils ne s'accordassent eux-mêmes à mon préjudice , je pris enfin ouvertement le parti que je devois. Mais il me restoit à résoudre si, pour conserver ensemble mes intérêts et ceux de mes alliés , j'entrerois à la fois en guerre contre l'Angleterre et contre l'Espagne ; ou si prenant seulement alors la querelle des Hollandais , j'attendrois à terminer la mienne dans une saison plus avantageuse. Délibération sans doute importante par la conséquence et par le poids des raisons qui se pouvoient alléguer de tous les deux côtés.

D'une part, j'envisageois avec plaisir le dessein de ces deux guerres comme un vaste champ d'où pouvoient naître de grandes occasions de se signaler et de répondre à l'heureuse attente que j'avois depuis quelque temps excitée dans le public. Tant de braves gens que je voyois armés pour mon service , sembloient me solliciter à toute heure de fournir quelque matière à leur valeur , et je n'eusse pas cru le satisfaire.

Mais pensant à mon intérêt propre, je considérois que le bien du royaume ne permettant pas que je m'exposasse aux caprices de la mer, je serois obligé de commettre tout à mes lieutenans sans jamais pouvoir agir en personne ; que d'ailleurs dans les diverses vues que j'avois, étant toujours obligé d'entretenir un grand nombre de troupes, il me seroit plus expédient de les jeter dans les états du roi d'Espagne que de les nourrir incessamment aux dépens de mes sujets : qu'aussi bien toute la maison d'Autriche, persuadée de mes intentions, ne manqueroit pas de me nuire indirectement de toute sa puissance ; qu'ayant à se déterminer à la guerre, il valoit mieux en faire une où il y eût quelque profit apparent, que de porter tous mes efforts contre des insulaires sur lesquels je ne pouvois presque rien conquérir qui ne me fût onéreux : qu'entreprenant les deux guerres à la fois, les états m'en serviroient mieux contre l'Espagne pour être appuyés de moi contre l'Angleterre ; au lieu qu'étant tout-à-fait hors de danger, ils craindroient peut-être plus l'augmentation de ma puissance qu'ils

ne se ressouviendroient de mes bienfaits;
qu'enfin plusieurs de mes prédécesseurs
s'étoient vus sur les bras d'aussi grandes
affaires, et que si je refusois de m'exposer
aux mêmes difficultés qu'ils avoient surmontées, j'étois en danger de ne pas obtenir les mêmes éloges qu'ils avoient mérités.

Mais pour appuyer le sentiment contraire, je savois que la gloire d'un prince consiste en effet à surmonter généreusement les difficultés qu'il ne peut honnêtement éviter : mais qu'il se met toujours en danger d'être accusé d'imprudence lorsqu'il se jette volontairement en des embarras qu'un peu d'adresse lui pouvoit épargner: que la grandeur de notre courage ne nous doit pas faire négliger le secours de notre raison, et que plus on aime chèrement la gloire, plus on doit tâcher de l'acquérir avec sûreté.

Je pensois que pourvu que je pusse parvenir à toutes les fins que je m'étois proposées, il ne m'importoit pas dans combien de temps, mais que peut-être même il arriveroit qu'en traitant séparément ces deux affaires, j'aurois pris le chemin le plus court aussi bien que le plus assuré.

Que d'attaquer ces deux puissans ennemis à la fois, c'étoit former entre eux une liaison qui me porteroit un préjudice inconcevable; que les Anglais seuls n'étoient pas à craindre, mais que leur secours seroit d'un grand poids pour la défense des terres d'Espagne : que lorsqu'ils auroient rempli la Flandre de leurs troupes, il me seroit mal aisé d'y faire beaucoup de progrès : que le roi catholique seroit obligé de livrer quelques ports à ces insulaires, d'où on ne les chasseroit pas sans difficultés : que ces deux nations s'étant une fois unies par la guerre, auroient peine à faire la paix séparément, et qu'ainsi je serois obligé de les combattre toujours ensemble, ou de m'accommoder avec tous deux à des conditions moins avantageuses.

Qu'une si étroite union de l'Espagne avec l'Angleterre avanceroit l'accommodement du Portugal; que sous prétexte de la guerre d'Angleterre, je disposerois mes forces et mes intelligences à commencer plus heureusement celle de Flandre.

Année 1766.

Que le secours des Hollandois, assez empêchés maintenant à leur propre défense, ne pouvoit me procurer tant d'avantage que les Anglais me feroient préjudice, et qu'à l'égard de l'avenir, il n'y avoit pas de moyens plus honnêtes ni plus assurés pour les engager à me tenir parole que de leur faire paroître de ma part une entière bonne foi en commençant la guerre purement pour eux, et qu'enfin il me seroit glorieux au jugement de toutes les nations de la terre, qu'ayant d'un côté mes droits à poursuivre, et de l'autre mes alliés à protéger, j'eussé été capable de suspendre mon intérêt pour entreprendre leur défense.

Que le temps du délai que je prendrois, bien loin de porter préjudice à mes prétentions, me pouvoit offrir des conjonctures très-avantageuses, et qu'en attendant je pouvois disposer des affaires d'Allemagne en telle sorte que les Espagnols en tireroient peu de secours.

Que, sous prétexte de la guerre d'Angleterre, je travaillerois de toute part à nouer des intelligences et à mettre sur pied des forces capables d'exécuter tout ce que je voudrois entreprendre ailleurs.

Qu'enfin, n'ayant pas tant d'ennemis à combattre, il me seroit plus aisé d'achever ce que j'avois si bien commencé pour l'avantage de mes sujets, et que les établissemens de manufactures, et les découvertes que je faisois de toutes les choses qui sembloient manquer à cet état (paroissant un moyen sûr pour y attirer l'argent de nos voisins, sans en laisser sortir du nôtre) étoient un ouvrage trop important à la félicité de mes peuples pour l'abandonner imparfaite par un excès de précipitation.

Je fus quelque temps incertain entre ces deux opinions; mais si la première touchoit davantage mon cœur, la seconde satisfaisoit plus solidement ma raison, et je crus que dans le poste où je me trouvois, je devois faire violence à mes inclinations pour m'attacher aux intérêts de ma couronne.

C'est pourquoi je résolus enfin de ne m'engager alors qu'à la guerre contre les Anglais, mais de la faire le plus avantageusement qu'il se pourroit, à la satisfaction de ceux pour qui je l'avois entreprise, et cependant de mettre de toute part les choses en tel état que je pusse avec succès travailler à mes propres affaires dès lors que je le jugerois à propos.

Mais encore que cette guerre fût ainsi déterminée dans mon esprit, je voulus, avant que de publier ma résolution, donner ordre à tout ce que je crus nécessaire pour la soutenir avec vigueur.

Dès la fin de l'année dernière, j'avois incorporé deux cents nouvelles compagnies d'infanterie dans les anciens régimens, afin que se conformant insensiblement aux autres, le nombre de mes gens s'augmentât sans que la discipline s'en affoiblît, dont je ne délivrai pourtant mes commissions que pour six vingt, dont la plupart des officiers furent tirés des troupes de ma maison, où je les avois réservés depuis la guerre. Un grand nombre d'autres qui s'étoient trouvés comme ceux-ci dans le service, prétendirent avoir même droit qu'eux d'être nommés ; mais j'estimai qu'en cette rencontre il étoit juste de préférer ceux qui étoient demeurés auprès de moi dans une fonction continuelle à ceux qui s'étoient retirés dans leur maison pour y vivre avec plus de commodité.

Outre que ces derniers ayant fait voir qu'ils pouvoient se passer d'emploi, il y avoit sans doute plus d'humanité à se servir des autres, qui sans cela peut-être eussent eu de la peine à subsister.

Votre compagnie de deux cents gens-d'armes n'étoit point comprise dans ce nombre, non plus que le régiment que je formai en licentiant celle des chevau-légers de la reine ma mère, pour ne pas laisser sans subsistance *Tury* qui la commandoit et les cavaliers qui la composoient. Je ne me crus pas obligé d'avoir les mêmes précautions à l'égard de *Bouligneux*, lieutenant des gens-d'armes de cette princesse, parce que ses appointemens lui étant naturellement conservés dans les états, je pensai qu'il suffisoit, pour lui marquer mon estime, d'y ajouter une pension; mais pour ne pas abandonner ses cavaliers, je les retins à mon service dans ma compagnie de gens-d'armes écossois.

Je ne sais si j'écris de votre goût, quand je descends dans ce détail qui vous paroît peut-être de peu d'importance; mais pour moi, je suis persuadé que ces petits soins qu'un prince prend de la fortune de ceux qui le servent produisent dans l'esprit des gens du métier un effet très-considérable.

Toute la réputation des grands hommes ne se forme pas de grandes actions, les plus médiocres sont celles qui se font le plus souvent ; et comme on les croit les moins étudiées, c'est sur elles que l'on pense juger plus certainement de nos véritables inclinations. Dans le démêlé des moindres affaires, il se rencontre un certain point d'honnêteté qui, lorsqu'il est observé dans toute sa justesse, n'est pas moins à priser que les plus brillantes vertus. Le récit des actions qu'il dirige n'est peut-être pas si curieux, mais l'imitation n'en est pas moins utile ; il ne fait pas tant de bruit dans le monde, mais il fait en secret plus d'impression sur les cœurs ; il ne nous acquiert pas une si vaste renommée, mais il contribue davantage à notre félicité. Car, quelque amour que nous ayons pour la gloire, il faut avouer qu'un bon prince ne peut être pleinement heureux s'il n'a l'amour de ceux qui le servent, aussi bien que leur admiration.

Cependant parce que tant de charges données laissoient beaucoup de places vides dans les troupes qui servoient auprès de moi, j'en fis remplir quelques-unes par des cavaliers choisis sur toutes les compagnies particulières. Mais je pris pour remplir les autres un bon nombre de jeunes gentilshommes que je voulois, pour ainsi dire, former de propre main dans les maximes de leur profession, afin qu'ils portassent après les leçons que je leur aurois données dans tous les corps où j'avois résolu de les distribuer à mesure qu'il s'y trouveroit des charges vacantes.

Je voulus même, durant ce temps-là, revoir plus souvent mon régiment des gardes, ne voulant pas que ces nouvelles levées pussent affoiblir les vieux corps; et ce fut pour cette considération que je recommandai à tous ceux qui faisoient des compagnies de ne prendre que de nouveaux hommes, parce que former de nouvelles troupes en enrôlant de vieux soldats, c'étoit faire en effet une dépense considérable pour ne grossir le nombre de mes gens qu'en imagination ; mais les soins que je pris pour empêcher ce désordre eurent un tel effet que les troupes de ma maison, loin d'être diminuées, se trouvèrent alors plus fortes

qu'elles

qu'elles n'avoient été depuis long-temps; car elles montoient à deux mille cinq cents chevaux effectifs, et six mille hommes de pied, quoique je n'eusse encore fait aucune augmentation dans les compagnies des Gardes-Françaises, sachant combien cela seroit facile à faire dès que je croirois en avoir besoin.

Étant persuadé que l'infanterie française n'avoit pas été jusqu'à présent fort bonne, je voulus chercher les moyens de la rendre meilleure; et l'un des premiers dont je m'avisai, fut de faire tomber, autant qu'il se pourroit, les charges de colonels entre les mains des jeunes gens les plus qualifiés de ma cour: car je pensai que les voyant plus ordinairement que les autres, je pourrois les exciter plus souvent par mes discours à se bien acquitter de leur charge, à qui le désir de me plaire et l'émulation qu'ils auroient l'un pour l'autre pourroient leur donner plus d'application: outre que se trouvant en pouvoir de soutenir toute la dépense nécessaire pour se faire considérer dans leur corps, ils seroient plus capables de le maintenir dans l'état où il devoit être.

Les mêmes raisons me faisoient aussi désirer que les charges subalternes pussent être remplies par des gens de considération, et pour cela non-seulement je me proposai de les choisir désormais avec tous les soins possibles, mais encore, pour faire que ces places fussent plus recherchées, je déclarai publiquement, que je ne donnerois plus d'emplois dans la cavalerie qu'à ceux qui auroient servi dans l'infanterie.

Je voulus même, pour donner une égale satisfaction à tous les régimens, qu'ils fussent tous également avantagés dans le service, et que les uns ne demeurassent pas toujours dans les garnisons pendant que les autres seroient à la guerre. Je résolus que chacun auroit toujours vingt-quatre compagnies en campagne (dont on formeroit deux bataillons), tandis que les autres demeureroient à la garde des places pour en être tirés, chacun à leur tour; et afin que par l'exécution de ce réglement, mes frontières ne demeurassent pas dépourvues, je fis lever seize compagnies Suisses de deux cents hommes chacune, que je mis dans les garnisons au lieu des Français que j'en avois tirés.

Je me proposois en cette occasion de

négocier avec le duc de *Brunswick*, pour prendre ses troupes à mon service, en cas qu'elles me fussent nécessaires.

Mais à l'égard du duc de *Lorraine*, je ne crus pas qu'il fût à propos de lui faire pour les siennes aucune proposition de ma part. Car je ne doutois point que dès-lors que j'entrerois en marché avec lui, il ne se tînt ferme à me les faire acheter au-delà de ce qu'elles valoient, et que même il ne voulût mettre en condition de les entretenir toutes ensemble, à quoi je ne voulois en aucune façon m'engager. Ce n'est pas que dans le vrai je n'eusse fait dessein de m'en assurer pour en tirer service ou pour les ôter à mes ennemis, mais je voulois que ce fût lui-même qui me les offrît; et pour le réduire dans ces termes, je résolus de lui faire dire que je désirois qu'il les licentiât, ainsi qu'il y étoit obligé par le traité fait entre nous; qui ne lui permettoit d'entretenir autres gens de guerre que ceux qui servoient ordinairement à la garde de sa personne.

Cette proposition ne pouvoit que beaucoup l'embarrasser principalement en ce temps-là, parce que l'électeur de Mayence,

4 *

auquel il avoit prêté ses troupes, terminant à l'amiable son différent avec le Palatin, les laissoit sans occupation; en sorte qu'il falloit choisir l'une des deux extrémités, ou de licentier, comme je demandois, ou de rompre ouvertement avec moi : à moins que de lui-même le duc ne trouvât une voie de milieu, qui ne pouvoit être que de me prier que ses gens demeurassent sur pied en me servant de telle manière qui me plairoit. Mais enfin, avant que d'en venir aux mains avec mes ennemis, je crus qu'il falloit terminer les contestations qui se formoient souvent dans mes propres troupes pour le rang et pour le commandement.

Ces différens n'étoient point nouveaux; mais ceux qui avoient gouverné devant moi, les voyant soutenus de toute part avec trop de chaleur, n'avoient encore osé les régler, doutant peut-être si leur jugement seroit exécuté par les parties, ou si l'avantage qu'il produiroit au public ne les chargeroit point de trop de haines particulières.

Pour moi, j'étois trop assuré du respect de mes sujets pour n'être pas arrêté par de semblables considérations ; mais il faut pourtant avouer que je ne laissai pas de souffrir quelque chose dans la résolution que je pris de faire ce réglement, parce qu'aimant avec égalité toutes les troupes qui étoient à mon service, je prévoyois que je n'en pouvois condamner aucune sans porter moi-même une partie du chagrin qu'elles en recevroient. Cependant je crus que ces sentimens ne devoient pas me toucher dans une occasion que je reconnoissois de la dernière importance.

Car il faut demeurer d'accord que, de toutes les rencontres où l'autorité d'un seul peut être utile au public, il n'en est point qui soit si manifeste que celle de la guerre, dans laquelle on sait que les résolutions doivent être promptes, la discipline exacte, les commandemens absolus, l'obéissance ponctuelle ; que le moindre instant que l'on perd à contester fait échapper pour toujours l'occasion de bien faire, et que les moindres fautes qui se commettent sont expiées par beaucoup de sang.

Cette ancienne Rome qui témoignoit tant d'aversion pour l'autorité souveraine, s'y soumettoit pourtant toutes les fois qu'elle avoit à se garantir de quelque ennemi redoutable ; et sachant bien que l'égalité qui se trouvoit entre ses consuls n'étoit pas propre aux expéditions militaires, elle se choisissoit un dictateur qui la gouvernoit avec un pouvoir absolu.

Mais aussi que pourroit-on jamais attendre que tumulte et confusion dans un corps où ceux qui doivent obéir ne sauroient distinguer celui qui a droit de leur commander, où ceux qui aspirent à l'autorité songent plutôt à vider leurs différens particuliers qu'à rechercher l'avantage et la sûreté des troupes qui leur sont commises ?

Il n'est rien qui échauffe si puissamment les esprits que la jalousie de la supériorité. Les prétentions des chefs engagent nécessairement les gens qu'ils ont sous leur charge, chacun des soldats croit qu'il s'agit de son propre intérêt, tous s'animent à l'envi ; et dans un seul camp il se forme deux armées ennemies qui, toutes deux, oubliant en un moment le service de leur prince et le salut de leur pays, ne pensent plus qu'à contenter aux dépens de leur propre sang la brutale fureur qui les transporte.

Malheurs qui ne pouvoient être sûrement évités qu'en réglant, comme j'ai fait, tous ces différens en telle sorte, que quelques troupes qui pussent se trouver désormais ensemble, on n'eût plus aucun lieu de douter du rang ni de l'autorité de celui qui les devroit commander.

L'expédient que je trouvai le plus commode pour terminer cette affaire, fut d'ôter la différence des titres sur laquelle s'étoient fondées les principales contestations, et de donner à toute la cavalerie de ma maison la qualité de gendarmes, afin d'être après en liberté de régler entre eux le rang de chaque compagnie comme je le jugerois à propos.

Je n'oubliois pas pendant ce temps-là de donner tous les ordres nécessaires pour me fortifier contre les Anglais, tant au dedans qu'au dehors du royaume.

Je désirois de mettre le roi de Danemarck (*a*) dans notre parti, afin que, fermant aux Anglais le passage de la mer Baltique, il leur ôtât la commodité d'en tirer les choses nécessaires à la navigation ; et parce que ce prince étoit alors en différent avec les Hollandais pour certaines

---

(*a*) Christiern IV.

sommes, j'en fournis une partie de mes deniers pour porter ce prince aux conditions que je désirois.

Car, outre le traité public, qui ne contenoit rien de fort important, le roi de Danemarck ne promettant pas là de fermer aux vaisseaux de guerre anglais l'entrée de la mer Baltique, l'on fit un traité secret par lequel il prenoit avec nous des engagemens plus précis, et s'obligeoit positivement de priver de tout commerce du Nord, même les marchands d'Angleterre.

Cependant ayant su que les états d'Hollande, malgré la guerre si chaudement commencée entre eux et les Anglais, laissoient encore leur ambassadeur auprès du roi de la Grande-Bretagne depuis que les miens en avoient été partis, je crus avoir sujet d'appréhender qu'il ne se traitât par cette voie quelque chose à mon préjudice ; c'est pourquoi je les obligeai à le rappeler.

Mais pour m'assurer davantage contre de pareilles surprises, je leur fis promettre depuis, en termes formels, de ne rien négocier sur cette affaire sans mon exprès commandement.

Je renvoyai dès-lors tous les gouverneurs

des provinces et des places maritimes dans les lieux où ils commandoient pour y faire une résidence assidue, et le duc de *Mazarin* (*a*), étant depuis peu revenu de Bretagne, dont il avoit visité toutes les côtes, je me fis rendre par lui un compte exact de l'état où il les avoit laissées; cependant je faisois des levées de tout côté, et garnissois mes frontières de troupes et de munitions.

Mais l'état où étoit Mardick me donna quelque inquiétude, parce que se trouvant alors à moitié démoli, j'avois peine à décider lequel me seroit le plus expédient ou de le rétablir en diligence, ou d'en achever la démolition; car je craignois que si je le voulois réparer, les ennemis le surprenant à demi rétabli, ne profitassent de mon travail, ou que si je voulois achever de le démolir, ils ne fissent dessein de s'en saisir pour le fortifier.

Mais en attendant que j'eusse pris ma dernière résolution sur ce doute, je commandai

---

(*a*) Laporte, duc de la Meilleraye, avoit épousé Hortense Mancini, nièce du cardinal Mazarin, qui lui fit prendre son nom et l'institua son héritier.

au maréchal d'*Aumont* (*a*) d'y demeurer avec un petit corps d'armée.

J'eus aussi quelque appréhension pour les vaisseaux qui étoient ordinairement à la rade de Toulon, laquelle n'étant défendue que de deux tours fort éloignées, étoit exposée aux insultes des Anglais ; vu principalement qu'ils avoient à leur solde plusieurs pilotes à qui l'état des lieux étoit connu ; mais j'envoyai *Vivonne* (*b*) pour se concerter avec le duc de *Beaufort* (*c*) sur les moyens de prévenir cet accident.

La seule chose qui me restoit à faire

(*a*) Antoine d'Aumont fut maréchal de France en 1651, gouverneur de Paris en 1662, duc et pair en 1665, et mourut en 1669, à 68 ans.

(*b*) Louis-Victor de Rochechouart, duc de Mortemar et de Vivonne, étoit fils aîné de Gabriel de Rochechouart ; il fut général des galères et maréchal de France en 1679. Il mourut en 1688. Il étoit frère de madame de Montespan.

(*c*) François de Vendôme, duc de Beaufort, étoit né en 1616. Il fut du parti opposé à la cour dans les troubles de la minorité : on l'appeloit le roi des Halles. Il périt dans une sortie au siége de Candie, et on ne retrouva pas son corps. Il étoit le second fils de César de Vendôme, fils naturel d'Henri IV.

avant que de commencer la guerre, étoit d'aviser comment je la déclarerois. Car dans le dessein que j'avois toujours de la terminer au plutôt, j'étois bien aise d'agir avec le roi d'Angleterre le plus honnêtement qu'il se pouvoit ; et l'expédient qui me parut le meilleur, fut de faire que la reine sa mère, qui étoit alors à Paris, se chargeât elle-même de cette nouvelle, pensant ne se charger que d'un compliment : car je la priai seulement de témoigner à ce prince que l'estime singulière que j'avois pour lui me faisoit trouver beaucoup de peine dans la résolution à laquelle j'étois forcé par l'engagement de ma parole ; et cela lui parut si honnête, que non-seulement elle me promit de lui en donner avis, mais elle crut même qu'il s'en devoit tenir obligé.

Aussi je puis dire que ce discours n'avoit rien qui ne fût très-conforme à mes pensées, parce qu'en effet j'ai toujours eu pour le roi d'Angleterre une considération très-particulière ; comme aussi de sa part j'étois persuadé que dans l'origine de cette guerre il avoit été emporté par les suffrages de ses sujets plus loin qu'il n'eût été par le sien propre ; en sorte que dans ce démêlé de nos états, je croyois de personne à personne avoir moins de raison à me plaindre de lui que de le plaindre lui-même. Car il est certain que cet assujétissement qui met le souverain dans la nécessité de prendre la loi de ses peuples, est la dernière calamité où puisse tomber une personne de notre rang. Et peut-être qu'à bien estimer les choses, l'homme particulier qui sait obéir est plus heureux que le prince qui n'est pas en pouvoir de commander : puisque le premier est assuré qu'on ne peut attribuer la médiocrité de sa condition qu'aux ordres de sa destinée, au lieu que l'autre est toujours en danger que ce qui ternit l'éclat de son caractère n'affoiblisse l'estime de sa vertu.

Ce qui fait la grandeur et la majesté des rois n'est pas tant le sceptre qu'ils portent que la manière de le porter. C'est pervertir l'ordre des choses, que d'attribuer les résolutions aux sujets et la déférence au souverain. C'est à la tête seule qu'il appartient de délibérer et de résoudre, et toutes les fonctions des autres membres ne consistent que dans l'exécution des commandemens qui leur sont donnés.

Et si je vous ai fait voir ailleurs la misérable condition des princes qui commettent leurs peuples et leur dignité à la conduite d'un premier ministre, j'ai bien sujet de vous représenter ici la misère de ceux qui sont abandonnés à l'indiscrétion d'une populace assemblée. Car enfin le premier ministre est un homme que vous choisissez selon votre sens, que vous n'associez à l'empire que pour telle part qu'il vous plaît, et qui n'a le principal crédit en vos affaires que parce qu'il a la première place dans votre cœur. En s'appropriant vos biens et votre autorité, il garde au moins de la reconnoissance et du respect pour votre personne, et quelque grand que nous le fassions, il ne peut éviter sa ruine dès-lors que nous avons seulement la force de ne le vouloir plus soutenir. Ce n'est au plus qu'un seul compagnon que vous avez sur le trône; s'il vous dérobe une partie de votre gloire, il vous décharge en même temps de vos soins les plus épineux. L'intérêt de sa propre grandeur l'engage à soutenir la vôtre. Il aime à soutenir vos droits comme un bien dont il jouit sous votre nom; et s'il partage avec vous votre didamé, il travaille au moins à le laisser entier à vos descendans. Mais il n'en est pas ainsi du pouvoir qu'un peuple assemblé s'attribue. Plus vous lui accordez, plus il prétend ; plus vous le caressez, plus il vous méprise : et ce dont il est une fois en possession est retenu par tant de bras, qu'on ne le peut arracher sans une extrême violence.

De tant de personnes qui composent ces grands corps, les moins sensés sont toujours ceux qui s'y donnent le plus de licence : dès-lors que vous leur déférez une occasion, ils prétendent être en droit pour toujours de régler vos projets à leur fantaisie ; et la continuelle nécessité de vous défendre de leurs attentats, vous produit seule beaucoup plus de soins que tous les autres intérêts de votre couronne. En sorte que le prince qui veut laisser une tranquillité durable à ses peuples et sa dignité toute entière à ses successeurs, ne saurait trop soigneusement réprimer cette audace tumultueuse.

Mais c'est trop long-temps m'arrêter sur une réflexion qui semble vous être inutile, ou qui ne peut au plus vous servir qu'à reconnoître la misère de nos voisins, puisqu'il est constant que dans l'état où vous devez régner après moi, vous ne trouverez point d'autorité qui ne se fasse honneur de tenir de vous son origine et son caractère, point de corps de qui les suffrages s'osent écarter des termes du respect, point de compagnie qui ne se croie obligée de mettre sa principale grandeur dans le bien de votre service, et son unique sûreté dans son humble soumission.

Après avoir fait savoir à mes ennemis la résolution que j'avois prise pour la guerre, il étoit nécessaire de l'apprendre à mes sujets, et pour cela j'ordonnai que la publication s'en fît à la manière accoutumée, donnant en même temps de toute part les ordres que je crus nécessaires en cette occasion.

Mais le soin que je prenois des affaires présentes ne m'empêchoit pas de penser à celles que j'avois remises pour une autre saison ; et pendant que je ne paroissois songer qu'à préparer mes armes contre l'Angleterre, je ne laissois pas de travailler par diverses négociations contre la maison d'Autriche, soit pour lui faire naître des difficultés en tous ses desseins, soit pour lui susciter des affaires en ses propres états, soit pour attirer à mon parti les princes qu'elle avoit eus de tout temps dans sa dépendance.

Sachant combien la guerre de Portugal donnoit de peine à toute l'Espagne, et combien la durée de ce mal intestin étoit capable de consumer avec le temps les forces de cette couronne, je crus qu'il étoit bon de l'entretenir aussi long-temps que je pourrois; et pour ce sujet je procurai le mariage de mademoiselle *de Nemours* avec le roi de Portugal, ne doutant pas que l'alliance d'une princesse française n'engageât de plus en plus ce prince dans mes intérêts, et ne fît naître à tout moment de nouvelles défiances du côté de l'Espagne.

Mais depuis encore j'envoyai *Romainville* en cette cour pour éluder les propositions des Espagnols par des offres avantageuses de secours d'hommes et d'argent, et même à toute extrémité par l'espérance d'une ligne offensive et défensive que les Portugais avoient toujours ardemment désirée.

Du côté d'Allemagne, le comte *Guillaume de Furstemberg* travailloit, de concert avec l'électeur de *Cologne* et le duc de de *Neubourg*, à persuader l'électeur de *Mayence*, les ducs de *Brunswick* et les princes voisins de s'unir avec moi pour empêcher que l'empereur n'envoyât des troupes en Flandre, leur faisant voir que c'étoit le seul moyen de maintenir la paix en leur propre pays et d'en éloigner mes armées. J'envoyai à mêmes fins l'abbé de *Gravel* pour résider particulièrement auprès de l'électeur de *Mayence*, afin d'observer de plus près ses déportemens qui n'étoient pas toujours sincères.

D'ailleurs pour engager l'électeur de *Brandebourg* à la défense des états de Hollande, je lui envoyai d'abord *Dumoulin* avec des propositions générales sur ce sujet; et depuis, pour traiter les choses plus précisément, je fis dessein d'y faire passer l'*Estrade*; mais le refus que ce prince fit de lui donner la main, m'empêchant de continuer la négociation, je lui dépêchai peu de temps après *Colbert*, maître des requêtes, en qualité d'envoyé seulement, mais avec pouvoir néanmoins d'employer toutes choses possibles pour intéresser cet électeur et ceux de son conseil à prendre le parti que je desirois; car, quoique j'eusse été sensiblement piqué de la prétention qu'il avoit eue à l'égard de mon ambassadeur, je ne voulus pas pour cela me priver de l'avantage que je me promettois de ce traité. Il y avoit encore d'ailleurs assez de difficulté de le faire réussir : mais à qui se peut vaincre soi-même il est peu de chose qui puisse résister.

Ainsi, quoique j'eus à vaincre dans cette cour les persuasions de la douairière et la considération du prince d'Orange, qui tous deux m'étoient également opposés, la négociation fut conduite de telle sorte, qu'enfin cet électeur s'obligea d'entretenir dix mille hommes à ses frais pour la défense des états de Hollande.

Cet exemple vous peut apprendre, mon fils, combien il est utile au prince d'être maître de ses ressentimens en des occasions de cette nature que nous pouvons à notre choix dissimuler ou relever. Il ne faut pas tant appliquer notre esprit à considérer les circonstances du tort que nous pensons avoir reçu qu'à peser les conjonctures du temps où nous sommes.

Lorsque nous nous aigririons mal à propos, il arrive d'ordinaire qu'en prétendant seulement faire dépit à celui qui nous a fâchés, nous nous faisons préjudice à nous-mêmes pour la vaine satisfaction que nous trouvons à faire éclater notre chagrin, nous perdons souvent l'occasion de ménager de solides avantages. Cette châleur qui nous transportoit s'évanouit en peu de temps, mais les pertes qu'elle nous a causées demeurent pour toujours présentes à notre esprit avec la douleur de nous les être attirées par notre faute.

Je sais mieux que personne combien les moindres choses qui semblent toucher à la dignité intéressent sensiblement les cœurs jaloux de leur gloire; mais cependant il est de la prudence de ne relever pas tout, et peut être même qu'il est de la grandeur du rang où nous sommes de négliger quelquefois par de nobles motifs ce qui se passe au-dessous de nous. Exerçant ici bas une fonction toute divine, nous devons tâcher de paroître incapables des agitations qui pourroient la ravaler; ou si notre cœur ne pouvant démentir la foiblesse de sa nature, sent naître malgré lui ces vulgaires émotions, notre raison les doit cacher avec un soin extrême dès-lors qu'elles nuisent au bien de l'état, pour qui seul nous sommes nés. L'on n'arrive jamais à la fin des vastes entreprises sans essuyer des difficultés de différentes espèces ; et s'il s'en trouve quelqu'une où nous relâchions quelque chose de notre fierté, la beauté des succès que nous en attendons nous en console doucement en nous-mêmes, et les effets éclatans qui s'en découvrent enfin, nous en excusent glorieusement envers le public.

J'envoyai dans le temps *Pompone* en Suède, avec ordre d'y négocier, et pour les affaires de Pologne, et pour celles d'Allemagne ; car, en quelque manière que ce fût, je voulois essayer de former quelque liaison avec cette couronne, dans un temps où je ne doutois pas que mes ennemis ne tâchassent à la mettre de leur côté.

J'entretenois aussi une secrette intelligence avec le comte *de Serin*, pour faire naître quelque émotion dans la Hongrie, si j'entrois en guerre avec l'empereur ; j'avois à ma cour un religieux Théatin envoyé par la duchesse de *Bavière*, avec participation de son mari, pour me faire des propositions, que je crus devoir écouter favorablement, afin de le détacher de la maison d'Autriche.

J'écoutai aussi les propositions du traité que les électeurs de *Mayence* et de *Cologne* projétoient de faire dès à présent entre l'Empereur et moi, sur le partage des états du roi d'Espagne, pour être exécuté s'il arrivoit ouverture à la succession; car, quoique la chose me parût peu faisable, je voulois laisser former toutes les difficultés pour laisser tomber sur lui tout le dépit que les auteurs de cette pensée pourroient prendre à la voir rejeter.

Les ducs *Georges Guillaume* et *Jean Frédéric de Brunswick* étoient tombés en quelques différens; je crus qu'il étoit de mon intérêt que leur accommodement se fît par mon entremise, et le fis terminer par *de Lombre*, qui venoit alors de Pologne, où il venoit de me servir comme ambassadeur, et il devoit passer par l'Allemagne. Je lui envoyai mes ordres pour demeurer auprès de ces princes jusqu'à l'entière conclusion de leur accord. Je fus aussi prié d'être arbitre avec la couronne de Suède, entre l'électeur de *Mayence* et le *Palatin*, touchant le droit de vilfranc, et ne voulus pas souffrir que, sur la diversité de nos avis, l'Empereur fût reconnu pour sur-arbitre.

L'affaire n'étoit pas facile d'elle-même, car il s'agissoit d'un droit fort extraordinaire prétendu par l'électeur *Palatin* dans les terres mêmes de ses voisins; mais on prévoyoit qu'il pourroit naître encore d'ailleurs quelque difficulté dans le jugement, à cause que les deux parties étant de religion différente, avoient choisi des juges qui se trouvoient partagés comme elles sur ce point, et qui, par cette considération, pouvoient se partager aussi dans leurs sentimens. C'est pourquoi l'on proposa qu'en ce cas l'Empereur fût appelé pour terminer la contestation par son suffrage; mais je n'approuvai pas cet expédient : car, quoique je visse bien que tout l'avantage que l'Empereur sembloit avoir dans cette proposition (*a*),

car, quoiqu'elle n'eût été

(*a*) Cette lacune existe à l'original.

faite que par la disposition naturelle des choses, j'eus peur que l'on ne l'interprétât autrement, et je crus qu'il seroit mieux de le faire nommer d'abord dans le nombre des arbitres comme nous.

Il courut lors quelque nouvelle que l'évêque de Munster avoit fait partir un homme exprès pour me venir faire des propositions d'accommodement, comme étant persuadé que ni lui ni ses amis ne seroient pas capables de soutenir plus long-temps la puissance que j'assemblois contre eux.

Et cela ne paroissoit pas trop éloigné de la vraisemblance ; car les seules troupes que j'avois envoyées contre lui l'incommodoient de telle sorte, que ses gens, n'osant presque plus sortir de leurs quartiers, y souffroient des incommodités insupportables ; ce qui causoit parmi eux une continuelle désertion.

Peu de jours auparavant que ce bruit courût, un colonel allemand, avec huit cents hommes de troupes de cet évêque, s'étant jeté dans Oudembosc où il commençoit à se fortifier, fut si vivement pressé dans ce poste, qu'il fut contraint de s'y rendre prisonnier de guerre avec tous ses gens.

L'heureux succès de cette entreprise ne se pouvoit attribuer qu'à la France, non-seulement parce que *Lavallière*, et mes troupes qu'il commandoit, y firent le principal effet, mais parce que celles mêmes des états de Hollande n'avoient point d'autres chefs que des Français.

La mauvaise issue que ce même évêque avoit eue nouvellement dans l'entreprise faite sur d'Alem et Vilelmstat lui avoit dû faire connoître encore à ses dépens la valeur des troupes françaises; car ces deux places, éloignées de plus de trente lieues de l'endroit où se faisoit la guerre, lui paroissoient d'autant plus faciles à surprendre, qu'elles ne croyoient avoir aucune surprise à redouter; et l'intelligence des Espagnols, qui cherchent toujours malignement à nuire aux Provinces-Unies, sembloit lui offrir un expédient indubitable pour exécuter ce dessein.

En effet, ils firent sortir de leurs places voisines quelques régimens qu'ils feignoient d'avoir licenciés, pour les jeter au dépourvu dans ces deux villes, sous le nom de l'évêque de Munster; mais un petit nombre de Français ayant battu ces régimens travestis, firent honteusement avorter la supercherie espagnole.

Cependant je ne me contentois pas que mes troupes fussent utiles à mes alliés, je voulois encore qu'elles ne pussent leur être incommodes. Et dans cette pensée, non-seulement je prenois soin de les faire vivre en ce pays avec une exacte discipline, et de leur fournir leur paie par avance; mais craignant qu'elle ne fût pas suffisante dans la cherté des vivres qui se trouvoit sur les lieux, je l'augmentai d'un sou par fantasin et de trois par cavalier, chose sans doute extraordinaire, et que je reconnoissois même capable de tirer à conséquence, mais par laquelle je voulois faire voir à toute la terre qu'il n'étoit point d'intérêt ni de considération que je ne surmontasse facilement dans le désir que j'avois de procurer l'avantage et la commodité de ceux qui s'assuroient en mon assistance. Je fis fournir aussi dans le commencement de cette campagne une somme considérable au roi de Pologne, pour lui donner moyen de soutenir la guerre contre ses sujets révoltés; et je fis payer des pensions à plusieurs des plus puissans de la noblesse du pays pour faciliter l'exécution des projets que j'avois faits sur ce royaume.

J'avois donné ordre à mon ambassadeur de distribuer de l'argent aux principaux députés des Provinces-Unies, et même dans les villes particulières, pour me rendre maître des délibérations et du choix de leurs magistrats; croyant avoir intérêt d'en user ainsi pour éloigner de toutes les charges publiques ceux de la faction du prince d'Orange, que je connoissois pleinement dévoués aux volontés du roi d'Angleterre.

J'envoyai un présent à la reine de Suède, et sachant que le grand chancelier avoit le principal crédit en cet état, je pensai qu'il étoit bon de m'acquérir son suffrage par ma libéralité. Je fis faire aussi de semblables présens à la reine de Danemarck et à l'électrice de Brandebourg, ne doutant point que ces princesses ne s'estimassent honorées du soin que je prenois de rechercher leur amitié, et que par cette considération elles n'entrassent plus volontiers dans mes intérêts. Mais depuis, pour engager plus fortement cette électrice, je lui fis donner un fil de perles de grande valeur, et n'oubliai pas de faire tenter par mon envoyé les mêmes voies pour acquérir aussi les suffrages du prince d'*Hanhalt* et du comte de *Sewrin*, qui avoient la principale part au conseil de cette cour, ce qui fut fait de telle sorte que, moyennant vingt-deux mille écus partagés entr'eux, ils me servirent depuis avec tout le succès que j'en pouvois espérer.

Toutes ces dépenses particulières composoient ensemble un capital fort considérable, principalement dans une saison où les nouvelles troupes que j'avois levées, les vaisseaux que j'avois équipés, les places que j'avois munies, et les sommes nécessairement déboursées dans les autres négociations dont je vous ai parlé auparavant, pouvoient me donner un peu plus de retenue.

Mais s'il est utile aux princes de savoir ménager leurs deniers, lorsque l'état paisible de leurs affaires leur en laisse la liberté; il n'est pas moins important qu'il sachent les dépenser, lorsqu'il est à propos pour l'avantage de leur couronne.

Les rois, que le ciel a fait dépositaires souverains de la fortune publique, font assurément contre leur devoir quand ils dissipent la substance de leurs sujets en des dépenses superflues ; mais ils font peut-être encore un plus grand mal, quand ils refusent de fournir à ce qui serviroit à la défense de leurs peuples.

Il arrive souvent que des sommes médiocres, dépensées avec jugement, épargnent aux états des pertes incomparablement plus grandes. Faute d'un suffrage que l'on pouvoit acquérir à bon marché, l'on s'attire imprudemment sur les bras des nations toutes entières. Un voisin, qu'avec peu de dépense nous aurions pu faire notre ami, nous coûte quelquefois bien cher quand il devient notre ennemi. La moindre armée qui peut entrer sur nos terres, nous enlève en un jour plus qu'il n'eût été besoin pour entretenir dix ans d'intelligence, et les imprudens ménagers qui ne comprennent pas ces maximes, trouvent enfin, tôt ou tard, la punition de leur avare procédé dans leurs provinces désolées, dans la cessation de leurs revenus, dans l'épuisement de leurs trésors, dans l'abandonnement de leurs alliés, dans le mépris et dans l'aversion de leurs peuples.

Bien loin d'avoir peine à débourser l'argent pour les nécessités publiques, ce n'est que pour y satisfaire que nous devons prendre soin d'en recevoir. Aimer l'argent pour l'amour de lui-même, est une passion dont les belles ames ne sont pas capables; elles ne le considèrent jamais comme l'objet de leurs désirs, mais seulement comme un instrument nécessaire à l'exécution de leurs desseins. Le sage prince et le particulier avare sont absolument opposés dans leur conduite : l'avare cherche toujours l'argent avec avidité, le reçoit avec un plaisir extrême, l'épargne sans dicernement, le garde avec inquiétude, et n'en peut débourser la moindre partie sans un insupportable chagrin; au lieu que le prince vertueux n'impose qu'avec retenue, n'exige qu'avec compassion, ne ménage que par devoir, ne réserve que par prudence, et ne dépense jamais sans quelque contentement particulier, parce qu'il ne le fait que pour augmenter sa gloire, pour agrandir son état, ou pour faire du bien à ses sujets.

Toutes les dépenses qu'il falloit, se présentant presque toutes à-la-fois, me donnèrent lieu de connoître combien c'étoit un grand bonheur pour l'état que je me fusse appliqué de longue main à dégager le fonds de mes recettes, parce que sans cela j'eusse été contraint de tirer sur mes sujets, par dés moyens longs et fâcheux, les sommes qui, par mon seul travail, se trouvèrent à jour nommé dans mes revenus ordinaires. Je crus pourtant qu'en cette occasion, il étoit à propos de les soulager par un moyen qui se présenta de m'assurer vingt-cinq millions dans une seule affaire, dont les peuples ne portoient aucune part, qui fut de terminer les recherches de la chambre de justice, par un édit dont je vous ai tantôt expliqué plus au long les motifs et les avantages.

L'on peut aussi rapporter à cet endroit quelques-uns des autres édits, dont je vous ai parlé à la fin de l'année 1665 ; car dès lors considérant qu'il étoit bon, soit pour la facilité de mes autres affaires, soit pour la commodité des gens de guerre qui se voudroient équiper, de donner ordre qu'il se trouvât de l'argent dans le commerce, et que ceux qui en auroient besoin le pussent avoir à meilleures conditions que par le passé, je fis premièrement publier, comme vous avez vu, la diminution des espèces, ce qui fit ouvrir en un moment les bourses les mieux fermées, et ensuite je réduisis les intérêts du denier dix-huit au denier vingt.

Les édits que j'avois fait publier sur la fin de l'année, et principalement celui qui regardoit la modération des charges, causa du chagrin à tous les officiers. Je fus averti que les enquêtes du parlement demandoient l'assemblée des chambres, dans laquelle ils prétendoient, sous divers prétextes, rentrer indirectement en délibération sur ce sujet ; et que le premier président, persuadé de me faire service, pratiquoit avec soin divers délais, comme si les assemblées des chambres eussent encore eu quelque chose de dangereux.

Mais pour faire voir qu'en mon esprit elles passoient pour fort peu de chose, je lui ordonnai moi-même d'assembler le parlement, pour y dire seulement que je ne voulois plus qu'on parlât en aucune façon des édits vérifiés en ma présence. Je voulois me servir de cette rencontre pour faire un exemple éclatant, ou de l'entier assujettissement de cette compagnie, ou de ma juste sévérité à punir ses attentats. Elle choisit le parti le plus avantageux pour elle ; et se séparant sans oser rien tenter, fit bien voir que ces sortes de corps ne sont fâcheux qu'à l'égard de ceux qui les rela reconnoissance des biens reçus, est une des qualités les plus inséparables des ames bien nées.

Moi qui savois mieux que personne que la vigueur avec laquelle cette princesse avoit soutenu ma dignité quand je ne pouvois pas la défendre moi-même, étoit le plus important et le plus utile service qui me put jamais être rendu, quelque grandeur de courage dont j'eusse voulu me piquer, il n'étoit pas possible qu'un fils attaché par les liens de la nature, pût la voir mourir sans un excès de douleur; puisque ceux même contre lesquels elle avoit agi souvent comme ennemie, ne purent alors s'empêcher de la regretter, et d'avouer qu'il n'avoit jamais été une piété plus sincère, une fermeté plus intrépide, une bonté plus généreuse.

Mais la conjecture la plus naturelle que je puisse vous fournir pour juger de l'affliction que devoit me causer sa mort, c'est de vous faire observer l'attachement que j'avois auprès d'elle pendant sa vie. Car les respects que je lui ai toujours rendus, n'étoient point de ces devoirs contraints que l'on donne seulement à la bienséance. Cette habitude que j'avois formée de n'avoir ordinairement qu'un même logis et qu'une même table avec elle, cette assiduité avec laquelle on me voyoit la visiter plusieurs fois le jour, malgré l'empressement de mes plus importantes affaires, n'étoit point une loi que je me fusse imposée pour raison d'état, mais une marque du plaisir que je je prenois en sa compagnie. Car enfin, l'abandonnement qu'elle avoit si librement fait de l'autorité souveraine, m'avoit assez fait connoître que je n'avois rien à craindre de son ambition, pour ne me pas obliger à la retenir par des tendresses affectées.

Après ce malheur, ne pouvant plus soutenir la vue du lieu où il m'étoit arrivé, je quittai Paris dans le même instant et me retirai premièrement à Versailles, comme au lieu où je pourrois plus être en particulier, et quelques jours après à Saint-Germain. Les premiers momens où je me pus forcer à quelque sorte d'application, furent employés à m'acquitter du devoir auquel cet accident m'engageoit. La part que je fus obligé d'en donner à tous les princes de l'Europe me coûta plus qu'on ne sauroit penser, et principalement les lettres que j'en fis à l'empereur, au roi d'Espagne, au roi d'Angleterre, lesquelles, par bienséance, je fus obligé d'écrire de ma main.

Car, dans les premiers momens d'une sensible douleur, il est mal-aisé de se contraindre à l'expliquer aux autres sans la faire encore augmenter en nous par le souvenir de quelque nouvelle circonstance. Je fus ensuite visité par tous les corps du royaume qui sont admis à cet honneur, et peu de jours après je donnai audience aux ambassadeurs pour recevoir les complimens de leurs maîtres.

Cependant, ayant appris par le testament de cette princesse, quelles étoient ses dernières volontés, je commandai à ceux qu'elle avoit nommés pour cela, de les exécuter ponctuellement, excepté sur ce qu'elle avoit ordonné qu'on ne fît aucune cérémonie à ses obsèques.

Car je ne trouvois point d'autre soulagement à l'ennui que me causoit sa mort, que dans les honneurs qui se rendoient à sa mémoire. Je commandai que l'on suivît en cette rencontre tout ce qu'elle-même avoit fait pratiquer à la mort du feu roi, mon père.

Il étoit mal-aisé que dans la diversité des compagnies qu'il falloit assembler pour les services qui se faisoient en public, il ne se trouvât quelque difficulté pour les rangs; mais celle qui fut la plus agitée, fut de savoir à qui l'on rendroit les premiers honneurs, ou au clergé qui étoit alors assemblé, ou au parlement.

Je décidai la question en faveur du clergé, et la chose fut exécutée à St.-Denys pour la première fois avec beaucoup d'impatience de la part du parlement, lequel prévoyant qu'il alloit recevoir encore dans Notre-Dame de Paris la même mortification, voulut tacher de parer le coup en me députant des gens du roi.

Ils me vinrent trouver à Versailles, où j'étois allé ce jour-là. *Talon*, portant la parole, me remontra le droit et la possession que prétendoit avoir leur compagnie d'être saluée devant le clergé, m'en alléguant tous les exemples qu'ils avoient trouvés dans leurs registres ; et son discours fut un peu long, parce qu'ils avoient peine à conclure à la proposition de laquelle ils étoient chargés, qui étoit de me supplier de permettre que le parlement ne se trouvât point à la cérémonie : et véritablement ils avoient raison de penser que ces sortes d'accomodement n'étoient pas bons à négocier avec moi : mais quoique cette conclusion ne m'eût pas été fort agréable, je ne laissai pas de répondre sur-le-champ sur tous les points de son discours avec toute ma froideur ordinaire, et de m'expliquer même avec lui plus avant que je ne l'avois pensé; et ma raison fut qu'ayant déjà jugé quelques autres différens contre les prétentions de cette compagnie, il étoit bon de faire voir que je ne décidois rien dont je ne fusse pleinement instruit; qu'elle ne se fît pas l'honneur de croire que je prisse intérêt à la ravaler; que les exemples qu'ils alléguoient en faveur de leur corps étoient véritables, et qu'ils en auroient encore pû alléguer quelques-autres dont je les fis souvenir, mais qu'il s'en trouvoit aussi plusieurs où les évêques avoient eu le dessus, comme au service du feu roi mon père. Ce qui s'étoit passé dans les temps où l'on n'avoit pas à contester avec le parlement ne devoit pas être tiré à conséquence; que maintenant que chacun avoit une pleine liberté de poursuivre ses droits, j'avois cru que, en attendant une plus expresse décision de cette affaire, il étoit juste de maintenir le clergé dans la possession où je l'avois trouvé à mon avénement au trône. Mais enfin, pour conclusion, répondant à ce qu'elle m'avoit proposé de ne point aller à la cérémonie, je dis positivement que je voulois qu'on s'y trouvât, et même qu'il n'y manquât personne, et je fus obéi ponctuellement ; mon dessein étant de faire voir à cette compagnie que je ne prononçois entre elle et le clergé que comme entre deux particuliers, sans autre considération que celle de l'ordre public et de la justice de leur cause.

Dans le nombre des occupations que me produisit la mort de la reine ma mère, je ne vous ai point parlé du partage de ses biens, parce qu'il se fit entre moi et mon frère, en si peu de temps et aussi peu de travail, qu'il ne méritoit pas d'être compté pour quelque chose.

Mais j'aurois peut-être dû vous faire le récit d'une conversation que j'eus avec lui dans le plus violent accès de notre commune douleur, et qui pouvoit mériter d'être observée par les pressans témoignages d'amitié, qu'en ce moment nous nous donnâmes l'un à l'autre.

Ce qui s'y passa de plus important, fut que je lui promis de ne rien diminuer de la familiarité dans laquelle j'avois véou avec lui du vivant de la reine ma mère, l'assurant même que je prétendois la faire passer jusqu'à ses enfans, que je ferois gouverner et instruire son fils par le même gouverneur et le même précepteur que vous, et qu'en toutes les choses justes il me trouveroit attaché à ses intérêts avec autant de chaleur qu'aux miens propres.

Le temps où je lui disois ces choses, et l'état où j'étois en les lui disant, ne laissoit aucun lieu de douter que ma seule tendresse ne me les eût suggérées. Car dans les violentes agitations de nos cœurs, on sait que la raison ne conserve pas assez de force pour pouvoir régler nos discours et nos actions sur les principes de la politique.

Mais il est pourtant vrai qu'ayant à vous faire ici remarquer toutes les choses dont vous pouvez tirer quelque lumière, je puis vous dire en passant, que quand j'aurois médité ce discours dans une pleine liberté d'esprit, je n'eusse pu rien penser de plus délicat que de faire à la fois à mon frère un honneur dont il me devoit être obligé et de prendre pour sûreté de sa conduite le plus précieux gage qu'il pouvoit m'en donner.

Car il faut convenir qu'il n'est rien de plus utile au bien public, rien de plus nécessaire à la grandeur de l'état, rien de plus avantageux à tous les membres de la maison royale, que la liaison qu'ils conservent avec le chef. Je pourrois vous faire connoître cette vérité en vous faisant observer qu'alors les factieux voyant ces princes trop engagés, n'osent plus tenter de les séduire, et que craignant de voir avorter, ou même de voir punir leurs criminelles entreprises, ils sont forcés de demeurer dans le silence; que les mécontens ne se pouvant rallier en aucun lieu sont contraints de digérer leurs chagrins dans leurs maisons particulières; et que les étrangers privés du secours des intelligences qui seules ont pu leur donner quelqu'avantage dans cet état, sont plus retenus dans leurs desseins.

Je pourrois vous dire que si l'on avoit toujours pris de semblables mesures, l'on n'auroit pas vu tant de riches fleurons de cette couronne détachés par la main de ceux qui sembloient les plus intéressés à la conserver, et qu'il y a long-temps que la France seroit la maîtresse du monde, si la division de ses enfans ne l'avoit trop souvent exposée aux jalouses fureurs de ses ennemis.

Mais laissant à part ces raisons, toutes publiques, et ne considérant que l'intérêt même des princes comme particuliers, je prétends seulement en cet endroit vous montrer qu'il est de la bonté paternelle, qu'un roi doit avoir pour tous ceux de sa maison, de les mettre, autant qu'il se peut, hors du danger de se laisser surprendre par les mauvais conseils de ceux qui veulent s'élever à leurs dépens. Car, outre le tort qu'ils se font en affoiblissant l'éclat du diadême dont ils tirent toute leur grandeur, et en désolant un héritage dont eux, ou leurs descendans, peuvent un jour être légitimes possesseurs; la seule vue de ce qu'ils sont obligés de souffrir dans le temps même de leur emportement, fait voir qu'en ce point le crime et la punition sont de bien près attachés l'un à l'autre, et donne lieu de s'étonner comment il s'en est trouvé un si grand nombre qui se soient voulu précipiter en de si grandes incommodités.

Quand un prince se met à la tête des factieux pour un seul maître dont il fuit la présence, il se fait une infinité de compagnons, qui ne vivent pas même fort bien avec lui. Comme on ne voit en sa personne qu'un pouvoir emprunté, il ne trouve dans les autres que bien peu de déférence. La moindre chose qui manque à ses gens lui est incontinent imputée; et si par hasard il se trouve en état de faire quelque grâce importante, pour un seul qu'à peine il satisfait, il s'attire le mécontentement de tous les autres : s'il peut avoir quelque heureux succès, chacun d'eux en veut être estimé l'auteur; et s'il lui arrive quelque disgrâce, il n'en est pas un qui ne pense qu'à le quitter.

L'on ne sauroit exprimer les défiances dans lesquelles il se trouve, pour peu que de lui-même il soit éclairé; car il n'est pas long-temps sans reconnoître que ses principaux adhérens ne l'ayant suivi que par intérêt, sont toujours en état de l'abandonner dès-lors qu'ils y trouvent leur compte-

Il apprend que chacun fait négocier par ses amis particuliers. Le nombre des chefs et des soldats diminue à toute heure, et ceux qui demeurent auprès de lui, se tenant plus fiers de sa foiblesse et du besoin qu'il a d'eux, lui font acheter chèrement leurs services par les bravades qu'ils lui font essuyer.

On lui parle avec arrogance; on murmure avec liberté, et souvent même l'on perd pour lui l'estime aussitôt que le respect, parce que la mauvaise démarche où on le voit engagé fait soupçonner en lui quelque foiblesse.

Mais aussi, à dire vrai, quelle considération pourroient conserver pour un chef de révolte ceux qui l'ont déja perdue pour leur légitime souverain; et si lui-même a donné un exemple de désobéissance envers celui que les lois de l'état et les droits du sang lui avoient donné pour seigneur, que doit-il attendre de ceux que le crime seul engage sous ses enseignes?

Mais si les gens de guerre se comportent de cette manière à son égard, les peuples des villes et les principaux bourgeois lui montrent bien encore plus d'insolence. Il n'est point de magistrat qu'il ne soit obligé de flatter, et qui ne prétende aussitôt devenir son premier ministre; point de capitaine de quartier qui ne lui obéisse que suivant son sens; point d'habitant qui ne se donne la liberté de dire et de faire, même devant lui, tout ce qui lui vient en fantaisie, et personne enfin qui ne désire, malgré lui, de faire la paix dès-lors qu'il faut souffrir la moindre imposition pour l'entretien de la guerre.

En sorte que, manquant bientôt de toutes les choses nécessaires après avoir épuisé les biens de sa maison et la fortune de ses plus fidèles serviteurs, il se trouve souvent bienheureux qu'on lui permette de rentrer dans son devoir, à des conditions plus fâcheuses que celles qui l'en avoient fait sortir.

La suite des matières à laquelle je m'attache ici plus souvent qu'à l'ordre des dates, m'avoit empêché de vous dire, dès le commencement de l'année, comme la peste continuant en Angleterre, j'avois eu sujet d'appréhender que ce qui nous restoit de commerce avec les habitans de cette île ne nous fût plus préjudiciable que la guerre où nous allions entrer avec eux, vu même que ce mal étoit déja passé sur nos côtes: mais, pour l'étouffer de bonne heure, j'envoyai *Talon*, secrétaire de mon cabinet, dans les lieux les plus exposés, avec des ordres, qui réussirent de telle sorte pour la France, qu'ils la garantirent en fort peu de temps de toute la part qu'elle eût pu prendre à l'infortune de ses voisins.

J'avois dû vous marquer aussi, dans le mois de janvier, que les grands jours étant expirés avant qu'ils eussent pu terminer une bonne partie des affaires dont ils avoient été chargés; j'en ordonnai la continuation pour un mois, après lequel je donnai la liberté aux commissaires de revenir, et leur témoignai que j'étois satisfait de leurs services (6).

Il se trouva pourtant un peu de difficulté sur quelques-uns des articles du réglement qu'ils avoient fait; mais ne voulant pas les casser ouvertement, soit pour ne pas ôter le crédit au reste qui étoit bon, soit de peur de mortifier des gens dont la bonne intention m'étoit connue, je pris l'expédient de faire, de ma propre autorité, un réglement nouveau, dans lequel je compris les choses que j'approuvois, et laissai les autres sans en parler. Peu de temps après, m'ayant été rapporté qu'il se formoit un grand nombre d'instances en diverses cours, pour raison de la banqueroute des consignations, dont il arrivoit qu'une bonne partie du fonds, qui eût pu rester aux créanciers, se consumoit en frais inutiles, je renvoyai tout ce qui concernoit cette matière en la seule grand'chambre du parlement de Paris.

Cependant je continuois de travailler à certains jours réglés au rétablissement général des ordonnances qui regardoient la justice, et à la réformation des abus qui s'y étoient introduits, ayant résolu que dès-lors que j'aurois mis ensemble un nombre d'articles suffisans, je les enverrois vérifier dans les compagnies, pour donner en cela au public des marques certaines du soin assidu que j'avois de rechercher son soulagement, et lui faire voir que le tumulte des armes et les préparatifs que je faisois contre les étrangers n'étoient pas capables de me détourner de l'application que j'avois à remettre dans mon état la pureté des lois et la discipline générale ; mais comme ce soin universel me produisoit alors un plus grand nombre d'affaires, je crus que j'y devois donner aussi plus de temps, et pour cela je travaillois le plus souvent trois fois par jour.

Le matin étoit comme auparavant destiné pour les conseils réglés de justice, de commerce, de finances et de dépêches; l'après-midi pour le courant des affaires de l'état, et le soir, au lieu de me divertir comme je l'avois accoutumé, je rentrois dans mon cabinet pour y travailler, ou au détail de la guerre avec *Louvois* qui en étoit chargé, ou aux autres affaires que j'avois résolu d'examiner moi seul, et quand après cela j'avois quelque temps de reste, je l'employois aux mémoires que vous lisez maintenant.

Mon frère, qui sans doute (par la disposition où étoient les choses alors) ne pouvoit pas avoir des emplois si pressans, mais qui même par sa propre humeur sembloit ne s'attacher à pas une des occupations soit utiles ou agréables auxquelles il eût pû donner son temps, se proposa dans son loisir de me faire une demande, qui fut que sa femme étant en présence de la reine, pût avoir une chaise à dos.

L'amitié que j'avois pour lui m'auroit
fait

fait souhaiter de ne lui refuser jamais aucune chose ; mais voyant de quelle conséquence étoit celle-ci, je lui fis entendre incontinent avec toute la douceur possible que je ne pouvois pas lui donner satisfaction, et que pour tout ce qui pouvoit servir à l'élever au-dessus de mes autres sujets, je le ferois toujours avec plaisir, mais ce qui sembloit l'approcher de moi, je ne croyois pas le devoir jamais promettre : même afin qu'il ne s'engageât pas plus avant dans cette pensée, je tâchai de lui montrer par beaucoup de bonnes raisons combien je devois avoir égard au rang que je tenois, combien sa prétention étoit mal fondée, et combien il lui seroit inutile d'y persévérer.

Mais tout ce que je lui pus dire ne satisfit aucunement son esprit ni celui de ma sœur, en sorte que des prières on en vint aux plaintes, puis aux pleurs, puis enfin au dépit, et dès ce temps-là mon frère prit une certaine manière de vivre avec moi qui m'auroit pu faire appréhender de fâcheuses suites, si dans le fond je n'avois été fort assuré de la trempe de son cœur et de celle du mien.

Ire. *partie.*

« Sa passion lui faisoit même dire que la reine ma mère, avant que de mourir, avoit résolu de me parler de cette affaire; comme s'il eût prétendu se servir du nom de cette princesse et du respect que je portois à sa mémoire pour me contraindre à faire ce qu'il desiroit, ou plutôt pour colorer sa prétention aux yeux de ceux qui en avoient eu connoissance : car pour moi je savois trop bien que la reine ma mère n'avoit jamais été capable ni de faire ni d'approuver une pareille proposition, parce qu'elle avoit trop montré dans le cours de sa vie combien elle estimoit la royauté, pour laisser croire qu'à sa mort elle en voulût affoiblir les principaux avantages.

Il n'y a point de doute que nous n'avons rien dont nous devions être plus jaloux que cette prééminence qui fait la principale beauté de la place que nous tenons.

Toutes les choses qui la marquent ou qui la conservent nous doivent être infiniment précieuses ; il n'y va pas seulement de notre propre intérêt, c'est un bien dont nous sommes comptables au public et à nos successeurs. Nous n'en pouvons pas disposer comme bon nous en semble, et nous ne devons point douter qu'il ne soit du nombre de ces droits de la couronne qui ne peuvent être valablement aliénés.

Ceux-là s'abusent lourdement qui s'imaginent que les prétentions de cette qualité ne soient que des affaires de cérémonie; il n'est rien en cette matière qui ne soit à considérer et qui ne tire à conséquence. Les peuples sur qui nous régnons ne pouvant pas pénétrer le fond des affaires, règlent d'ordinaire leurs jugemens sur ce qu'ils voyent au dehors; et c'est le plus souvent sur les séances et les rangs qu'ils mesurent leurs respects et leur obéissance.

Comme il est important au public de n'être gouverné que par un seul, il lui est important aussi que celui qui fait cette fonction soit élevé de telle sorte au-dessus des autres, qu'il n'y ait personne qu'il puisse ni confondre ni comparer avec lui; et l'on ne peut, sans faire tort à tout le corps de l'état, ôter à son chef les moindres marques de supériorité qui le distinguent des autres membres.

Mais souvenez-vous, pourtant, mon fils, que de toutes ces prééminences, celles que

7 *

vous devez le plus rechercher, et celles qui vous feront distinguer le plus avantageusement, ce seront celles qui vous viendront de vos qualités propres et personnelles.

L'élévation du rang n'est jamais plus solide ni plus assurée, que quand elle est soutenue par la singularité du mérite, et c'est sans doute ce qui a fait croire à quelques-uns qu'il pouvoit être avantageux à celui qui règne de voir ceux qui le touchent le plus près par leur naissance, beaucoup éloignés de lui par leur conduite.

Ce grand intervalle que sa vertu met entre eux et lui, l'expose en plus beau jour et avec plus d'éclat aux yeux de toute la terre. Ce qu'il a dans l'esprit d'élévation et de solidité, tire un lustre tout nouveau de la médiocrité de ceux qui l'approchent. Ce qu'on voit de grandeur et de fermeté dans son ame, est relevé par l'opposition de la mollesse que l'on trouve en eux, et ce qu'il fait paroître d'amour pour le travail et pour la véritable gloire, est infiniment plus brillant lorsqu'on ne découvre ailleurs qu'une pesante oisiveté ou des attachemens de bagatelle.

Dans cette différence tous les yeux sont

attachés sur lui seul, et c'est à lui seul que s'adressent tous les vœux ; lui seul reçoit tous les respects, lui seul est l'objet de toutes les espérances ; on ne poursuit, on n'attend, on ne fait rien que par lui seul ; on regarde ses bonnes grâces comme la seule source de tous les biens, on ne croît s'élever qu'à mesure qu'on s'approche de sa personne ou de son estime. Tout le reste est rampant, tout le reste est impuissant, tout le reste est stérilité, et l'on peut dire même que l'éclat qu'il a dans ses propres états, passe par communication dans les provinces étrangères. La brillante image de la grandeur où il s'est élevé se porte de toutes parts sur les ailes de la renommée.

Comme il est l'admiration de ses sujets, il devient bientôt l'étonnement des nations voisines, et pour peu qu'il sache bien user de cet avantage, il n'est rien au dedans ni au dehors de son empire, dont avec le temps il ne puisse venir à bout.

Mais quoique ces raisons semblent assez plausibles et que par la manière dont je vous les viens d'expliquer, vous ayez peut-être lieu de croire qu'elles ne sont pas éloignées de mon sentiment, ne vous figurez pas néanmoins, que si vous aviez un jour des frères, j'eusse pour vous une passion assez aveugle pour vouloir travailler moi-même à vous donner sur eux tous les avantages dont je viens de vous entretenir. Au contraire, je tâcherois de vous donner à tous les mêmes enseignemens et les mêmes exemples; mais c'est à vous de vous distinguer des autres par le profit singulier que vous en ferez. Mon soin sera de les faire élever aussi bien que vous, mais le vôtre doit être de vous élever au-dessus d'eux, et de faire voir à toute la terre que vous méritez en effet, par votre vertu, ce rang qui ne semble être donné qu'à l'ordre de votre naissance.

Cet envoyé de l'évêque de *Munster*, dont on m'avoit parlé dès le mois de février, arriva dans le commencement de mars chargé de propositions qui, sans doute, étoient à mon égard fort honnêtes et fort commodes.

Mais je ne pus répondre autre chose à son compliment, sinon que n'ayant de mon chef aucune guerre avec son maître, ce n'étoit point à moi qu'il devoit s'adresser pour la paix. Je lui offris pourtant de la faciliter de tout mon possible en cas qu'il voulût négocier avec les états de Hollande, auxquels je donnai part incontinent de ce qui s'étoit passé.

J'en avois usé de la même sorte avec eux-mêmes peu de temps auparavant, dans une rencontre qui n'étoit pas de moindre importance; car l'ambassadeur du roi de Portugal en Angleterre, pour lors ici, étant persuadé que c'étoit l'avantage du prince qu'il servoit, d'établir la paix entre deux couronnes dont il tiroit son principal support, et ayant voulu nouer à ce sujet une négociation, je ne voulus pas que la chose fût portée plus loin sans la communiquer à celui qui résidoit en ma cour de la part des Provinces-Unies. Ce n'est pas que dans l'une et dans l'autre de ces occasions je n'eusse pu trouver, en mon particulier, des avantages très-considérables; car, en écoutant ce qui m'étoit proposé touchant la paix d'Angleterre, je voyois que la seule modération des dépenses que je faisois sur mer, m'eût pu fournir un fonds suffisant pour entretenir de grandes armées, desquelles, sans doute, je me fusse servi plus avantageusement en terre ferme dans la conjoncture où je me trouvois.

Et en acceptant les offres qui m'étoient faites de la part de l'évêque de *Munster*, outre que j'aurois eu dès lors la liberté de retirer auprès de moi les gens que j'avois envoyés contre lui, j'aurois même pu disposer de ses propres troupes, qu'il me proposoit dès lors de prendre pour m'en servir en telle entreprise qu'il me plairoit; mais ce qui me semble encore plus important, je voyois le marquis de *Brandebourg*, l'un des plus puissans princes d'Allemagne, tout disposé à se joindre avec moi pour attaquer les Pays-Bas, et j'étois averti par *Colbert*, que dans le temps qu'il avoit été de ma part auprès de cet électeur, il lui avoit oui dire (apparemment avec dessein de se faire entendre), que si j'avois des prétentions sur le Brabant, il en avoit aussi sur le duché de Gueldre.

Cependant, malgré ces sortes de considérations, étant déterminé à ne rien tenter de nouveau qu'après avoir établi le repos de mes alliés par une paix qui leur fût agréable, je me contentai de répondre honnêtement aux choses qui m'étoient proposées de la part de ces différens princes, pour les entretenir seulement dans la bonne volonté qu'ils me témoignoient.

Les Provinces - Unies, en faveur de qui je prenois ces résolutions, en furent dès-lors suffisamment informées, et ne manquèrent pas de me témoigner aussitôt par tous les remercimens possibles, combien elles se sentoient obligées à la franchise de mon procédé.

Le temps fera voir par de plus solides preuves quelle reconnoissance elles en auront en effet conçue.

Mais au moins quelqu'en soit l'événement, j'aurai toujours en moi toute la satisfaction que doit avoir une ame généreuse quand elle a contenté sa propre vertu.

Car, toutes les vertus, mon fils, trouvent sans cesse en elles-mêmes leurs délices et leur bonheur, qui ne dépendent point du succès des actions qu'elles conseillent. Que le destin rende heureux les projets qu'elles forment, ou qu'il les fasse avorter, que les hommes soient ingrats ou reconnoissans des bienfaits qu'elles répandent sur eux, le témoignage qu'elles se rendent en secret de l'honnêteté de leur conduite, leur fournit toujours de quoi se contenter intérieurement, et l'on peut dire même qu'au dehors elles manquent rarement à recevoir du public la louange qui leur est due.

Mais, sur toutes les autres, la probité, ou bonne foi, qui est celle dont j'entends ici vous parler, a des caractères particuliers qui la font reconnoître par les moins éclairés, et des charmes puissans qui la font aimer par toute la terre.

Le monde, tout corrompu qu'il est, a conservé tant de vénération pour elle, que ceux qui ont le moins de pente à la pratiquer, sont toujours obligés à la contrefaire pour n'être pas absolument bannis de toutes sortes de sociétés. Dans celui qui ne l'aime point, les qualités les plus éclatantes deviennent bientôt les plus suspectes, au lieu que chez ceux qui la suivent, on prend aisément toutes choses en bonne part, et les plus grands défauts trouvent presque toujours leur excuse.

C'est la seule vertu dont les hommes généralement se piquent en toutes rencontres. Il est beaucoup de gens qui savent bien que la magnificence ne leur est pas convenable ; il est des temps ou des affaires où le bon sens fait voir que la clémence ne seroit pas de saison ; il est des professions où l'on croit n'avoir pas besoin de valeur, et il se trouve des âges et des pays où ceux même qui passent pour les plus honnêtes gens font vanité de tout ce qui blesse la tempérance.

Mais il n'est point de temps, point de lieu, point de considération où l'on veuille être soupçonné seulement de pouvoir manquer de probité.

Aussi peut-on dire que ce n'est pas sans raison qu'on estime tant cette vertu, puisque ce n'est que par son ministère que le monde reçoit tout ce qu'il a de doux et de commode. C'est elle qui établit le commerce entre les nations ; c'est elle qui met la société dans les villes ; c'est elle qui maintient l'union dans les familles, et c'est elle enfin qui nourrit l'amour et la confiance entre les princes et les sujets.

Mais pour revenir à ce qui me peut regarder en particulier, il faut demeurer d'accord que toute l'Europe étoit dès-lors pleinement persuadée de l'exacte religion avec laquelle je savois observer mes paroles, et les Espagnols en donnèrent une assez grande preuve quand ils se résolurent à me confier la chose du monde qui, dans l'état où étoient alors les affaires, sembloit être la plus chère pour eux et la plus délicate pour moi ; je veux dire la personne de l'impératrice, pour laquelle ils me demandèrent passage et retraite dans mes ports, en cas qu'elle en eût besoin pour aller en Allemagne : ce que je leur accordai avec tout l'agrément qu'ils pouvoient attendre, donnant ordre par-tout où cette princesse pouvoit aborder, qu'on la reçût avec les mêmes honneurs qu'on auroit pu rendre à ma propre personne.

Cependant je ne laissois pas de me tenir prêt pour contraindre la maison d'Autriche à me faire justice, dès-lors que j'aurois mis mes affaires en état de le pouvoir demander de la bonne manière, et j'avançois incessamment par des moyens nouveaux toutes les choses qui pouvoient tendre à cette fin.

Les états de Hollande avoient, suivant mon avis, noué une conférence en Allemagne avec l'évêque de Munster ; et j'y avois envoyé *Colbert* (*a*) de ma part, pour chercher toutes les facilités qui se pouvoient apporter à cette paix, laquelle fut peu de temps après achevée.

D'autre part, la reine d'Angleterre, fâchée de voir diviser presque sans sujet deux couronnes pour lesquelles elle se trouvoit également intéressée, témoignoit une grande passion de les réunir.

Les Suédois avoient déclaré précisément à *Pompone* (*b*), qu'ils ne prendroient jamais d'intérêts contraires aux miens ; et l'arrivée de *Saint-Romain*, auprès du roi de Portugal, avoit fait rompre absolument le traité entre ce prince et les Espagnols.

J'avois même bientôt après vu paroître

(*a*) Charles Colbert étoit le second frère du grand Colbert, il s'appela depuis le marquis de Croissi. Il fut chargé de plusieurs négociations importantes, et mourut le 28 juillet 1696, à 67 ans.

(*b*) Simon Arnauld, marquis de Pompone, frère et neveu des Arnauld de Port-Royal. Il fut ambassadeur en Suède pour la première fois en 1665, et y demeura trois ans. Renvoyé à cette même cour en 1671, il en fut rappelé pour être secrétaire d'état au département des affaires étrangères.

un effet important de cette rupture : le mariage de mademoiselle de *Nemours* ayant été absolument résolu, en sorte qu'elle me vint dire adieu à Versailles, comme étant sur le point de faire voile en Portugal. Son voyage fut pourtant différé jusqu'au mois de juin, et l'on avisa de ne la marier que sur les vaisseaux, pour éviter les cérémonies.

Mais en ce qui me regardoit, il est constant que ce mariage ne pouvoit m'être que fort agréable, puisqu'il mettoit un nouvel obstacle à la reconciliation des Espagnols et des Portugais, déja naturellement animés d'une haine fort réciproque.

D'ailleurs, j'avois un manifeste tout prêt pour faire connoître au public les droits que la reine avoit sur le Brabant, et sur quelques autres provinces ; et je levois de bonnes troupes pour faire valoir mes raisons auprès de ceux qui ne les voudroient pas entendre à l'amiable.

Mais ce n'étoit pas assez d'avoir ordonné ces levées ; je savois qu'il étoit besoin d'observer comment elles s'exécutoient ; et déja pour faire que ceux à qui mes commissions avoient été délivrées y travaillassent avec plus de soin, j'avois voulu qu'ils fussent avertis de bonne heure que je verrois exactement de quelle manière ils m'avoient servi ; c'est pourquoi j'avois publiquement déclaré que je ferois chaque mois une revue de toutes les troupes que je pouvois commodément assembler. J'avois même déja pris jour pour la première au dix-neuvième janvier, mais tous les ordres étant donnés pour faire marcher les troupes vers Breteuil, et ma maison étant même partie pour s'y rendre devant moi, je fus inopinément arrêté par le fâcheux redoublement qui survint au mal de la reine ma mère ; car, quoique d'abord la chose ne semblât pas aux yeux des médecins si pressante qu'elle parut dans la suite, un secret pressentiment de la nature, ou plutôt un juste scrupule, fit que je ne pus jamais me résoudre à quitter cette reine dans un si mauvais état. En sorte que je fus contraint malgré moi d'envoyer en ma place M. de *Turenne* avec *Louvois*, qui avoit alors le département de la guerre, les chargeant de me rapporter un contrôle exact de toutes les troupes qui s'y devoient trouver ; ce qu'ils firent en effet avec tant de soin, qu'à peine, en les voyant moi-même, en aurois-je pu prendre une connoissance plus parfaite que celle qu'ils m'en donnèrent.

Le mois de février, auquel j'avois résolu de voir pour la seconde fois mes troupes, s'écoula dans l'expédition des pressantes affaires dont je vous ai parlé chacune en son lieu, tellement que je fus obligé d'attendre jusqu'au mois de mars.

Mais, durant ce temps-là, je n'oubliois aucun des moyens que je croyois propres à mettre mes troupes en bon état, et ne me contentant pas de rapporter à ce point la plus grande partie des résolutions que je prenois dans mes conseils, je voulois même y faire servir mes plus ordinaires divertissemens.

Les entretiens auxquels je me plaisois le plus, consistoient à louer ceux qui avoient soin des corps qu'ils commandoient, à m'informer particulièrement de tout ce qui se passoit dans chaque quartier, ou à faire connoître les choses que je désirois que l'on pratiquât sur cette matière.

Je retranchai dès-lors ce que j'avois accoutumé d'employer chaque année en meubles, en pierreries, en tableaux, ou en

autres

autres choses de pareille nature, ne trouvant plus de dépense agréable que celle que je faisois pour l'armement ou pour la commodité des gens de guerre. Et au lieu de me divertir comme auparavant à la chasse et à la promenade, j'employois souvent mes heures de loisir à faire exercer devant moi tantôt un corps, tantôt un autre, et tantôt plusieurs ensemble.

C'est un avantage fort grand et fort singulier de pouvoir trouver notre satisfaction dans les choses qui servent à notre grandeur, et de savoir par étude nous faire un espèce de plaisir de la nécessité de notre ministère : il n'est personne assurément d'assez mauvais goût pour ne pas trouver cette méthode très-bonne et très-utile ; mais il est peu de gens assez sages pour la savoir bien pratiquer, et peut-être même que l'on s'y applique plus rarement chez les souverains que chez les particuliers.

Car, à dire le vrai, la douce habitude que les princes prennent à commander, leur rend plus incommode toute sorte de sujétion, et se voyant élevés au dessus des règles ordinaires, ils ont besoin de plus de forces et de plus de raison que

Ire. *partie.*

les autres pour s'imposer eux-mêmes de nouvelles lois.

Les hommes privés semblent trouver un chemin tout frayé vers la sagesse dans l'observance des ordres publics auxquels ils sont assujétis. La prudence de la loi qui leur prescrit ce qu'ils doivent faire, le concours de tout un peuple qui la suit, la crainte du châtiment et l'espoir de la récompense, sont des secours continuels attachés à la foiblesse de leur condition, et dont l'éclat de la nôtre nous a privés.

Peut-être qu'il y a beaucoup de bons sujets qui seroient de mauvais princes; il est bien plus facile d'obéir à son supérieur que de se commander à soi-même, et quand on peut tout ce que l'on veut, il n'est pas aisé de ne vouloir que ce que l'on doit.

Pensez-y donc de bonne heure, mon fils, et si vous sentez maintenant quelque répugnance à vous soumettre aux ordres de ceux que j'ai préposés pour votre conduite, considérez comment vous pourrez entendre un jour les avis de la raison lorsqu'elle vous parlera sans interprète, et qu'elle n'aura plus personne auprès de vous qui soit en droit de défendre son intérêt.

Profitez soigneusement des préceptes que je vous fais donner tandis qu'il vous est permis d'en recevoir, et puisque dans la place qui vous attend après moi, vous ne pourrez plus sans honte être conduit par une autre autorité, accoutumez-vous dès cette heure à veiller sur vos propres actions, et à faire souvent essai sur vous-même du pouvoir souverain que vous devez exercer sur les autres.

Le treizième de mars je partis de St.-Germain, et me rendis le quatorze à Mouchi pour commencer le jour suivant la seconde revue. Il sembloit que j'eusse dû aller loger dans Compiègne, à cause qu'il étoit plus proche du lieu où j'avois résolu de voir les troupes, et plus propre pour la commodité de toute ma cour, à laquelle il se trouvoit alors beaucoup de dames, parce que la reine avoit voulu venir avec moi.

Mais considérant que la seule ville de Compiègne étoit capable de loger six mille hommes de pied, qui, répandus dans la campagne, eussent assurément vécu avec moins de retenue ; je crus qu'il falloit pour cette fois passer par dessus la complaisance que j'aurois eue pour les dames en une autre occasion, et qu'il valoit mieux leur donner sujet de se plaindre pour deux ou trois jours de mon austérité, que de causer aux habitans du pays une perte qui n'eût pas été sitôt réparée.

Le grand nombre de gens que j'avois fait assembler en cet endroit, et le dessein que j'avois pris de les considérer exactement, me firent donner à cette occupation trois jours entiers, qui furent encore à grand' peine suffisans pour exécuter ce que je m'étois proposé, quoique je fusse demeuré à cheval du matin jusqu'au soir. Dans le premier jour je vis toutes les troupes ensemble, et après les avoir mis en bataille, je commençai à examiner en particulier le régiment d'infanterie qui servoit sous mon nom, lui faisant faire l'exercice en ma présence.

Les deux autres journées furent employées à voir séparément chacun des corps, chacune des compagnies, et, pour ainsi dire, chacun des hommes; et dans le dénombrement que j'en fis, je trouvai en compagnies d'infanterie et (a) cornettes de

---

(a) Les vides qu'on trouve ici ne sont pas remplis à l'original.

cavalerie   hommes de pied et chevaux, qui, presque tous, étoient de si bonne mine, et si bien équipés, que la plupart eussent pu passer ailleurs pour des commandans.

Je fis paroître la satisfaction que j'en avois par les gratifications que je distribuai à un bon nombre de capitaines, voulant les récompenser par cette marque d'estime de l'application particulière qu'ils avoient eue à me servir, et je me trouvai bien récompensé moi-même des soins que j'avois pris jusqu'alors, par l'heureux effet que je commençois de reconnoître.

Mais il ne falloit pas en demeurer là; car, outre les troupes que j'avois fait venir en ce lieu, il y en avoit beaucoup d'autres que je ne pouvois pas voir sitôt, soit parce qu'elles étoient nécessaires à la garde des places, ou parce qu'étant trop éloignées, je n'aurois pu les faire approcher sans que leur route eût coûté de grandes sommes.

Et cependant je comprenois bien qu'il seroit mal aisé de les remettre en l'état où elles devoient être, à moins d'y veiller continuellement. Je savois combien aisément les capitaines et les commissaires, qui se croyoient hors de la portée de ma vue, pouvoient se relâcher de leur devoir, et combien leurs propres intérêts étoient capables de les faire accorder ensemble pour partager le profit qui se pouvoit tirer aux dépens de mon service.

C'est pourquoi j'envoyai par-tout des hommes exprès, et l'ordre qu'ils avoient de moi étoit de surprendre d'abord les troupes, pour voir naïvement l'état où elles avoient été tenues jusque-là ; ensuite de quoi ils faisoient savoir aux chefs le sujet pour lequel ils étoient envoyés, les avertissant de remettre promptement les choses en meilleur ordre, et peu de temps après ils retournoient sur leurs pas, autant de fois qu'ils le jugeoient nécessaire, pour observer si l'on auroit profité de leurs avis, faisant entendre aux commandans que, de temps en temps, ils reprendroient encore la même route.

Méthode qui ne pouvoit être que fort utile ; car les capitaines voyant qu'ils étoient observés de près, étoient obligés de tenir incessamment leurs compagnies complètes, et les commissaires n'osoient plus, comme auparavant, grossir sur le papier les troupes dont ils faisoient la revue, ne pouvant douter que la fausseté de leur rapport ne se découvrît aussitôt après; car les gentilshommes dont je me servois pour cette recherche me rendoient à leur tour un compte exact de vive voix, et par écrit, de tout ce qu'ils avoient vu, afin que je pusse à loisir pourvoir aux choses qui avoient besoin de mon autorité.

Je me donnois aussi le soin de distribuer moi-même jusqu'aux moindres charges, tant d'infanterie que de cavalerie; ce que mes devanciers n'avoient jamais fait, s'en étant fiés de tous temps sur les grands officiers, à qui cette fonction étoit demeurée comme une dépendance de leur dignité; enfin je donnois les quartiers aux troupes, je réglois les différens des corps et des simples officiers, et ne croyois me devoir assurer d'aucune chose que sur l'assiduité de mon travail.

Aussi devez-vous être absolument persuadé que l'application que nous avons pour les choses qui regarderoient ou le bien public ou l'avantage de notre service, est le seul moyen qui les puisse mettre en l'état que nous désirons.

Et pour moi je ne comprends pas comment les princes qui négligent leurs propres affaires, se peuvent imaginer que ceux sur la foi desquels ils se reposent doivent en prendre plus de soin qu'eux.

Il est ordinaire aux sujets d'imiter leur monarque en tout ce qu'ils peuvent; mais il n'est rien en quoi ils suivent plus facilement leur exemple qu'en la négligence qu'il a pour ses propres intérêts.

Quand les particuliers découvrent que le prince est sans application, que le bien et le mal qu'ils peuvent faire demeurent également inconnus; que, faisant l'un ou l'autre, ils seront également traités, et que celui-là, pour qui seul tant de gens travaillent, ne se veut pas donner un moment de peine pour observer comment on le sert, ils contractent insensiblement une lâche indifférence, dans laquelle leur courage s'abat, leur vigueur se corrompt, leur esprit s'émousse, et leur corps même s'appesantit. Ils perdent en peu de temps l'amour de leur devoir, l'estime de leur maître, la honte du blâme public, le désir de la gloire, et jusqu'à l'idée de la vertu; en sorte qu'ils ne travaillent plus dans leurs fonctions que de la manière qui leur est la plus commode, c'est-à-dire ordinairement la plus mauvaise; car la perfection ne se trouve jamais sans quelque sorte de difficulté.

Mais, au contraire, quand on voit un prince attaché à rechercher ce qui peut être le mieux en tout ce qui s'exécute pour son service; quand on reconnoît que rien ne peut échapper à sa vue, qu'il discerne tout, qu'il pèse tout, et que tôt ou tard il punit ou récompense tout, il est impossible qu'il n'en soit à la fois mieux obéi et plus estimé. L'application que l'on voit en lui semble descendre de rang en rang, jusqu'au dernier officier de ses troupes. Chacun craint dès-lors qu'il se croit en faute; chacun espère dès-lors qu'il a bien servi, et tous s'efforcent incessamment de faire leur devoir, comme étant le seul moyen de faire leur fortune : car il ne faut pas se promettre, quelque habile que nous soyons, de pouvoir corriger cette pente naturelle qu'ont tous les hommes à chercher leur propre intérêt; mais il sera toujours assez glorieux pour nous, quand nous aurons fait en sorte qu'ils ne le puissent plus trouver que dans la pratique des choses honnêtes, dans le mérite des belles actions, et dans l'observation des lois de la profession qu'ils ont embrassée.

Je ne voulois pourtant pas que ces revues, dont je vous ai parlé, tournassent à la charge particulière du pays où elles se faisoient; mais comme le fruit qu'elles devoient produire regardoit le général de l'état, j'avois soin de faire aussi que tous les frais en fussent pris sur le trésor général de mes finances.

Et pour cela j'envoyois des hommes exprès en chacune des villes ou villages où les troupes devoient passer, pour acheter au prix courant tout ce qui pouvoit servir à la subsistance des gens de guerre, afin de les distribuer après aux soldats sur un pied proportionné à la paie qu'ils touchoient; en sorte que rien ne pouvoit manquer aux troupes, et rien ne se prenoit au paysan que pour le prix qu'il en eût pu tirer ailleurs.

Ordre qui fut toujours pratiqué de telle sorte, qu'à peine se trouva-t-il la moindre plainte, ni des soldats, ni des habitans.

Le réglement que je fis ensuite, touchant la désertion, étoit plus difficile à concerter, et n'étoit pas de moindre nécessité dans la pratique. On avoit reconnu de tout temps combien la liberté de déserter produisoit de perte aux capitaines, d'affoiblissement dans les troupes et de libertinage chez les soldats, et cependant on n'y avoit encore pu donner ordre. C'est pourquoi, me persuadant que l'entreprise que je ferois de remédier à tant de maux à la fois, seroit sans doute digne de mon application, je consultai sur cette matière ceux que j'estimois les plus capables de m'en donner leur avis; et après avoir examiné diligemment ce qui me fut proposé par eux, je fis une ample ordonnance, dans laquelle je pris contre cet abus toutes les précautions possibles, soit en prescrivant des règles aux chefs qui enrôloient de nouveaux soldats pour connoître au vrai ceux qui avoient servi dans d'autres corps, soit en imposant des peines sévères contre les capitaines ou les soldats qui, dans cette matière, auroient fait ou favorisé quelques surprises.

Il n'étoit pas moins important ni moins mal aisé d'établir l'ordre et la discipline dans les quartiers où les troupes faisoient leur séjour. J'avois, avant toutes choses, voulu qu'elles ne logeassent que dans les villes ou dans les bourgs fermés, comme étant les lieux où mes réglemens se pouvoient observer avec plus d'exactitude ; mais comme les vivres enchérissent naturellement par-tout où il arrive un surcroît de gens capables de les consommer, il se trouvoit en beaucoup de lieux que leur solde n'étoit pas suffisante pour les faire subsister commodément, et qu'ainsi on les voyoit souvent réduits à la nécessité de souffrir beaucoup, ou de faire beaucoup souffrir à leurs hôtes.

Mais ce qui contribuoit le plus au désordre, c'étoit que les choses qui leur devoient être fournies sur les lieux, par forme d'ustensiles, n'étant point précisément limitées, s'étendoient tantôt plus, tantôt moins, au gré des plus mauvais.

Car, dans les quartiers auxquels les soldats étoient les plus forts ou les plus hardis, ils prenoient d'ordinaire avec insolence plus qu'il ne leur étoit dû ; et dans ceux où les habitans étoient en plus grand nombre ou de plus mauvaise humeur, ils ne vouloient souvent pas fournir ce qui eût été raisonnable, d'où il arrivoit qu'il y avoit toujours des plaintes à écouter de la part de quelqu'une des parties.

C'est pourquoi je crus que l'on ne pouvoit établir un bon ordre qu'en faisant une loi commune pour toutes les terres de mon obéissance : ainsi je fixai tout ce qui devoit être fourni aux gens de guerre, en quelque lieu que ce fût, à dix-huit deniers par fantassin et trois sols par cavalier ; mais afin que chaque habitant s'en trouvât moins chargé, j'ordonnai qu'il n'en porteroit pour sa part qu'un tiers ; et que, des deux autres, l'un seroit levé sur le corps de la ville, et l'autre sur le total de l'élection.

J'avois aussi été informé que certains chefs, abusant des ordres qui leur étoient donnés pour leur route, faisoient quelquefois contribuer à leur profit particulier les villes et les bourgs où ils devoient passer, sous prétexte de les exempter du logement ou du séjour des gens dont ils avoient la conduite, et je crus qu'il étoit nécessaire d'empêcher que cela ne continuât.

C'est pourquoi, voulant faire d'abord connoître avec quelle sévérité je punirois de semblables exactions, je cassai, dès le temps de la revue, un capitaine du régiment d'Auvergne, parce qu'il avoit pris trois cents livres des habitans de Rethel, pour les exempter d'un séjour qu'il devoit faire en leur ville, quoique ce fût d'abord un assez bon sujet, et pour qui plusieurs personnes de ma cour témoignoient de prendre intérêt; mais j'étois résolu à ne ménager aucune chose pour rétablir de toute part la discipline dans les troupes qui servoient sous mon autorité.

Ce n'est pas que je ne sache bien que l'esprit de libertinage est ordinairement un des motifs qui attirent le plus de gens à la profession militaire, et qu'il s'est trouvé des chefs, même de nos jours, qui se sont si bien prévalus de cette maxime, qu'ils ont long-temps entretenu des armées fort nombreuses sans leur donner d'autre solde que la licence de piller par-tout.

Mais je n'ai jamais cru que cet exemple dût être imité, si non par ceux qui n'ayant rien à perdre, n'ont plus aussi rien à ménager.

Car, tout prince qui chérira sa réputation avec un peu de délicatesse, ne doutera pas qu'elle ne soit aussi bien engagée à défendre le bien de ses sujets du pillage de ses propres troupes que de celles des ennemis.

Et celui qui aura des états, et qui entendra ses affaires, ne manquera pas de s'apercevoir que tout ce qu'il laisse prendre sur ses peuples, en quelque manière que ce puisse être, ne se prend jamais qu'à ses dépens.

Il se trouve une relation si parfaite entre le monarque et les sujets, que le moindre particulier ne sauroit faire aucune perte qui, par un circuit nécessaire, ne porte aussi quelque dommage au souverain, et il n'est pas possible de s'empêcher de le voir; car enfin, plus les provinces sont épuisées par les gens de guerre, ou pour quelque autre cause que ce soit, moins elles sont capables de contribuer aux charges publiques.

En sorte que l'on peut dire avec vérité que ce n'est pas seulement par justice, mais par intérêt même, que nous sommes obligés à tenir la balance égale entre le soldat et le paysan.

C'est une grande erreur parmi les princes, de s'approprier certaines choses et certaines personnes, comme si elles étoient à eux d'une autre façon que le reste de ce qu'ils ont sous leur empire.

Tout ce qui se trouve dans l'étendue de nos états, de quelque nature qu'il soit, nous appartient à même titre, et nous doit être également cher.

Les deniers qui sont dans notre cassette, ceux qui demeurent entre les mains de nos trésoriers, et ceux que nous laissons dans le commerce de nos peuples, doivent être par nous également ménagés.

Les troupes qui sont sous notre nom, ne sont pas pour cela plus à nous que celles à qui nous avons donné des chefs particuliers, et tout de même ceux qui suivent le métier des armes ne sont ni plus fidèles, ni plus obligés, ni plus utiles à notre service que tout le reste de nos sujets.

Chaque profession, en son particulier, contribue à sa manière au soutien de la monarchie, et chacune d'elles a ses fonctions dont les autres auroient sans doute bien de la peine à se passer. Le laboureur fournit par son travail la nourriture à ce grand corps, l'artisan donne par son industrie toutes les choses qui servent à la commodité du public, et le marchand par ses soins assemble de mille endroits différens tout ce que le monde entier produit d'utile et d'agréable, pour le fournir à chaque particulier au moment qu'il en a besoin.

Le

Le financier, en recueillant les deniers publics, sert à la subsistance de l'état; les juges, en faisant l'application des lois, entretiennent la sureté parmi les hommes; et les ecclésiastiques, en instruisant les peuples à la religion, attirent les bénédictions du ciel et conservent le repos sur la terre.

C'est pourquoi, bien loin de mépriser aucune de ces conditions, ou d'en élever une aux dépens des autres, nous devons prendre soin de les porter toutes, s'il se peut, à la perfection qui leur est convenable.

Nous devons nous persuader fortement que nous n'avons point d'intérêt à favoriser l'une plus que l'autre, et que celle que nous voudrons gratifier avec injustice, n'en aura pas plus de reconnoissance ni plus d'estime pour nous; pendant qu'à son occasion toutes les autres tomberont dans la plainte et dans le murmure, en sorte que le moyen de régner à la fois dans le cœur de toutes, c'est d'être le juge incorruptible et le père commun de toutes.

Si pourtant, malgré ces raisons, vous ne pouvez encore, mon fils, vous défendre de cette secrète inclination que les ames

Ire. partie.

généreuses ont presque toujours pour les armes et pour ceux qui les suivent, prenez garde sur-tout que cette bienveillance particulière ne vous porte jamais à tolérer leurs emportemens, et faites que l'affection que vous avez pour eux paroisse à prendre soin de leur fortune, plutôt qu'à laisser corrompre leurs mœurs.

Mais il ne falloit pas que les affaires de la guerre m'occupassent tout entier ; l'administration d'un état demande incessamment des soins de différente nature, et celui qui la veut dignement contenir doit se préparer à vaincre chaque jour de nouvelles difficultés.

La mort imprévue du prince de *Conti* (a), qui arriva un mois après, sur la fin de février, fit naître à mon frère une nouvelle prétention pour le gouvernement du Languedoc ; car, d'abord il se persuada que feu mon oncle l'ayant occupé, c'étoit un

---

(*a*) Armand de Conti, frère cadet du grand Condé. Il avoit été nommé gouverneur de Guienne en 1654, puis général des armées en Catalogne ; enfin, grand maître de la maison du roi et gouverneur de Languedoc en 1662. Il mourut à Pezenas.

exemple incontestable pour y avoir naturellement quelque droit ; mais je ne crus pas encore lui devoir accorder ce point, étant persuadé que (après les désordres que nous en avons vu naître si souvent en ce royaume), c'étoit manquer absolument de prévoyance et de raison, que de mettre les gouvernemens des provinces entre les mains des fils de France, lesquels, pour le bien de l'état, ne doivent jamais avoir d'autre retraite que la cour, ni d'autre place de sûreté, que le cœur de leur aîné.

L'exemple de mon oncle, qui sembloit être le principal titre de mon frère, étoit un grand enseignement pour moi, et ce qui s'étoit fait durant ma minorité, m'obligeoit à prévoir avec plus de soin ce qui pouvoit arriver dans la vôtre, si j'étois assez malheureux pour vous abandonner dans cet état, et de n'avoir pas le temps d'achever les établissemens que j'avois commencés pour la sûreté du royaume, et pour celle de mes successeurs ; à quoi l'on peut joindre, qu'ayant résolu, par des considérations que vous avez lues, de ne plus donner de gouvernemens que pour trois ans, il ne sembloit pas qu'il fût à propos de les mettre entre les mains de personnes que l'on pût être fâché d'en déposséder lorsque le terme seroit expiré.

De quoi mon frère et ma sœur, qui n'entroient pas dans ces raisonnemens, et qui en formoient d'autres eux-mêmes, suivant leur avantage, (étoient peut-être encore aigris par les discours de quelques brouillons), témoignèrent être fort mécontens.

Mais de ma part, ne doutant pas de la justice et du bon sens de mes résolutions, je crus que je devois y demeurer inébranlable; et sans faire semblant de m'apercevoir de rien, je leur laissai le loisir de se reconnoître.

Et en effet, ils revinrent d'eux-mêmes peu de temps après, et me demandèrent tous deux pardon de la chaleur qu'ils avoient montrée.

Cependant j'avois disposé du gouvernement en faveur du duc de *Verneuil* (*a*), mon oncle, parce qu'il ne s'étoit jamais éloigné de la fidélité qu'il me devoit, et qu'il revenoit d'Angleterre pour mon service:

―――――――――

(*a*) Fils naturel d'Henri IV et de madame la marquise de Verneuil.

et je le fis d'autant plus sûrement, que j'avois mis en cette province des intendans de qui les conseils lui pouvoient servir en toute rencontre à régler les affaires suivant mes desseins; ainsi j'avois lieu de m'assurer pleinement que mes affaires y seroient toujours fort bien administrées selon mes intentions.

Mais, après avoir fait de cette manière perdre à mon frère sa prétention, j'eus à régler avec mes voisins plusieurs difficultés qui n'étoient pas moins embarrassantes.

Quoique *St. - Romain* fût arrivé très-à-propos pour dissiper la négociation déjà fort avancée entre l'ambassadeur d'Angleterre en Espagne et le roi de Portugal, cela n'auroit pu s'exécuter sans faire espérer à ce prince, qu'outre le secours indirect que j'offrois dès-à-présent de lui fournir, sous le nom de *M. de Turenne*, je me mettrois bientôt en état de l'assister ouvertement: et comme ces propositions lui étoient infiniment agréables, il ne manqua pas d'en presser l'exécution avec toute la chaleur possible, en sorte que, outre les lettres de *St.-Romain*, qui me marquoient de jour en jour leur empressement, je le connus encore par deux visites que me rendit l'ambassadeur d'Angleterre, qui se trouvoit à ma cour à l'occasion du mariage de son maître.

Et véritablement on ne doit pas s'étonner que cette nation, après tant de maux soufferts depuis vingt-cinq années, eût quelque avidité de profiter de la conjoncture favorable que la fortune lui présentoit en ce temps-là ; car il est certain qu'alors la France et l'Espagne, portées par des intérêts contraires, sembloient rechercher cette couronne avec la même chaleur, l'une la sollicitant de lui donner la paix, et l'autre l'encourageant à continuer la guerre.

Mais ne trouvant pas les choses disposées à faire sitôt ce qu'il desiroit de moi, je travaillois seulement à l'entretenir d'espérances sans m'engager à rompre avant le temps les mesures que j'avois prises. J'avois une autre affaire du côté du Nord, qui n'étoit pas plus facile à démêler.

Je vous ai dit comme les Suédois m'avoient d'abord fait entendre par *Pompone* qu'ils ne prendroient point parti contre moi, et néanmoins ils me déclarèrent depuis que voyant tous leurs voisins armés et principalement les Danois, ils ne pouvoient demeurer seuls sans armes, ni même s'empêcher de faire la guerre au roi de Danemarck, s'il la faisoit au roi d'Angleterre.

A cette nouvelle surprenante, considérant l'estime que la France avoit toujours faite des Suédois, et de quelle conséquence il étoit de rompre une liaison qui duroit depuis tant d'années, ou plutôt ayant lieu de douter si l'amitié des Suédois (qu'il s'agissoit de perdre) ne me seroit point à l'avenir plus utile et plus sûre que celle des Hollandais pour la conservation de laquelle se faisoit cette rumeur, j'eus quelque peine à déterminer ce que j'avois à faire ; mais enfin ne voulant pas pour cela me détourner de mes premières démarches, je donnai seulement ordre à mon ambassadeur d'agir et de parler de telle sorte, qu'il pût arrêter les premiers mouvemens de cette nation, soit en témoignant d'abord de la fermeté, soit en faisant paroître un peu de condescendance, ou même en proposant à l'extrémité, par manière de tempérament, que les vaisseaux de Danemarck ne se joindroient point à nos flottes, et ne feroient la guerre aux Anglais que dans la seule mer Baltique. Mais il ne fut pas nécessaire d'en venir jusque là, parce que les Suédois s'adoucirent peu de temps après, comme vous le verrez en son lieu par l'ambassade qu'ils m'envoyèrent.

Le roi de Danemarck, alarmé par l'appareil que faisoient contre lui les Suédois, avoit envoyé *Annibal Chestel* son grand trésorier, pour me presser de me déclarer en sa faveur contre la Suède.

Et les états de Hollande, qui étoient bien aises de prendre cette occasion pour me faire rompre avec mes autres alliés, dont ils craignoient peut-être que je ne tirasse à l'avenir trop de secours, me faisoient des instances continuelles pour le roi de Danemarck. Et d'autre part les Suédois me faisoient remontrer que voyant tous leurs voisins armés, ils ne pouvoient pas seuls demeurer sans armes, et que même ils ne pouvoient pas s'empêcher de faire la guerre au roi de Danemarck s'il se déclaroit contre l'Angleterre, me priant de ne pas croire qu'en cela ils eussent intention de rien faire contre mes intérêts. La conjoncture étoit assurément délicate, car de me déclarer contre la Suède pour plaire au roi de Danemarck et aux Hollandais, c'étoit rompre avec des alliés puissans et qui avoient été fort utiles à la France ; et de laisser aussi aux Suédois la liberté d'attaquer le Danemarck, c'étoit me priver de tout le fruit que j'avois prétendu tirer du traité fait nouvellement avec ce prince. C'est pourquoi, sans accorder alors précisément à l'une ni à l'autre des parties ce qu'elles desiroient, je m'appliquai à chercher des voies de tempérament, durant lesquelles je fournis seulement au roi de Danemarck en un seul paiement les cent mille écus que je ne lui devois payer qu'en deux termes; mais avec le temps, je trouvai moyen d'accommoder la chose, et je tirai assurance des Suédois qu'ils n'attaqueroient point le Danemarck. Ainsi, pendant que chacun tendant à ses fins, s'efforçoit à me détourner de la mienne, mes yeux y demeuroient toujours fixement attachés, et les instances qui m'étoient faites de toutes parts ne me pouvoient faire écarter tant soit peu de la route que je m'étois proposée. Sur quoi on pourroit raisonnablement mettre en question s'il ne faut pas autant de force au prince pour se défendre des prétentions différentes de ses alliés, de ses sujets, ou même de sa propre famille, que pour résister aux attaques de ses ennemis.

Et en effet, qui considéreroit à combien de désirs, à combien d'importunités, à combien de murmures les rois sont continuellement exposés, s'estimeroit peut-être moins d'en voir quelques-uns se troubler dans un bruit si tumultueux, et trouveroit plus digne d'estime ceux qui dans ces violentes agitations du dehors, peuvent garder au dedans tout le calme nécessaire pour la parfaite économie de la raison. Il faut avoir bien de la force pour tenir toujours la balance droite, quand tant de gens entreprennent à-la-fois de la faire pencher chacun de leur côté.

De tant de voisins qui nous environnent, de tant de sujets qui nous obéissent, de tant d'hommes qui nous font la cour, il n'en est peut-être pas un qui n'ait sa prétention formée ; et chacun d'eux appliquant tout son esprit à donner à ce qu'il veut toutes les apparences de la justice, il n'est pas aisé que le prince seul, partagé par tant d'autres pensées, fasse toujours le discernement du bon avec le mauvais. Il est difficile de vous fournir sur cela des règles certaines dans la diversité des sujets qui se présentent tous les jours, mais il y a pourtant certaines maximes desquelles il est bon que vous soyez instruit.

La première est, que quand vous auriez pour tout une complaisance universelle, vous ne pourriez pas satisfaire à tout, parce que la même chose qui contente l'un en fâche toujours plusieurs autres.

La seconde, qu'il ne faut pas juger de l'équité d'une prétention par l'empressement avec lequel elle est appuyée; mais, qu'au contraire, les demandes les moins raisonnables se poursuivent d'ordinaire plus chaudement que les plus légitimes, parce que la passion et l'intérêt ont naturellement plus d'impétuosité que la raison.

La troisième, que ceux qui vous approchent de plus près, et ceux même de qui vous prenez avis sur les prétentions des autres, sont ceux sur les prétentions desquels vous devez le plus vous consulter vous-même, et prendre conseil d'autres gens qui ne soient pas en même degré qu'eux, de peur que prenant avis de l'un sur l'affaire de l'autre, quoique d'ailleurs ils ne fussent pas amis, ils ne se favorisassent souvent dans la pensée que l'accroissement de leur compagnon en fût un pour eux-mêmes.

Et la quatrième, que le sage monarque doit toujours considérer les suites de la chose demandée plus que le mérite de la personne qui demande; parce que le bien général lui doit être plus cher que la satisfaction des particuliers, et qu'il n'y a point d'État si puissant au monde qui ne fût bientôt renversé, si celui qui le gouverne étoit résolu de tout donner aux gens de mérite.

Il est vrai que le prince fâche toujours ceux auxquels il refuse, et que les mécontens ne manquent jamais d'imputer à la mauvaise humeur ou au mauvais goût du prince tout ce qui s'est trouvé d'impossible dans leur demande : je dirai plus, il est certain que l'on se fait toujours peine à soi-même en refusant, et qu'on trouve naturellement plus agréable d'attirer des remercimens que des plaintes; mais en cet endroit, nous sommes obligés de sacrifier nos propres inclinations à la seule nécessité de notre propre ministère; et ce qu'il y a de plus fâcheux, est que ce sacrifice qui nous coûte d'ordinaire beaucoup, est aussi d'ordinaire fort peu prisé. Ce qui pourroit vous sembler en cela de plus étrange, c'est que la fermeté que nous y pratiquons, quoiqu'elle soit infiniment louable, est toujours fort peu louée.

En quoi le monde commet sans doute une grande injustice, car enfin il est constant que la condescendance et la facilité que le prince fait paroître à donner et à faire ce que l'on veut, quoiqu'elle soit vantée par tant de bouches, n'offre d'ordinaire à celui qui la pratique ni danger ni travail à surmonter; mais, au contraire, une satisfaction si douce et si pure, qu'au sentiment des ames délicates elle pourroit passer pour une volupté plutôt que pour une vertu.

Au lieu que la résistance et la circonspection qui l'oblige à résister lui seul aux mouvemens de toute la terre, demande assurément en lui plus de force et de fermeté que tout le reste de sa conduite.

Et à dire vrai, la plupart de ceux qui distribuent les louanges, ne prisent souvent entre les vertus que celles qui leur sont utiles, et parmi les belles choses qu'ils débitent dans le public, ils se dépouillent rarement du soin de leurs avantages particuliers.

La reine d'Angleterre continuant de témoigner beaucoup d'ardeur pour la paix, je voulus me servir de ce moyen pour me défendre de la prétention du roi de la Grande-Bretagne, lequel soutenoit que lui ayant déclaré la guerre le premier, je devois aussi envoyer le premier dans ses États pour y négocier la paix. Car je lui fis remontrer que la maison où cette princesse étoit logée devant passer entre nous pour un lieu neutre, le respect dû à sa dignité retrancheroit en un moment toutes ces questions préliminaires qui font souvent autant de peine que la subsistance même des traités; que l'affection que cette reine avoit pour la paix, lui pouvoit fournir à toute heure des expédiens pour lever les difficultés qui s'y présenteroient, et qu'enfin, elle en ayant fait la proposition, il étoit raisonnable de n'y travailler qu'en sa présence.

Mais la principale raison qui me faisoit affecter ce lieu, c'étoit l'avantage que j'espérois avoir par là d'instruire à toute heure les ministres dont je me servirois sur chacune des choses qui se présenteroient dans le cours de la négociation.

Le roi d'Angleterre, qui sembla d'abord s'apercevoir de mon dessein, voulut quelque temps insister au contraire; mais enfin devenu plus traitable, il donna pouvoir d'agir pour lui à milord *Hollis*, son ambassadeur, lequel se rendit le   avril chez la reine d'Angleterre, où *Lionne* se trouva de ma part, et pour les États de Hollande *Wanbeuning* leur envoyé.

Ils se firent d'abord de part et d'autre beaucoup d'honnêtetés et beaucoup de démonstrations de souhaiter un bon accord, mais lorsqu'on fut entré en matière, l'ambassadeur anglais voyant qu'on ne lui proposoit autre chose que ce qui avoit autrefois été proposé, témoigna qu'il ne pouvoit rien conclure, et peu de jours après reçut ordre de se retirer de ma cour, en laquelle il étoit jusque-là demeuré, nonobstant la guerre déclarée.

Cependant la reine d'Angleterre se trouvant pressée de partir pour aller aux eaux avant que milord *Hollis* eût appris les volontés de son maître, elle me pria que si le traité se continuoit, on continuât aussi de négocier dans son logis comme si elle y eût toujours été présente.

Mais tandis que ces traités se rompoient avec nos voisins, il s'en présentoit d'autres à conclure avec des nations plus éloignées.

Les habitans de Tunis, fatigués des continuelles alarmes que leur donnoient mes vaisseaux, avoient desiré de faire la paix avec moi; et ceux d'Alger, poussés de la même envie, passoient encore plus avant, m'offrant de me servir de leurs propres forces contre l'Angleterre, contre laquelle, par ce moyen, j'avois liberté d'employer tous mes vaisseaux, ne me restant plus en mer d'autres ennemis à combattre.

Mais, à dire vrai, ce qui me persuada le plus puissamment d'entrer dans ces négociations, c'est que le succès en devoit être glorieux à cet état et utile à toute la chrétienté, dont les négocians pouvoient désormais, sous la bannière de la France, mettre à couvert leurs personnes et leurs biens de la barbare fureur de ces corsaires; outre que je délivrois dès-lors, par ces mêmes traités, un nombre considérable de captifs, pour qui je sentois une compassion si grande,

qu'au

qu'au moment que les conditions furent accordées seulement avec ceux de Tunis, je fis partir *Dumoulin* pour les dégager d'entre les mains des infidèles.

En ce moment le pape, qui désiroit de voir en cet état l'entière exécution de ses bulles sur la doctrine de *Jansénius*, me pressoit de faire faire le procès aux quatre évêques qui avoient refusé de signer ce formulaire dont je vous ai déja parlé (10).

Mais la chose me paroissoit trop délicate pour la résoudre, sans y avoir délibéré mûrement. D'une part, je désirois contenter Sa Sainteté; mais, de l'autre, je craignois de déroger aux prérogatives de ce royaume. Je ne manquois pas de connoître combien il est important d'exterminer de bonne heure toutes les nouveautés qui se forment en matière de religion; mais je savois aussi combien il est dangereux de fournir à la cour de Rome des exemples de juridiction dont elle puisse après tirer de mauvaises conséquences; et, dans cette difficulté, ne voulant rien faire à la légère, je fus bien aise de consulter les gens de mon conseil par l'entremise de mon chancelier, le parlement en la personne du premier président et des gens du parquet, et le clergé même, par un certain nombre d'évêques, dont je pris en secret le sentiment; voulant voir, avant que de rien résoudre, si de quelque part on ne me fourniroit point un expédient propre à donner contentement au pape, sans blesser les droits de mon état.

La reine d'Espagne n'usa pas de tant de précautions dans la réponse qu'elle rendit à l'archevêque d'Embrun, sur une proposition que je l'avois chargé de faire à cette princesse, touchant les affaires de Portugal.

Sachant que le roi d'Angleterre faisoit de continuels efforts pour renouer quelque négociation entre les Espagnols et les Portugais, j'avois cru que le meilleur moyen pour rompre en cela ses mesures, étoit de me faire accepter pour médiateur; et quoiqu'à bien examiner ce projet, je ne doutasse pas que les Espagnols n'y dussent faire quelque difficulté, je crus que je ne devois pas laisser pour cela de le tenter, puisque je ne risquois rien dans l'événement.

Ainsi, je fis savoir à mon ambassadeur les couleurs qu'il pouvoit donner à cette affaire, pour la rendre, s'il le pouvoit, agréable à la régente, ce qui réussit en effet très-heureusement ; car cette reine acceptera sur l'heure la proposition avec toute la facilité que je pouvois attendre d'elle : mais il est vrai que depuis elle ne s'en est pas voulu souvenir, peut-être à cause qu'elle s'y étoit trop légèrement engagée.

Il est certain qu'il n'y a rien de plus malhonnête que de se dédire de ce que l'on avoit avancé.

Souvenez-vous, mon fils, que le seul moyen de tenir inviolablement la parole que l'on a donnée, c'est de ne la jamais donner sans y avoir pensé mûrement. L'imprudence attire presque toujours à sa suite le repentir et la mauvaise foi, et il est difficile d'observer fidèlement ce que l'on a promis mal à propos, et toute personne qui peut s'engager sans raison devient tôt ou tard capable de se rétracter sans honte.

Délibérer à loisir sur toutes les choses importantes, et en prendre conseil de diverses gens, n'est pas (comme les sots se l'imaginent) un témoignage de foiblesse ou de dépendance, mais plutôt une marque de prudence et de solidité.

C'est une maxime surprenante, mais véritable pourtant, que ceux qui, pour se montrer plus maîtres de leur conduite, ne veulent prendre conseil en rien de ce qu'ils font, ne font presque jamais rien de ce qu'ils veulent.

Parce que dès-lors que leurs résolutions mal digérées paroissent au jour, il s'y trouve de si grands obstacles, et on leur y fait remarquer tant d'obscurités, qu'ils sont contraints de les rétracter eux-mêmes, s'acquérant ainsi justement la réputation de foiblesse et d'incapacité par les mêmes voies par lesquelles ils s'étoient promis de s'en garantir.

Les conseils qui nous sont donnés ne nous engagent à les suivre qu'autant qu'ils nous paroissent raisonnables ; au lieu de partager ou d'affoiblir notre autorité, ils nous fournissent très-souvent les moyens de la relever, et nous ne devons pas même craindre qu'ils diminuent en rien le mérite de nos actions, puisque tous les gens bien sensés sont d'accord que, quoi qu'il se fasse ou qu'il se propose de bien dans l'administration de l'état, c'est toujours la sagesse du prince qui seule en est la source et le fondement.

Il y a cette différence entre le sage monarque et le mal avisé, que ce dernier sera presque toujours mal servi, même par ceux qui passent pour honnêtes gens dans le monde, au lieu que l'autre saura très-souvent tirer de bons services et de bons avis de ceux même de qui l'intégrité pourroit être suspecte.

Car enfin, dans tout ce qui regarde la conduite des hommes, on peut établir pour un principe général qu'il n'y a presque personne qui n'ait naturellement une pente secrette vers son avantage particulier; ou s'il s'en trouve quelqu'un qui soit exempt de cette règle, on peut dire que c'est un bonheur tellement singulier, que la prudence ne permet pas que l'on se promette d'en jouir toujours, ni que l'on prenne ses mesures sur ce fondement.

Ainsi la vertu des plus honnêtes gens est mal aisément capable de les défendre contre leur propre intérêt, si elle n'est quelquefois soutenue par la crainte ou par l'espérance : d'où il arrive que le prince mal avisé, qui ne sait pas faire jouer ses grands ressorts, et qui, sans distinguer le mal d'avec le bien, écoute et traite également tous ceux qui entrent dans les emplois, laisse quasi nécessairement corrompre auprès de lui ceux même qui s'y étoient mis avec les meilleures intentions du monde; au lieu qu'auprès du prince intelligent, les plus intéressés même n'osent s'éloigner tant soit peu du chemin qu'ils doivent tenir, parce qu'au moindre égarement ils craignent de perdre la créance de leur maître, laquelle fait toujours leur principal intérêt.

L'ambition de lui plaire, et la crainte de lui devenir suspect, les obligent à veiller soigneusement sur eux-mêmes; ils ne se permettent rien, parce qu'ils croient que rien ne demeurera caché; ils ne se ménagent sur rien, parce qu'ils savent que nul mérite ne manquera de recevoir l'agrément qui lui est dû, et ils se persuadent fortement qu'ils ne sauroient faire la moindre démarche bonne ou mauvaise, qui ne les approche ou ne les éloigne du crédit qu'ils veulent acquérir.

Ces sentimens, que la seule estime fait naître naturellement dans leurs esprits, sont encore entretenus par le sage monarque avec tout l'art qu'il juge à propos d'employer dans une chose qui lui est de la dernière conséquence; tantôt il cherche à faire croître en eux l'opinion qu'ils ont de sa capacité,

soit en leur faisant voir comme il sait pé_
nétrer dans les plus secrets sentimens des
hommes, soit en leur montrant comme il
sait trouver dans son propre fonds ce qu'on
n'eût jamais pu lui fournir d'ailleurs.

Tantôt il les intéresse à son service, ou
en prévenant leurs désirs par des grâces
qu'ils n'attendoient pas, ou en leur accor-
dant avec facilité celles qu'ils désirent avec
justice, et tantôt il les tient dans la retenue
en leur faisant connoître qu'il ne seroit pas
sûr pour eux de sortir de leur devoir ni de
s'éloigner des bornes qu'il leur a prescrites,
et en leur faisant voir qu'il n'est point d'obs-
curité si maligne qui soit à l'épreuve de
ces lumières qu'il a de lui-même, et qu'il
reçoit incessamment de toute part.

Enfin, dans sa propre économie il trouve
le moyen de profiter de ce qu'ils ont de
bon, sans rien souffrir de ce qu'ils pourroient avoir de mauvais. Il sait les rendre
utiles à ses affaires, sans qu'ils soient à
charge à ses sujets; il sait leur faire part de
ses grâces sans les remplir de faste ni d'emportement; il sait leur donner sa créance
sans leur abandonner son autorité; il sait

les rendre ses confidens sans jamais cesser d'être leur maître.

Après quoi je m'assure que vous ne serez plus surpris de me voir soutenir, que tout ce qu'ils peuvent faire pour son service lui doit être absolument attribué, et que vous croirez aisément à cette heure ce que je vous ai d'abord avancé, que ce ne sont pas les bons conseils ni les bons conseillers qui donnent la prudence au prince, mais que c'est la prudence du prince qui seule forme de bons ministres, et produit tous les bons conseils qui lui sont donnés.

Pour ce qui regardoit la religion, je continuois en toute rencontre mes soins ordinaires.

Dans le même temps que j'envoyai Saint-Romain vers le roi de Portugal pour mes affaires, je fis passer aussi dans cette cour l'abbé de Bourzé, pour l'intérêt du service de Dieu, lui donnant ordre de tenter toutes les voies imaginables pour convertir Chombert (11); lequel méritoit sans doute que l'on prît un soin particulier de sa fortune et de son salut, parce que c'étoit un homme d'un mérite extraordinaire.

Peu de temps après ayant eu avis du terrible scandale qui s'étoit commis en Hollande, à l'occasion d'un aumônier de mon ambassadeur, j'obligeai les états à réparer aussitôt cette irrévérence, et à donner pour l'avenir tels ordres, que rien de pareil ne pût jamais arriver. D'ailleurs je chargeai le cardinal de *Retz* de chercher les moyens dont on se pouvoit servir pour accommoder à Rome les affaires qui regardoient la Sorbonne, croyant que, comme il étoit lui-même docteur, il trouveroit plus aisément qu'un autre des expédiens convenables en cette matière; car, à dire vrai, j'étois bien aise que cela se terminât au plutôt, étant persuadé que, dans les importantes occupations qui m'étoient préparées de toutes parts, il étoit toujours plus avantageux que cette cour me fût favorable que contraire.

Dans cette même vue je me portai plus facilement vers les excuses du cardinal *Ursin*, qui étoit venu pour se justifier auprès de moi; et, après avoir effectivement reconnu qu'il étoit fâché de la mauvaise conduite qu'il avoit tenue dans l'affaire du duc de *Crequy*, je lui rendis avant son départ la comprotection que je lui avois ôtée.

J'eus dessein, peu de temps après, de régler un différend qui s'étoit mû sur le discours fait par *Talon* mon avocat, dans l'affaire de l'évêque d'*Alet*; car, des ecclésiastiques ayant été mal satisfaits de ce qu'il avoit dit en cette occasion, avoient attendu le temps de l'assemblée du clergé pour en témoigner leur ressentiment avec plus de force; et là s'étant appliqués à l'examen de ce plaidoyer avec un peu plus de sévérité qu'il n'eût été nécessaire, ils prononcèrent contre l'auteur une manière de censure de laquelle il désiroit être déchargé.

L'expédient que j'avois d'abord choisi pour accommoder la chose, étoit de commander à *Talon* qu'il me vînt faire quelque espèce d'excuse, dont les députés du clergé se pussent contenter lorsque je la leur rapporterois; mais voyant que l'assemblée vouloit encore entrer en discussion des termes de cette excuse, en sorte que cela eût été à l'infini, et sachant même qu'elle prétendoit que l'on ôtât des registres du parlement le plaidoyer qui étoit déja publié par tout le royaume, je crus que le plus court étoit de leur laisser écrire ce qui leur plairoit dans leurs prétendus registres, lesquels n'étoient, à dire vrai, que des mémoires particuliers, et ne pouvoient jamais tirer à aucune conséquence.

Dans la fin du mois de mars, désirant de mettre un terme à cette même assemblée, qui duroit depuis le commencement de juin, je voulus qu'elle arrêtât promptement le don extraordinaire qu'elle me fait de cinq en cinq ans, et qu'elle fait toujours le plus médiocre qu'elle peut.

Il fut pourtant, cette fois-ci, porté à huit cent mille écus, mais peut-être que ce fut en partie par les soins que je me donnai diverses fois, et même le jour qui précéda leur dernière délibération : voyant qu'il y avoit un assez bon nombre de députés à ma messe, je leur dis en sortant que je savois qu'ils devoient le lendemain traiter une affaire qui me regardoit, et que c'étoit en ces sortes de rencontres que je pouvois connoître par les effets ceux qui avoient une véritable affection pour mon service.

Je n'ai jamais manqué de vous faire observer, lorsque l'occasion s'en est présentée, combien nous devons avoir de respect pour la religion et de déférence pour ses ministres dans les choses principalement qui regardent leur mission : c'est-à-dire la célébration des mystères sacrés, et la publication de la doctrine évangélique.

Mais, parce que les gens d'église sont sujets à se flatter un peu trop des avantages de leur état, et qu'ils semblent quelquefois s'en vouloir servir pour affoiblir leurs devoirs les plus légitimes (12); je crois être obligé de vous expliquer ici brièvement ce que vous devez savoir sur cette matière, et ce qui pourra vous servir dans le besoin, soit pour prendre vos résolutions avec plus de certitude, soit pour les faire exécuter avec plus de facilité.

Vous devez donc premièrement être persuadé que les rois sont seigneurs absolus, et ont naturellement la disposition pleine et libre de tous les biens qui sont possédés, aussi bien par les gens d'église que par les séculiers, pour en user en tout temps comme de sages économes, c'est-à-dire, suivant le besoin général de l'état.

En second lieu, il est bon que vous appreniez que ces noms mystérieux de franchises et de libertés de l'église dont on prétendra peut-être vous éblouir, regardent également tous les fidèles (soit laïcs, soit tonsurés), qui sont tous également fils de cette commune mère, mais qui n'exempte ni les uns ni les autres de la sujétion des souverains auxquels l'évangile même leur enjoint précisément d'être soumis.

Troisièmement, que tout ce qu'on dit de la destination particulière des biens de l'église et de l'intention des fondateurs, n'est qu'un scrupule mendié, puisque ceux qui ont fondé des bénéfices n'ont pas pu, en donnant leurs fonds, les décharger de la dépendance et de l'obligation naturellement attachées, ni ceux qui les possèdent, ne peuvent prétendre de les tenir avec plus de droit et d'avantage que ceux même qui les leur ont donnés.

Quatrièmement, que si l'on a permis jusqu'à présent aux ecclésiastiques de fixer, dans leurs assemblées, la somme qu'ils doivent fournir, ils ne doivent pas attribuer à cet usage aucun privilége particulier, puisque cela se pratique même envers les laïcs en la plupart de nos provinces, et qu'il se pratiquoit ainsi par-tout dans la probité des premiers siècles; car enfin dans ce temps-là le seul esprit de justice excitoit suffisamment chaque particulier à faire ce qu'il devoit selon ses forces, ce qui n'arriveroit pas sans doute à présent, et que néanmoins tout cela n'a jamais empêché que l'on n'ait contraint, et les laïcs et les ecclésiastiques, lorsqu'ils ont refusé de s'acquitter volontairement de leur devoir.

Mais en dernier lieu, que s'il y avoit quelques-uns de ceux qui vivent sous notre empire plus tenus que les autres à nous servir de tous leurs biens, ce devroit être sans doute les bénéficiers, qui ne les tenant que de notre nomination se trouvent obligés à ce devoir, non-seulement comme le commun de nos sujets par leur naissance, mais encore par un motif particulier de reconnoissance. Les droits qui se perçoivent sur eux sont établis d'aussi long-temps que les bénéfices, et nous en avons des titres qui se sont conservés depuis le premier âge de la monarchie. Les papes même qui ont voulu dépouiller les souverains de cette autorité, pour s'en rendre les seuls arbitres, ont établi notre droit en voulant l'affoiblir, puisqu'ils ont été contraints de se rétracter précisément dans leurs prétentions à l'égard de cette couronne.

Mais il n'est pas ici besoin d'histoire, de

titres ni d'exemples, la seule équité naturelle suffit pour établir ma proposition. Seroit-il juste que la noblesse donnât ses travaux et son sang pour la défense du royaume, et consumât si souvent ce qu'elle a de biens dans les emplois qui lui sont donnés ; que le peuple, qui possédant si peu de fonds a tant de têtes à nourrir, et fournit tant de soldats, ne laissât pas de porter tout seul les impositions ordinaires ; et que les ecclésiastiques, lesquels sont exempts par leur profession des fatigues de la guerre, des dépenses du luxe et du poids des familles, jouissent seuls dans leur abondance de tous les avantages du public, sans jamais rien contribuer à ses besoins ?

Le roi de *Pologne* étant toujours troublé dans l'administration de ses états par l'audace de ses sujets rebelles, la reine sa femme m'avoit fait à diverses fois, durant le cours de l'année dernière, de si pressantes instances de le secourir, que j'avois cru le devoir faire principalement dans un temps où je me voyois sans grandes occupations, et où l'on me donnoit espérance de faire tomber dans peu cette couronne entre les mains d'un prince de ma maison. C'est pourquoi je m'étois alors proposé d'envoyer ce printemps monsieur le prince en Pologne, avec cinq cents chevaux et six mille hommes de pied, déclarant pourtant à ceux qui m'en sollicitoient, que je n'exécuterois ce projet qu'en cas que mes affaires demeurassent en état de me le permettre.

Mais peu de temps après, ayant été contraint de déclarer la guerre aux Anglais, prévoyant les difficultés qui se rencontreroient infailliblement pour le passage de mes troupes, sachant que j'en avois déjà un corps considérable occupé dans la Hollande, étant averti que les Suédois ne vouloient point s'engager à ce que l'on m'avoit fait espérer d'eux, et que la reine de Pologne, elle-même, ne prenoit aucune résolution positive sur cette élection dont elle nous avoit flatté; je crus qu'il n'étoit pas juste que je surmontasse moi seul tant d'obstacles, pendant que d'ailleurs on ne feroit rien pour nous. Et néanmoins, afin que la reine de Pologne n'eût pas lieu de se plaindre pour cela que je lui eusse trop long-temps permis de se nourrir d'une espérance inutile, je lui avois fait, dès le mois de janvier, une lettre

lettre expresse par laquelle je l'avois avertie de toutes les difficultés qui se rencontroient en ce qu'elle avoit désiré, la priant de ne s'y point attendre pour cette année.

Mais cependant, parce que je connoissois son besoin, je ne pus m'empêcher, quelque pressantes que fussent mes affaires, de lui fournir, peu de temps après, deux cent mille francs, auxquels je ne m'étois jamais engagé.

En Allemagne, la paix étant accordée entre l'évêque de Munster et les Hollandais, toutes choses paroissoient paisibles, et ce prince qui n'avoit plus besoin de ses troupes, m'offrit cinq mille hommes pour m'en servir en tel lieu et en telle manière qu'il me plairoit.

J'avois assurément des raisons qui me portoient à recevoir son offre, car je ne pouvois douter que dès-lors que je l'aurois refusé, ces gens, desquels il ne pouvoit plus soutenir la dépense, ne prissent aussitôt parti chez quelques-uns de mes ennemis.

Je savois que *Castel Rodrigues*, gouverneur des Pays-Bas, ne souhaitoit rien tant que de les attirer à son service, et j'a-

Ire. partie.

vois même sujet de croire que l'empereur se porteroit aisément à les retenir.

Mais d'ailleurs en l'état où je me trouvois, voyant la négociation de paix rompue avec l'Angleterre, ne pouvant prévoir en quel temps l'occasion se présenteroit de me servir de mes propres troupes ; craignant même que celles-ci n'augmentassent le soupçon que toute l'Europe avoit déja de mes desseins, mais de plus étant obligé de faire de grandes dépenses par mer, et ne voulant en aucune façon augmenter la charge de mes peuples, je crus qu'il n'étoit pas à propos de m'engager prématurément à l'entretien de ces étrangers.

Ainsi, je résolus de ne faire autre chose pour lors que de remercier cet évêque avec honnêteté, afin de demeurer toujours en mesure de renouer avec lui quelque nouvelle négociation sur ce sujet, en cas qu'il arrivât quelque subit changement dans les affaires.

Cependant le comte *Guillaume de Furstemberg* étant revenu d'Allemagne, m'avoit fait voir comme son voyage avoit eu le succès que je m'en étois promis, et m'avoit appris que tous les princes voisins de la

Flandre étoient prêts à s'unir dès maintenant pour empêcher que l'empereur n'y fît passer aucunes troupes, pourvu que je fournisse à chacun d'eux les sommes nécessaires pour entretenir le nombre de gens dont on étoit convenu; mais, parce que cela montoit à deux millions quatre cent mille livres, j'estimai, par les mêmes raisons dont je vous ai parlé dans l'article précédent, que je ne devois rien précipiter, et qu'il suffisoit pour cette heure d'avancer environ quatre cent mille livres qui pouvoient servir à commencer les levées ; me réservant de résoudre après tout à loisir, selon la disposition générale des choses, s'il seroit bon de retarder cette affaire ou de l'avancer.

Cependant le bruit que faisoit vers le Nord la résolution que les Suédois sembloient avoir prise d'armer contre le Danemarck, avoit excité les états de Hollande, le marquis de *Brandebourg*, et le duc de *Lunebourg*, à faire entre eux une ligue particulière pour empêcher que l'on n'entreprît rien de nouveau du côté de l'Allemagne. Dès-lors que j'en eus avis, je ne doutai point que cette liaison, quoique faite dans une autre vue, ne me pût incommoder moi-même en cas qu'elle durât trop long-temps.

Car je savois combien les états de Hollande et la plupart des princes leurs voisins avoient les yeux attachés sur mes actions, et combien ils avoient de frayeur que je ne devinsse maître de la Flandre. Mais comme ces raisons ne regardoient que l'avenir, je ne crus pas devoir, sur l'incertitude des événemens qui pouvoient arriver ou n'arriver pas, m'attacher à ruiner une ligue dont je tirois dans le temps présent une utilité considérable, puisqu'elle obligeoit visiblement les Suédois menacés par tant d'autres forces à cultiver avec plus de soin mon amitié. Ainsi je me contentois alors de lever autant que je le pouvois à tous ces princes le soupçon qu'ils avoient de mon dessein, en paroissant m'appliquer tout entier aux affaires de l'Angleterre, et de leur ôter la crainte qu'ils avoient de l'accroissement de ma puissance, en leur donnant à toute heure de nouvelles marques de mon affection, sans m'exclure pourtant de travailler à rompre leur ligue lorsqu'elle auroit produit l'effet que je desirois, ou du moins lorsque je verrois mes affaires en un état où je pourrois apparemment recevoir quelque notable préjudice.

Car enfin chez les princes habiles, c'est la différence de chaque conjoncture qui doit régler en chaque temps les demandes et les actions.

Il est des momens où n'ayant besoin que de notre valeur pour le succès de nos entreprises, nous ne devons pas nous donner la peine de recourir à d'autres moyens ; mais il en est d'autres où les seules voies de la prudence pouvant nous conduire à notre but, il semble que nous devions, pour la suivre seule, suspendre l'usage de toutes nos autres vertus.

Il est des rencontres où nous sommes obligés d'étaler avec éclat tout ce que nous avons de puissance pour donner plus de terreur à nos ennemis ; mais il en est d'autres, au contraire, où nous ne devons affecter que de la modération et de la retenue, pour ne point donner de la jalousie à ceux même qui paroissent dans nos intérêts.

La sagesse consiste à choisir à propos, tantôt un de ces partis, tantôt l'autre, et peut-être qu'il n'y a rien qui rende la fortune d'un prince plus stable et moins changeante que l'habitude qu'il prend de changer ainsi, quand il faut, de discours, de visage, de contenance et de mouvement.

Cette maxime bien entendue vous peut apprendre à connoître par la manière d'agir de chaque prince, ceux qui sont véritablement habiles d'avec ceux qui ont seulement le bonheur de le paroître, quoique en effet ils ne le soient pas. Car vous ne pouvez pas douter qu'il n'y en ait plusieurs dans le monde qui ont obtenu la réputation d'habileté par le seul avantage qu'ils ont eu de naître en des temps heureux, où l'état général des affaires publiques avoit une juste proportion avec leur humeur, en sorte que ce qu'ils faisoient naturellement, étoit ce que la prudence leur eût dû faire faire, et l'on auroit peut-être vu ces mêmes hommes paroître dans la dernière imbécillité, si leurs affaires fussent tant soit peu changé de face, ou s'ils fussent nés dans une saison où il eût été besoin de tenir un procédé contraire à leur inclination naturelle.

Car enfin ce n'est pas une chose facile que de se transformer à toute heure en la manière que l'on doit. Comme la plupart des hommes sont accoutumés à se conduire par tempérament plutôt que par raison, comme ils n'ont le plus souvent dans leurs desseins que leur honneur et leurs passions pour guides, cette humeur qui demeure toujours la même en eux, les entretient presque toujours dans le même procédé. Quelques désordres qu'ils voient dans leurs affaires, quelque malheur qui leur puisse arriver, ils n'ont pas assez de bons sens pour en rechercher la cause dans leur conduite; ils en imputent tout le mal aux seuls caprices de la fortune, et ne considèrent pas que si dès-lors qu'ils en ont senti les premiers coups, ils eussent pu se former une nouvelle façon d'agir avec elle, ils se seroient assurément garantis de sa plus grande malignité.

Car il est certain que l'un des remèdes les plus sûrs contre ses changemens, c'est de savoir changer avec elle, et vous ne devez pas croire, mon fils, que la constance dont je vous ai parlé quelquefois ailleurs, s'oppose à la maxime que je vous établis en cet endroit.

Cette vertu ne consiste pas à faire toujours les mêmes choses, mais à faire toujours les choses qui tendent à la même fin.

Et quoique cette fin, qui n'est autre que notre gloire et la grandeur de notre État, soit effectivement la même en tout temps; les moyens que nous pouvons prendre pour y parvenir, ne sont pourtant pas toujours les mêmes. Il arrive souvent que ceux qui pourroient être utiles en une saison, sont après nuisibles dans une autre. La face du monde où nous vivons est sujette à des révolutions si différentes, qu'il n'est pas en notre pouvoir d'y garder long-temps les mêmes mesures.

Il faut que l'habile monarque aussi-bien que le sage pilote, sache se servir de tous les vents pour s'avancer de quelque façon que ce soit vers le port où il s'achemine, et l'expérience a fait voir une infinité de fois, deux maximes d'agir absolument opposées, s'accorder néanmoins entre elles par la seule différence des temps, et toutes enfin dans la suite produire heureusement le même effet.

Ayant appris sur la fin de janvier que les Anglais étoient entrés dans la mer Méditerranée, je résolus dès l'heure même, ou de les y combattre, ou de les en chasser.

Dans ce dessein, vers le commencement de février, j'envoyai mes ordres au duc de *Beaufort* pour armer au plutôt ce qu'il pourroit mettre de vaisseaux ensemble afin d'aller trouver les ennemis ; mais comme l'équipage de mer consiste en beaucoup de choses différentes, tout le mois de mars s'écoula sans que mes gens fussent en état de sortir. Durant lequel temps les Anglais, bien avertis qu'on ne pouvoit pas aller sitôt à eux, faisoient de continuelles bravades, se vantant partout, qu'aussitôt que mon amiral seroit hors de mes ports, ils viendroient eux-mêmes le chercher et lui présenter le combat.

Cependant je faisois travailler avec toute la diligence possible à me mettre en état d'éprouver, en effet, leur bravoure, et de l'éprouver, s'il se pouvoit, avec succès.

Mais enfin, au mois d'avril le duc de *Beaufort* ayant levé l'ancre, les Anglais ne se trouvèrent plus si vaillans qu'ils l'avoient été jusque-là, et comme s'ils se fussent contentés des merveilles qu'ils avoient dites, sans se mettre en peine d'en faire, ils sortirent avec beaucoup d'empressement de la mer Méditerranée.

C'étoit sans doute assez glorieusement commencer cette campagne navale, que d'avoir ainsi contraint des gens qui se croient les maîtres de la mer à fuir devant ceux qu'ils avoient menacés ; mais ne voulant pas en demeurer là ; je résolus de les faire suivre bientôt jusque dans la mer Océane. Il est vrai que le nombre de mes vaisseaux étant fort médiocre, j'avois d'abord résolu d'y joindre les huit que j'avois à la Rochelle pour le passage de la reine de Portugal ; et déja mes ordres étoient donnés pour les faire avancer, avec dessein pourtant de les faire revenir précisément au quinze juin, qui étoit le temps qu'on avoit déterminé pour le départ de cette princesse.

Mais l'ambassadeur de Portugal me témoignant qu'il avoit peine à voir éloigner les vaisseaux qui devoient servir à son passage, et me disant qu'il espéroit se mettre en mer de jour en jour, je ne voulus par aucune considération retarder son embarquement, me persuadant d'ailleurs que ce qui me restoit de vaisseaux sous la conduite du duc de *Beaufort*, quoiqu'ils ne fussent qu'au nombre de trente-deux, seroient encore suffisans pour se défendre contre ceux qui voudroient les attaquer.

Mais durant ce temps-là, les Anglais étant retournés dans leurs ports, n'en voulurent plus ressortir qu'avec le gros de leur flotte, sans se mettre en peine de me contester le passage que j'avois entrepris.

Ils se remirent en mer avec toute leur puissance, le deuxième juin, ayant quatre-vingt-six vaisseaux, mais remplis de tant de fierté, que toute la terre ensemble n'eût pas semblé capable de résister à leurs efforts. Les Hollandais avoient levé l'ancre dans le même temps avec des forces presque égales; mais leur flotte, quoique très-bien équipée, paroissoit tellement méprisable à nos communs ennemis, qu'ils ne croyoient avoir besoin, pour s'assurer une pleine victoire, que de les attirer au combat.

Ce fut véritablement dans cette pensée, que le prince *Robert* avec vingt-trois vaisseaux des plus grands et des mieux armés de la flotte, se détacha du reste de ses gens, disant qu'il venoit au devant du duc de *Beaufort*, et ne doutant pas que le reste des vaisseaux d'Angleterre ne fût plus que suffisant pour exterminer un beaucoup plus grand nombre de Hollandais que celui qu'ils avoient devant eux.

Toute l'île attendoit avec empressement la nouvelle de cette double victoire; les chefs l'avoient promise, le roi s'en croyoit assuré, les peuples en triomphoient par avance; sur cet espoir on avoit rompu toute sorte de négociation, et l'on ne doutoit pas d'établir bientôt, par notre défaite, toutes ces prééminences que l'on prétend si vainement.

Mais le succès répondit mal à de si belles attentes. Le combat s'étant opiniâtré durant quatre jours, les Anglais furent, pour ainsi dire, quatre fois vaincus, et le prince *Robert* prétendant rétablir les affaires de sa patrie avec les vingt-trois vaisseaux qu'il avoit détachés, fut enfin lui-même contraint de se retirer comme les autres; en sorte que j'eus l'entière satisfaction de voir dès ce moment la fortune, d'accord avec mes souhaits, prendre le même parti que j'avois choisi, et donner cette fois aux États de Hollande la victoire qu'elle leur avoit d'abord refusé, mais si pleine et si complète, que les insulaires, après plusieurs vaisseaux perdus, étant tout-à-fait hors de combat, furent contraints de se cacher promptement dans les bords de la Tamise, pour apprendre tout à loisir à ne pas se vanter sitôt des choses dont ils étoient si mal assurés, et ce qu'il y eut encore de plus singulier, c'est qu'il fallut que dans leur pays ils soutinssent la bravoure qu'ils avoient faite, et de peur que le peuple (qu'ils avoient flatté de l'espérance d'une victoire), ne se portât à quelque fâcheuse extrémité, s'il étoit informé de la perte du combat, ils furent contraints de publier par tout le royaume qu'ils étoient revenus vainqueurs, et même d'en ordonner des feux de joie : feux qui, dans leur alégresse ridicule, ne firent voir que trop clairement aux yeux de toute l'Europe quelle étoit la mauvaise disposition de cet État, dans lequel, pour conserver un peu d'autorité, le prince étoit forcé de se réjouir de ses propres pertes, et de tromper si grossièrement ses sujets pour les empêcher de tomber dans une rebellion manifeste.

Pour vous, mon fils, le fruit que vous devez tirer de la vanité des Anglais et de la mortification qu'ils en ont reçue, c'est d'observer combien font une grande folie ceux qui se vantent avant le temps des choses dont l'événement ne dépend pas d'eux.

Celui qui ne produit rien de soi, fait paroître beaucoup d'avantage ce qu'il exécute; moins on attend les favorables événemens, plus ils sont agréablement reçus. Quiconque se vante trop tôt de l'avenir (quoi qu'il fasse après de louable), dérobe du moins à son action la grâce de la nouveauté, parce que le monde, préparé par ce discours, ne sauroit plus être surpris par les effets.

Dans ce procédé vain, les communications ont d'ordinaire quelque chose d'agréable et de riant, mais l'issue en est ordinairement pleine de douleur et de honte.

A l'abord celui qui se remplit de ces belles illusions, se sent doucement flatté par les applaudissemens du peuple qu'il trompe, il se voit honoré par les caresses du prince qui le croit, et il se tient assuré dans la pensée qu'il a que ses bravades étonneront ses ennemis.

Mais ces joies imaginaires passent en bien peu de temps; dès-lors qu'il en faut venir aux mains, ces gens trop fort persuadés d'une victoire facile, trouvant une résistance qu'ils n'attendoient pas, sont surpris d'un subit étonnement, au lieu que les ennemis, irrités plutôt qu'alarmés de ses menaces, en redoublent contre lui leur naturelle vigueur. Il devient défait et confus au lieu de revenir triomphant, les vaines louanges qu'il a prématurément obtenues du vulgaire, se changent en railleries et en imprécations, et le prince dont il avoit surpris la créance et la faveur à si mauvais titre, irrité de s'être laissé persuader trop aisément, n'a plus pour lui que de la haine et du mépris.

Si bien que, dans son infortune, il ne lui reste, pour tout fruit de sa vanité, que le dépit de s'être trompé soi-même, la honte d'avoir abusé les autres, et le continuel remords d'avoir facilité sa propre défaite.

Mais si les chefs particuliers font une si grande faute quand ils se laissent emporter trop loin par la sotte opinion qu'ils ont de leur conduite ou de leur bonheur, le prince en fait une bien plus grande quand il se laisse persuader aux vains discours de ces fanfarons, et cependant il s'en trouve tous les jours qui, sur la foi de ces promesses mal assurées, prennent leurs résolutions pour la guerre ou pour la paix, et qui veulent faire passer l'espoir de ces triomphes chimériques pour des titres capables d'établir leurs plus vaines prétentions.

Le plus sûr moyen pour éviter cet inconvénient, est de ne croire personne de léger dans les choses qui sont importantes, mais de croire encore moins que les autres ceux qui s'engagent si facilement à promettre tout, parce que d'ordinaire, ceux qui savent faire le plus, sont ceux qui savent le mieux combien il faut peu promettre.

Mais le point le plus délicat, et celui sur lequel nous devons le plus nous examiner en cette matière, est de savoir si la trop grande estime que nous avons de nous-mêmes, ou le trop grand amour de nos propres intérêts, n'est point en effet cause de la facilité que nous avons à croire ce que l'on nous promet à notre avantage, et si ce qui rend les autres si hardis à nous en imposer, n'est point la connoissance qu'ils ont que déja nous nous sommes trompés nous-mêmes en notre faveur.

Pendant que les choses que je viens de vous dire se passoient dans l'Océan (quoique

que mes vaisseaux eussent quitté la mer Méditerranée), mes galères seules ne laissoient pas d'être suffisantes pour conserver la gloire du nom français.

Les habitans d'Alger, qui, touchés des mêmes considérations que ceux de Tunis, m'avoient fait, comme eux, proposer la paix, étoient alors convenus des conditions du traité, lesquelles furent les plus avantageuses qui eussent encore été faites avec ces barbares nations. Et l'un des principaux fruits que j'en tirois, étoit que je délivrois de leurs chaînes plus de trois mille esclaves français moyennant une somme médiocre, laquelle je crus pouvoir imposer sans répugnance sur mon etat, n'étant pas possible que la France fît un meilleur usage de ses deniers que pour dégager un si grand nombre de ses habitans d'une servitude si misérable.

Cependant mes galères tenant cette mer sans y trouver ni d'ennemis ni de concurrens, en rencontrèrent un jour sept du roi d'Espagne, dont il n'y en avoit que deux qui fussent armées.

Vivonne leur fit faire d'abord commandement de baisser l'étendard suivant l'ordre

Ire. partie.

général qu'il en avoit de moi : mais par la bizarerie de celui qui les conduisoit, les galères espagnoles s'étant opiniâtrées à se laisser prendre plutôt que d'obéir à ce qu'on leur ordonnoit, *Vivonne* crut que ce seroit une victoire honteuse pour lui de triompher de deux galères avec douze qu'il commandoit, si bien que pardonnant à la témérité des Espagnols, en considération de leur foiblesse, il les voulut bien laisser passer en leur disant que lorsqu'ils seroient en plus grand nombre il les feroit mieux obéir, et en leur ordonnant seulement, pour marque de la supériorité qu'il avoit sur eux, de passer au dessous du vent, et d'aller dans un de leurs ports qu'il leur marqua.

Il est vrai qu'il y avoit une raison qui le pouvoit empêcher de traiter ces galères avec la dernière rigueur, car elles lui remontrèrent qu'elles étoient chargées des hardes de l'impératrice, en faveur de laquelle il savoit que j'avois donné sur mes côtes des ordres très-particuliers, d'où il conjectura, sans doute, que je ne serois pas bien aise qu'il fût fait, par mes sujets, aucun mauvais traitement à ceux qui la serviroient à son passage.

Mais, durant ce temps là, pensant aux vaisseaux que j'avois prêtés à la reine de Portugal, et considérant qu'ils avoient à se garder de deux sortes d'ennemis ensemble, c'est-à-dire, des Anglais et des Espagnols, je me trouvois assez empêché à bien prendre mes sûretés contre les uns et contre les autres, et toutefois enfin, je trouvai des expédiens pour tout. Premièrement, je confiai la conduite de cette escadre à *Ruvigny* (13), homme en qui j'avois une entière créance, lui donnant même la qualité de lieutenant-général, afin qu'il ne se trouvât point embarrassé dans l'exécution de mes ordres par la contestation d'aucun des officiers des vaisseaux qu'il devoit commander.

Ensuite je trouvai un moyen fort sûr pour me mettre à couvert contre l'armée anglaise, sans que pourtant je parusse y contribuer, qui fut, que la reine de Portugal demanda, de son chef, un passeport au roi de la Grande-Bretagne pour le voyage et le retour des vaisseaux qui la devoient servir en cette occasion. Ce que ce prince accorda sur l'heure avec tant de facilité, qu'il ne pensa pas même à se précautionner contre un avantage que j'en aurois pu prendre sans rien hasarder.

Car il est certain que mes vaisseaux dans leur retour, rencontrant les Anglais plus forts, eussent pu se servir du passeport qu'on leur avoit mis entre les mains, et les rencontrant plus foibles, étoient en liberté de les charger.

Mais si j'eus assez de lumières pour connoître que les Anglais n'étoient pas prudens de n'avoir pris aucune garantie contre un cas si facile à prévoir, j'eus aussi trop de générosité pour vouloir en cela profiter de leur faute, ne desirant pas même avec mes ennemis rien faire ni rien ordonner dont la plus exacte bonne foi pût être tant soi peu blessée.

A l'égard des Espagnols, le remède étoit plus difficile à trouver, parce que j'avois eu avis qu'ils faisoient tenir dix-huit navires de guerre à l'entrée de la rivière de Lisbonne, et je ne pouvois douter que mes vaisseaux ne fussent de très-bonne prise pour eux, soit en allant, soit en revenant; car, s'ils les considéroient comme portant la femme du roi de Portugal, il n'y avoit point de difficulté qu'ils n'eussent droit de les prendre, puisque ce prince étoit leur ennemi déclaré, et s'ils les regardoient comme étant à moi, je n'avois pas lieu pour cela de les revendiquer, attendu que j'avois un traité particulier avec l'Espagne, par lequel, sur les plaintes qu'elle avoit faites souvent des secours que les Portugais reçoivent de la France, j'avois consenti qu'on prît tous les vaisseaux qu'on trouveroit à cinquante milles près de la côte de Portugal.

Ainsi, le seul expédient que je pus trouver pour garantir les miens de ce péril, fut de donner au duc de *Beaufort* l'ordre de les attendre à la rivière de Lisbonne, afin d'assurer par sa présence, et leur arrivée et leur retour.

Mais, parce que cela pouvoit retarder la jonction de ma flotte avec celle des États, je dépêchai, peu de jours après, un courier vers eux pour empêcher qu'ils ne levassent l'ancre, leur faisant voir qu'il n'étoit pas besoin qu'ils s'exposassent à combattre seuls contre la flotte d'Angleterre, puisque, en attendant tant soit peu, ils pouvoient être fortifiés par mes vaisseaux, ou par ceux de Danemarck; qu'après la jonction des uns ou des autres, la victoire nous seroit infaillible, et qu'il n'étoit pas bon d'exposer au hasard ce que nous pouvions avoir avec sûreté.

Mais qu'à bien juger des choses, il ne seroit pas même besoin de combattre les Anglais pour les détruire, qu'il suffisoit de les laisser consumer inutilement leurs provisions pour les réduire dans la dernière extrémité, étant certain qu'il ne leur seroit pas facile de tirer plusieurs fois de chez eux les fonds nécessaires pour se remettre en mer, sans causer beaucoup de rumeur dans cette île mal obéissante.

Mes avis furent pourtant sans effet; car, lorsque mon courier arriva, les Hollandais s'étoient déja mis à la voile, et l'espérance de vaincre sans notre secours leur avoit même fait hasarder le combat, qui leur réussit, comme vous l'avez vu dans le cahier précédent.

Mais, sans nous arrêter aux événemens qui, selon qu'il plait au Ciel, sont tantôt favorables, tantôt contraires, il est certain que, dans la portée du raisonnement humain, le parti que je leur conseillois de prendre étoit sans comparaison le meilleur, parce qu'il étoit absolument sans danger ; que quand il y a un parti sûr à prendre dans une affaire, c'est toujours mal fait d'en prendre un hasardeux.

A quelque but que l'on veuille parvenir, le chemin le plus sûr est celui que l'on doit prendre. Les Hollandois pouvoient bien espérer d'être vainqueurs, puisqu'en effet ils le furent cette fois ; mais ils pouvoient encore plus raisonnablement attendre la victoire de leur prudence que du sort incertain des combats.

L'espérance de vaincre mène ordinairement tous les deux partis à la mêlée, et cependant il y en a toujours l'un des deux qui demeure vaincu.

Les états de Hollande, qui avoient été battus l'année dernière, pouvoient l'être encore celle-ci ; et peut-être même, qu'étant de bonne foi, ils avouèrent qu'il y eut en cette occasion plusieurs momens où la flotte ennemie pouvoit avoir l'avantage sur eux, si quelque secret destin, favorable à notre cause, ne l'avoit empêché d'en profiter. Il est bon de bien espérer de la fortune, quand on est contraint de se commettre à sa foi ; mais, tandis qu'il nous est libre de prendre un parti plus sûr, c'est toujours une grande faute que de ne s'y pas attacher.

L'espérance nous flatte bien agréablement, mais elle nous trompe bien aisément. C'est elle qui nous excite aux choses les plus glorieuses, mais elle nous en fait beaucoup entreprendre qui tournent à notre confusion, et je crois que ce seroit une question fort difficile à décider ; savoir, si, dans la conduite ordinaire des hommes, l'espérance produit plus de bien que de mal.

Les douceurs qu'elle leur fait goûter en idée sont quelquefois suivies en effet de grandes amertumes ; le pouvoir qu'elle a de les élever au dessus d'eux-mêmes, ne sert bien souvent qu'à les faire tomber de plus haut ; et comme, pour l'accroissement de leur fortune et de leur vertu, il n'est rien qui leur soit plus nécessaire que d'être touché de quelque bel espoir, il n'est rien aussi dans toute leur conduite en quoi ils paroissent plus déréglés et moins raisonnables que dans les choses qu'on leur voit espérer.

Il n'y a personne qui, dans cette matière, puisse être si bon juge que nous, qui voyons tous les jours paroître à nos yeux des espérances de si différente nature, et qui par là reconnoissons clairement combien il s'en forme d'impertinentes, et combien elles font faire d'inutiles pas. Mais le plus salutaire fruit que nous puissions tirer de cette réflexion, c'est d'apprendre à faire un plus juste examen des nôtres mêmes, parce que, comme nous jugeons maintenant des autres, la postérité jugera quelque jour de nous ; et, s'il est vrai que nos actions nous puissent promettre d'avoir quelque temps à vivre chez elle, nous ne devons pas négliger l'autorité de ses jugemens.

Dans le temps même où le roi de Danemarck étoit le plus intimidé par les menaces des Suédois, ces derniers m'avoient envoyé *Conismarck*, en qualité d'ambassadeur extraordinaire, avec charge de me faire de grandes honnêtetés, et de me demander ensuite quelque secours d'argent pour leur faciliter l'exécution de l'entreprise de Bresme.

Je reçus les complimens de leur ambassadeur avec toute la civilité que je devois ; mais sur la demande qu'il me fit de leur part, je crus pouvoir de mon côté prendre occasion de les faire expliquer touchant les engagemens où ils étoient entrés avec l'Angleterre ; et pour mettre *Conismarck* dans la nécessité de me donner sur ce point l'éclaircissement que je désirois, je répondis à la proposition qu'il me faisoit, qu'il étoit bien mal aisé que je pusse me porter à fournir à la couronne de Suède le secours qu'elle désiroit, tandis que j'avois un si grand sujet de mettre en doute si elle avoit résolu de tenir pour nous ou pour les Anglais.

Comme ce discours étoit pressant, l'ambassadeur fut obligé de répondre que la Suède s'étoit toujours trop bien trouvée de l'union qu'elle avoit eu avec la France pour s'en vouloir jamais détacher ; qu'en ce qui regardoit les démarches qu'elle avoit faites depuis peu contre le Danemarck en faveur du roi d'Angleterre, elle ne s'y étoit engagée que dans l'opinion qu'elle avoit eu que je prendrois aussi le même parti, et qu'elle s'étoit fondée à faire cette conjecture, tant sur l'étroite alliance que j'avois avec le roi de la Grande-Bretagne que sur de certains discours que quelques-uns de mes ambassadeurs avoient tenus touchant ce sujet à des ministres suédois.

Mais que néanmoins, quelqu'engagement

que cette couronne pût avoir de ce côté-là, elle étoit si peu capable de se résoudre à prendre des intérêts contraires aux miens, qu'elle m'offroit dès cette heure sa médiation pour l'accommodement de notre querelle.

Cette offre me parut, à dire vrai, d'assez grande considération pour n'être pas négligée, car les Suédois qui la faisoient, ne pouvoient pas être à la fois juges et parties. Les accepter pour médiateurs, c'étoit du moins ôter au roi d'Angleterre un secours dont jusqu'alors il avoit cru se pouvoir assurer. Mais, pour tirer encore avec plus de certitude le fruit que pouvoit produire cette proposition, et faire que les Suédois (demeurant neutres en apparence), ne prétendissent pas me pouvoir nuire indirectement en faisant la guerre au roi de Danemarck, je dis à leur ambassadeur, qu'en ce qui me regardoit particulièrement, j'accepterois très-volontiers la médiation de la couronne de Suède, mais qu'étant obligé à n'entrer en aucun traité sur cette affaire, sans y comprendre le roi de Danemarck et les Hollandois, je le priois de me dire si la Suède ne prétendoit pas leur accorder aussi la médiation qui m'étoit offerte.

L'ambassadeur s'étoit assez expliqué durant notre conférence, pour me faire juger que son dessein étoit d'offrir aux états de Hollande la médiation que je désirois pour eux ; mais n'ayant pas en pouvoir de rien promettre à l'égard du Danemarck, il fut obligé de dépêcher en son pays avant que de répondre à ma demande.

Cependant, par la manière dont les choses se traitoient, le roi de Danemarck paroissant devoir être un peu rassuré de la crainte qu'il avoit eue, les états de Hollande me firent entendre qu'on le pourroit persuader aisément de faire joindre ses vaisseaux aux nôtres, et qu'avec ce renfort nous tiendrions les Anglois absolument enfermés dans leurs ports, mais qu'étant une condition à laquelle ce prince n'étoit point obligé par le traité fait entre nous, il faudroit apparemment lui fournir quelque somme pour le dédommager des frais qu'il seroit contraint de faire dans ce trajet, et pour entretenir dans nos mers ses vaisseaux qu'il ne devoit avoir qu'à l'entrée de la mer Baltique, à quoi ils croyoient pouvoir avec bienséance me prier de contribuer de mes deniers, comme étant en effet importans pour le bien de la cause commune.

Mais je leur répondis que de ma part, ayant déja fait de si grandes dépenses pour bâtir et pour équiper des vaisseaux, m'étant déja soumis par un traité à fournir au roi de Danemarck des sommes importantes, et les ayant même fait payer par avance à leur sollicitation, ils ne pouvoient pas raisonnablement douter de la chaleur que j'avois pour le bien de la cause commune; mais qu'ils devoient enfin considérer, qu'un prince aimant comme moi son état et ses sujets, n'étoit pas bien aise de s'engager en toute occasion à porter ainsi chez les étrangers ses plus clairs deniers, pendant qu'il en avoit besoin pour tant d'autres.

Tandis que cela se négocioit à ma cour, il arriva que parmi les réjouissances qui se faisoient à Vienne à l'occasion des noces de l'empereur, on trouva mauvais que le chevalier de *Grémonville*, mon résident, ne voulût pas quitter le deuil, et on lui en fit même quelqu'instance de la part de ce prince.

Grémonville qui n'étoit pas persuadé que

cette fête me fût fort agréable, se défendit de la proposition qui lui fut faite sur ce sujet, en disant à ceux qui lui en parlèrent, que la reine ma mère étoit morte depuis si peu de temps, qu'il auroit cru pêcher contre la bienséance et contre son devoir, s'il avoit voulu sitôt prendre part aux réjouissances publiques.

Mais cependant la chose m'ayant été connue, je voulus bien avoir cette complaisance pour l'empereur, et je mandai à *Grémonville* de quitter son deuil au plutôt, lui envoyant même quelque somme afin qu'il le pût faire avec commodité.

Les duchés d'Oppelen et de Ratibore, que l'empereur *Ferdinand II* avoit cédés à *Sigismond Casimir*, pour le remboursement de deniers avancés pour son service dans la guerre contre les Suédois, ayant été nouvellement donnés par le roi et la reine de Pologne au duc d'*Enguien*, en faveur de son mariage, ce prince en demandoit à l'empereur l'investiture ou le remboursement ; mais quoique sa demande fût raisonnable, il n'avoit pas cru avoir de son chef assez de crédit pour vaincre les difficultés que l'empereur y apportoit, et il m'avoit prié d'interposer mon autorité pour faire qu'on lui rendît enfin justice.

Je pensai que je ne devois pas refuser en cela mes assistances à un prince de ma maison, et m'étant employé pour lui avec toute la vigueur qui fut nécessaire, la chose fut conduite à tel point, que pour ces deux duchés éloignés, qui ne lui produisoient que trente-cinq mille livres de rente, l'empereur lui en fit payer en France seize cent mille livres de remboursement, sans compter cent mille écus qui demeurèrent à son ***, pour avoir fait fixer cette liquidation sur un pied si favorable, en sorte que les deux terres rachetées revenoient à dix-neuf cent mille livres ; savoir, seize cent pour le duc d'*Enguien*, et trois cent pour le ministre auquel l'empereur avoit confié les soins de ses intérêts. En quoi vous voyez, mon fils, combien c'est un grand bonheur pour les princes d'avoir de fidèles serviteurs, ou plutôt combien il leur est important de les faire choisir désintéressés et fidèles. Entre les ministres corrompus, il s'en trouve fort peu d'assez hardis pour mettre ouvertement la main dans la bourse de leur maître, et pour s'approprier directement le bien dont il leur laisse la direction, parce que ce seroit un crime dont ils seroient trop facilement convaincus et trop infailliblement punis ; mais la manière de voler qu'ils trouvent la plus commode, et qu'ils croyent la plus assurée contre les recherches des temps à venir, c'est de prendre sous le nom ou par l'entremise d'autrui, ce dont ils ont dessein de profiter eux-mêmes.

Les adresses qu'ils pratiquent en cela sont de tant d'espèces différentes, que je n'entreprendrai pas de les expliquer par le menu, mais je vous dirai seulement qu'elles ont toutes cela de commun, qu'elles augmentent presque toujours le vol qu'elles veulent cacher.

Car enfin, il est sans doute que le particulier de qui le ministre se veut servir pour prendre ces sortes de profits indirects, ne se résoudroit jamais à se mêler dans ce commerce, à moins d'y trouver quelque avantage de sa part, et il faut, sous quelque forme que ce puisse être, que le prince aux dépens de qui se fait le traité, porte en même temps sur ses coffres, et le profit injuste

injuste que son ministre veut tirer, et le gain qu'il fait faire encore à celui qui lui fournit le prétexte de ce larcin.

Mais il est certain de plus que de toutes ces conventions frauduleuses, il n'y en a point qui porte tant de préjudice aux princes que celles qui se traitent avec des étrangers, non-seulement parce que la perte qu'il y fait sort absolument de son état, mais parce que sa réputation se détruit ainsi parmi ses voisins, qui, par de semblables épreuves, ne connoissent que trop ouvertement le peu de soin ou d'intelligence qu'il a de ses affaires.

Et cette seule considération me semble de tel poids, qu'elle devroit assurément donner plus de retenue à ceux qui font de semblables marchés; mais du moins doit-elle apprendre au prince à ne pas se contenter d'examiner les hommes avant que de les mettre dans l'emploi, parce que souvent ils se déguisent un temps pour parvenir au poste qu'ils desirent : ils suivent souvent, avec plus de liberté, leurs mauvaises inclinations, dont l'effet retombe toujours sur les affaires ou sur la réputation du maître qui les emploie.

*I*re. *partie.*

Cette observation continuelle fera que reconnoissant au vrai le fond de ceux qui le servent, il pourra cesser de s'en servir si ce sont des défauts trop considérables ; ou s'il trouve en eux d'autres bonnes qualités qui l'obligent à les supporter, il saura du moins se garantir du préjudice qu'il en pourroit recevoir, parce que le fond lui en étoit connu ; il distinguera facilement dans tout ce qu'ils lui proposent ce qui pourra être de son service dans ce qui sera de leur mauvaise inclination.

Quoique par les diverses choses que je vous ai déja fait voir durant le cours de cette année, il paroisse assez que je ne manquois pas alors d'emploi, je ne laissois pas de me préparer encore à toute heure de nouvelles occupations pour l'avenir.

L'île de Jersey, que les Anglais possédoient depuis plusieurs siècles, me paroissant située avantageusement, soit pour la guerre, soit pour le commerce, et la trouvant facile à conserver à cause qu'elle est fort proche de la Bretagne, je pensois au moyen de m'en saisir à la première occasion qui s'en offriroit.

Mais, à dire le vrai, mes principales pensées n'étoient pas alors tournées de ce côté-là : car, me persuadant par l'avantage que les Hollandais seuls avoient eu d'abord sur l'Angleterre, qu'elle ne seroit pas capable de résister long-temps à nos forces unies, je recommençois déja de considérer avec plus d'attention qu'auparavant mes premiers projets sur la Flandre.

J'avois eu depuis peu les plans de toutes les places de ce pays; mais de peur que celui qui me les avoit donnés ne se fût méconté en quelque chose, et que je ne fusse en danger de prendre de fausses mesures après lui, j'avois envoyé sur les lieux un nouvel ingénieur avec ordre de vérifier ce que le premier m'avoit rapporté. J'avois même donné charge en particulier de connoître soigneusement le Bouchain, par où j'avois dessein de commencer, parce que ne pouvant tenter cette entreprise que vers la fin de l'été, j'avois cru ne me devoir pas engager au siége d'une plus grande place, outre que celle-là même sembloit me pouvoir donner toute l'entrée que je pouvois desirer dans le pays, en me livrant un passage sur l'Escaut ; mais en attendant l'exécution de ce projet, ayant déja remarqué en diverses occasions combien les Hollandais montroient de répugnance à me voir entrer dans les Pays-Bas, et pensant qu'il ne m'étoit pas avantageux d'avoir dans mes desseins cette république pour ennemie, je cherchois tous les jours en moi-même les moyens de l'attirer dans mes sentimens.

Je voyois bien que la seule raison qui faisoit appréhender à ce peuple que je ne portasse mes armes de ce côté-là, c'étoit l'inquiétude que leur causoit le voisinage d'un prince trop puissant ; mais quoique la cause du mal fût facile à connoître, le remède n'en étoit pas moins difficile à trouver : car cette frayeur étoit entrée si profondément dans leur ame, qu'il étoit presque impossible de l'en arracher ; et ce qui sembloit la rendre mieux fondée, étoit que les pays sur lesquels j'avois le plus de droit, étoient en effet ceux pour lesquels ils pouvoient prendre plus de jalousie, comme étant ceux qui les touchoient de plus près et dont eux-mêmes ils possédoient quelques portions. Ainsi je crus que s'il y avoit un expédient capable d'affoiblir leur crainte, ce seroit de leur faire voir que s'ils vouloient, au lieu d'attaquer les endroits qui leur pouvoient donner du soupçon, je cherchois à me récompenser de mes prétentions sur des lieux plus éloignés de leurs terres.

Mais, parce que cette affaire se devoit traiter délicatement, je la fis tomber à propos dans une conférence que j'eus avec *Wanbeuning*, dans laquelle prenant occasion sur quelque autre sujet de blâmer la défiance que les alliés avoient les uns des autres, je lui dis que ces jalousies entre gens de même parti, ne pouvoient que porter un grand préjudice au succès de leurs affaires communes, et même à leurs intérêts particuliers.

Sur quoi le Hollandais, rempli des sentimens qu'il voyoit à tous ceux de sa patrie, ne manqua pas de se jeter justement dans l'endroit où j'avois voulu le conduire, et me dit qu'il ne voyoit rien qui pût former des contestations entre moi et les Etats que l'entreprise de Flandres, ce qui me donna lieu de lui repartir que quelquefois, faute de se bien accorder, on perdoit de part et d'autre des avantages importans; qu'encore que j'eusse des droits très-certains sur les provinces qui leur étoient voisines, je n'étois pas incapable de me résoudre de m'attacher à quelqu'autre endroit, leur faisant entendre de plus, qu'eux-mêmes pouvoient prendre occasion d'y trouver leur compte, et que, de ma part, je ne serois jamais jaloux de leur accroissement.

Quoique ces choses ne fussent, dit-il, que par manière d'entretien, je les appuyai pourtant de telle sorte, que je ne doutai pas que *Wanbeuning* n'en dût donner connoissance aux États pour lesquels il agissoit, et il me sembla même que cela pouvoit commencer à les mettre dans la disposition d'entendre à quelque traité sur ce sujet, lorsque l'occasion seroit venue d'en parler plus expressément.

Cependant je préparois de ma part, avec toute la diligence possible, les choses qui pouvoient contribuer à ce dessein sans le découvrir aux yeux du public; car me servant à propos du prétexte de la guerre d'Angleterre, j'avois fait de grands magasins et de vivres et de munitions en plusieurs endroits de mes côtes, mais principalement vers celles de la Picardie, afin qu'ils me servissent à deux fins, c'est-à-dire sur mer contre les Anglais, et par terre contre les

Espagnols, en cas que sur la fin de la campagne je pusse entreprendre contre eux quelque expédition.

Et pour faire croire plus aisément aux étrangers que cet appareil étoit destiné pour la seule guerre maritime, j'avois donné mes ordres par-tout pour faire fournir aux vaisseaux hollandais les choses dont ils avoient besoin comme on auroit pu faire aux miens propres.

Je m'étois aussi mis en état d'avoir un grand amas de farines sans que cela pût être observé, mais parce que j'en faisois faire séparément une certaine quantité dans chaque place, sous prétexte de vouloir, à mes frais, nourrir ce que j'avois de troupes durant tout le temps de l'hiver. Sous couleur d'un campement de plaisir qui ne sembloit fait que pour divertir les dames, j'avois trouvé moyen de faire faire des tentes pour toute la cavalerie de ma maison, et même pour quelque corps d'infanterie, et j'avois disposé de telle manière des troupes dans leurs garnisons qu'en moins de   jours je pouvois, sans dégarnir aucune de mes frontières, mettre ensemble   mille hommes de pied, et   chevaux. Ce n'est pas que j'oubliasse pour cela tout-à-fait le soin de la guerre maritime; car, quoique dans l'affoiblissement où me paroissoient en ce temps-là les Anglais, je n'eusse pas sujet de croire que je dusse avoir sitôt besoin d'un grand effort pour leur résister, je ne laissois pas de préparer de toutes parts les choses nécessaires pour bâtir et pour armer sans cesse de nouveaux vaisseaux.

Il y avoit plus de deux ans que je commençois à faire fondre du canon en divers lieux de mon royaume, et quoique durant ce temps il s'en fût fait pour le moins seize cents pièces, moitié de fonte, moitié de fer, cela ne me contentoit pas encore, et j'en avois commandé beaucoup d'autres vers le nord, lesquelles, quoique déja faites, n'avoient encore pu sans danger être amenées dans mes ports; et enfin, parce que les magasins que j'avois établis pour les autres choses de la marine étoient alors fort épuisés, je faisois travailler incessamment à les regarnir avec la même diligence que si j'eusse été menacé de quelque danger bien pressant. Prévoyance qui par l'événement me fut utile, parce que la fortune ayant bientôt après semblé changer de parti entre la Hollande et l'Angleterre, il étoit bon que je fusse en état de résister seul à mes ennemis, s'ils eussent eu l'audace de m'attaquer.

On dit que les rois ont les mains longues, mais il est important qu'ils aient la vue longue aussi, et qu'ils prévoient les affaires long-temps auparavant qu'elles puissent arriver.

Car, soit que les choses se fassent par nos ordres, ou qu'elles arrivent malgé nous, il est toujours également avantageux de les avoir observées de bonne heure. Ce qui doit partir de nous est plus achevé quand nous avons eu le temps de le méditer, et ce qui vient de nos ennemis est beaucoup affoibli quand nous avons pu nous préparer à leur faire résistance.

Tout ce qui nous arrive de contraire, soit en attaquant, soit en défendant, ne nous arrive preque jamais que faute d'avoir vu les choses d'assez loin, ou de les avoir assez mûrement digérées.

On doit pardonner à la foiblesse des esprits médiocres s'ils ne pensent pas à l'avenir, parce qu'ils ne sont déja que trop occupés par les soins du présent ; mais les génies plus vastes et plus élevés auxquels la direction de leurs affaires ordinaires ne peut passer que pour une occupation sans effort, doivent se servir du temps qu'ils ont de reste pour jeter sans cesse les yeux devant eux, parce qu'ainsi découvrant les objets de plus loin que les autres, ils ont plus de loisir à penser comment ils doivent les recevoir, et ne se trouvent jamais réduits à la malheureuse nécessité de prendre des résolutions précipitées.

L'empressement et la précipitation, ou nous donnent toujours de mauvais conseils, ou ne nous peuvent pas fournir les moyens nécessaires pour exécuter les bons ; au lieu que la prévoyance et la réflexion faisant un effet tout contraire, préviennent les maux avant qu'ils soient nés, ou du moins trouvent toujours quelque secret pour les adoucir quand il ne leur est pas permis de les empêcher de naître.

Quelque opinion que nous puissions avoir de notre suffisance, il faut convenir qu'il n'est point de si grand homme d'état qui puisse voir d'abord dans un affaire tout ce que lui-même découvriroit s'il avoit le temps plus long pour y penser.

Comme toutes les choses du monde ont

différentes faces, il les faut regarder à plusieurs reprises pour les connoître parfaitement ; et, dans les plus grandes difficultés, il arrive d'ordinaire que le même expédient que nous avions en vain cherché sans aucun effort quand il nous est permis d'y penser avec tout le loisir nécessaire.

Je sais bien que l'on pourroit objecter à ceci, que les desseins qui s'exécutent aussitôt qu'ils sont formés, n'ayant pas le temps de se divulguer, surprennent davantage les ennemis, et les trouvent en plus mauvaise défense.

Mais, bien loin de convenir que cette maxime soit toujours véritable, je suis persuadé que le plus souvent il en arrive tout au contraire.

Comme les choses que nous voulons conduire avec trop de précipitation ne se peuvent mener sans beaucoup de bruit, notre ennemi, qui ne peut pas manquer d'en entendre quelque chose, veille incontinent pour son salut ; et s'il n'a pas d'abord toutes les choses nécessaires à sa défense, il est certain que nous n'avons pas alors aussi tout ce qui seroit propre à le bien attaquer.

Au lieu que les projets qui se concertent de longue main sont maniés si doucement et colorés de tant de prétextes que, malgré tous les avis que l'on en reçoit, et tous les soupçons que l'on en forme, l'on ne peut manquer presque jamais de s'y trouver encore surpris.

Il est arrivé presque toujours que les projets qui ont été le plus heureusement exécutés ont été ceux là même qui avoient été le plus long-temps médités.

Les desseins importans qui se divulguent se découvrent presque toujours aux premières démarches que l'on fait pour les exécuter ; car, sans compter la trahison ou l'indiscrétion de ceux dont on se sert dans les préparatifs, la connoissance grossière que les particuliers ont des plus apparens intérêts des princes, fait qu'entre mille conjectures impertinentes qui se débitent, quelqu'un soupçonne par hasard la vérité.

Ce quelqu'un qui l'a dit innocemment, l'a fait croire à plusieurs autres qui en reconnoissent aussitôt la vraisemblance, il s'en forme en peu de temps un bruit confus ; mais quand on a la prudence de le négliger et la patience d'attendre, il se passe pour l'ordinaire aussi facilement qu'il s'est élevé ; quand on ne nous voit pas exécuter d'abord ce que l'on avoit cru, l'on se persuade insensiblement que l'on s'étoit mépris, et outre tout ce que nous pouvons faire par adresse pour ôter le soupçon de notre dessein, le temps seul ne manque jamais de produire naturellement des conjectures contraires.

Tandis que notre projet se mûrit dans notre esprit, il s'efface peu-à-peu de celui des autres. Nos adversaires qui, dans leur première émotion, s'étoient précautionnés avec ardeur, s'ennuyent avec le temps de se tenir inutilement sur leurs gardes. Leurs craintes s'affoiblissant chaque jour, laissent affoiblir leur vigilance ; et enfin lorsque nous avons mis les choses en état de les attaquer avec plus de force, c'est alors quelquefois qu'ils sont le moins préparés à nous résister.

Sur la fin de l'année dernière j'avois envoyé en Turquie *Lahaye* fils, et je ne pouvois apparemment choisir personne plus propre que lui pour cet emploi, puisqu'il n'y avoit aucun de mes sujets qui pût connoître mieux que lui les mœurs de cette nation mal polie, avec laquelle il avoit déja beaucoup négocié sous la conduite de son père.

J'avois même pris en cela toute la précaution que la prudence me pouvoit suggérer ; car avant que de le faire partir d'ici, j'avois fait demander précisément au Grand Seigneur s'il n'auroit point de répugnance pour sa personne. Mais dans l'extrême envie qu'avoit le ministre ottoman de revoir un ambassadeur français à la Porte, il ne m'avoit voulu faire aucune difficulté, cachant de telle sorte l'aversion qu'il avoit pour *Lahaye*, que ceux qui lui parlèrent de ma part, n'eurent pas même lieu d'en former le moindre soupçon.

Cependant il ne sut pas toujours si bien se contraindre ; car, dès-lors qu'il vit cet ambassadeur arrivé (faisant naître des difficultés à toutes les choses qui lui furent demandées de sa part), il sembla rechercher ouvertement les moyens de lui faire connoître sa haine.

L'origine en étoit pourtant tirée d'assez loin. Le père du grand visir, ayant exercé cette même charge pendant que *Lahaye* père étoit ambassadeur, ils avoient eu quelques démêlés ensemble dont le souvenir s'étoit conservé trop vivement dans l'ame du grand visir d'aujourd'hui.

Il prétendoit même que *Lahaye* fils s'étoit trouvé personnellement engagé dans une intrigue des Vénitiens, sur quoi il s'étoit figuré que cet homme haïssoit mortellement toute la nation Ottomane jusqu'à penser que ce n'étoit que par ses conseils que j'avois envoyé mes troupes en Hongrie, et que j'avois ordonné aux corsaires Français de faire depuis quelque temps dans l'Archipel des courses qui avoient été fort incommodes au commerce de cette mer.

Le visir ayant ces sentimens dans l'esprit, et mon ambassadeur en ressentant à toute heure les effets, il ne faut pas s'étonner si dès la première conférence il parut peu d'agrément entre ces deux ministres, et si les choses continuant à s'aigrir de part et d'autre, elles éclatèrent enfin à leur seconde entrevue. Ce qui donnoit le plus de matière à leurs contestations, étoit qu'un ambassadeur arrivé depuis quelques mois d'Allemagne, ayant reçu du même visir de fort honorables traitemens, le mien prétendoit avec raison qu'il en devoit recevoir encore de meilleurs; à quoi le grand visir mal affectionné, fesant tous les obstacles possibles, et se servant même de termes mal séans contre *Lahaye*, ce dernier vivement touché, soit de mon intérêt ou plutôt du sien propre, (car il s'apercevoit bien que c'étoit à leur querelle particulière que cela devoit s'imputer), se transporta de telle sorte, que non-seulement il protesta de se retirer à ma cour; mais il jetta brusquement les capitulations (qu'il tenoit roulées) si proche du grand visir, qu'il prétendit en avoir été frappé.

Ce ministre qui fesant seul aux yeux du public toutes les fonctions souveraines, reçoit aussi dans son pays tous les honneurs dûs aux souverains, fut terriblement surpris de cette action, et croyant être offensé, tant en l'honneur de son maître dont on avoit jeté le sceau par terre, qu'en sa propre personne sur laquelle le coup avoit porté, fit au sortir de la conférence retenir *Lahaye* dans un des appartemens de la maison où elle avoit été tenue.

Mais incontinent après, fesant une plus sérieuse réflexion sur la conséquence de son procédé,

procédé, sur le caractère dont *Lahaye* étoit revêtu, et sur ce qui se disoit de moi par le monde, il commença d'appréhender l'effet de mon mécontentement, dont il ne doutoit point que les suites ne lui fussent imputées par tous les siens.

Il étoit même confirmé dans cette crainte et par les fâcheuses inquiétudes qui déja se formoient sur ce sujet dans l'esprit du Grand Seigneur, et par les discours qui se tenoient publiquement dans Constantinople, où l'on disoit avec liberté, que le ministre ayant assez de peine à défendre l'empire turquesque contre une troupe de pêcheurs, n'agissoit pas dans les règles de la prudence, de se brouiller si mal à propos avec un prince tel que moi.

De sorte qu'étant alarmé de toutes parts, il crut qu'il seroit bon de raccommoder au plutôt cette affaire ; et le premier expédient dont il se voulut servir pour cela, fut d'envoyer solliciter *Guitry*, maître de ma garde-robe (qui par simple curiosité étoit alors en ce pays-là), de se charger de la négociation de mes affaires en place de l'ambassadeur, lui promettant qu'il seroit traité de telle manière que toute la terre connoîtroit dans peu que ce n'étoit qu'à la seule personne de *Lahaye* que les difficultés étoient attachées, et non pas au rang du prince qui l'avoit envoyé.

Mais *Guitry* n'ayant pas jugé qu'il dût sans ordres s'ingérer d'une chose de cette nature, le visir fut obligé à chercher d'autres expédiens, et après diverses contestations entre ses amis et sa famille, le moyen qu'il choisit enfin, fut d'envoyer le premier pacha, son beau-frère, pour appaiser mon ambassadeur avec des excuses très-honnêtes; ensuite desquelles, incontinent après, il lui rendit aussi lui-même tous les honneurs qu'il lui avoit jusque-là refusés.

Mais comme le point qui leur paroissoit le plus important, étoit de faire en sorte que je ne me pusse fâcher de tout ce qui s'étoit passé, ils travaillèrent à le colorer en me faisant dire qu'ils ne l'avoient ainsi fait, que pour empêcher que *Lahaye*, dans la chaleur qu'il avoit témoignée, ne revînt trop brusquement auprès de moi, et que me rapportant les choses avec la même altération qui avoit alors paru dans son esprit, il ne m'excitât à me départir des capitulations qui duroient depuis si long-temps entre la France et la Porte.

C'est ce que *Guitry* lui-même, ayant vu démêler de ses propres yeux, me rapporta bientôt après, et ce qui me fut bientôt confirmé par diverses lettres de *Lahaye*, en quoi jugeant les choses sainement, je crus que j'avois quelque sujet d'être satisfait de la considération que le grand-visir avoit enfin montrée pour moi; laquelle paroissoit d'autant plus singulière, que l'aversion qu'il avoit pour mon ambassadeur étoit plus violante, puisque forçant pour moi seul ses sentimans naturels, il avoit fait à celui-même qu'il haïssoit tous les honneurs qu'il auroit pu faire à l'homme du monde pour lequel il eût eu le plus d'estime et d'inclination; outre qu'à dire le vrai, ce n'est pas la méthode ordinaire de ces gens-là de se relâcher si facilement dans les choses qu'ils ont entreprises, et principalement en celles où ils se croyent engagés à soutenir les prérogatives que leur fierté pense mériter audessus des autres nations.

Cependant cette aventure ne manqua pas d'être tournée malignement par ceux qui n'étoient pas de nos amis, et particulièrement par la république de Gênes.

L'intérêt qu'elle y prenoit étoit fondé sur la nouvelle entreprise qu'elle avoit faite de négocier à la Porte des traités particuliers, d'y vouloir tenir des ambassadeurs de son chef, et d'y trafiquer sous sa propre bannière contre l'ancien usage de la chrétienté, laquelle n'avoit de tout temps fait aucun trafic dans les terres du Turc, que sous la bannière de France.

Mais aussi je résolus de m'opposer à cette nouveauté dès le moment qu'elle me fut connue; car, encore que l'intérêt que j'avois en cela ne parût pas de soi fort important au succès de mes autres affaires, néanmoins parce qu'il regardoit en quelque façon la gloire du nom français, et l'augmentation du commerce de ce royaume (auquel j'étois dès-lors fort appliqué), je me crus obligé d'y travailler avec tout l'effort que la distance des lieux et l'humeur peu traitable de cette nation me pouvoient permettre.

La conduite que je crus devoir tenir, fut de donner ordre à mon ambassadeur de demander chaudement sur ce point l'exécution des capitulations qui s'étoient de tout temps pratiquées, et en cas que l'on fît difficulté de l'accorder, qu'il menaçât ouvertement de s'en revenir : mais qu'il ne revînt pas pourtant sans nouvel ordre, lequel il pouvoit attendre fort honnêtement sous couleur de vouloir avoir un de mes vaisseaux pour son passage.

Ce fut à-peu-près en ce temps-là que je voulus terminer ce qui regardoit la réforme de l'ordre de Cîteaux.

C'étoit une entreprise que l'on avoit commencée dès l'année 1633. Le cardinal de la *Rochefoucault*, homme de très-bonne intention, y avoit dès-lors travaillé avec zèle : mais tout ce qu'il avoit pu faire de mieux avoit plutôt achevé de brouiller cet ordre qu'il n'avoit contribué à le régler. Déja, sur les différens qui en étoient nés, on avoit fatigué toutes les juridictions du royaume, et déja même Rome en avoit entendu parler plusieurs fois, lorsque je résolus de m'en charger ; et ce qui m'y porta, fut que je considérai combien cet ordre étoit célèbre dans mon état, et combien même il s'étendoit dans les pays étrangers : que le tumulte qui s'y étoit fait depuis ces dernières contestations, avoit été scandaleux à la vue des peuples, et que sûrement les rois mes prédécesseurs s'étoient chargés avec succès de pareilles fonctions; d'où je conclus que ce seroit une application louable pour moi de remettre un corps si célèbre dans la sainteté de son premier établissement.

Il est vrai que dès l'entrée de cette affaire, connoissant combien elle étoit embarrassée, je crus que dans les grandes occupations dont j'étois chargé, je ne devois pas prétendre d'en faire, par mes yeux propres, la première et la plus pénible discussion : mais je renvoyai ce soin-là au pape, comme à celui qui sans doute est plus expérimenté qu'aucun autre en des contestations de cette qualité; me réservant, lorsque j'aurois appris son avis par ses bulles, de le faire exécuter en ce que je jugerois conforme à la raison et aux anciennes libertés de cette monarchie.

Mais, à dire vrai, cet expédient ne me délivra pas de beaucoup de peines; car encore que le pape eût fait, en exécution de mon renvoi, tout ce qui se pouvoit pour être bien instruit de l'affaire, et que dans une assemblée des plus doctes cardinaux, il eût en effet réglé les choses dans la manière la plus conforme à la présente disposition de ce corps, il sembla qu'à la vue de son bref, les contestations fussent de nouveau rallumées, les uns voulant exécuter cette bulle ponctuellement en la forme où elle se trouvoit, et les autres en demandant une toute différente.

Les premiers qui paroissoient les plus sincères avoient pour eux l'autorité de leur général, et sembloient en effet ne rechercher autre chose que de rassembler tous les membres désunis sous l'autorité de leur véritable chef.

Les derniers qui vouloient paroître les plus zélés, mais qui peut-être n'étoient que les plus factieux, avoient à leur tête quelques abbés particuliers, et demandant avec chaleur, une réforme plus austère, se permettoient apparemment de couvrir, sous un prétexte si spécieux, la cabale qu'ils avoient formée pour s'affranchir de la juridiction du général.

Ainsi, je me vis obligé de faire entièrement rapporter l'affaire en ma présence, et il arriva même que par le grand nombre des raisons ou des recommandations que les parties avoient recherchées, mon conseil se trouva partagé en opinions, en sorte que je fus réduit à la nécessité de décider la chose par mon seul suffrage, ce qui ne m'arrivoit que rarement ; car, quoique dans le vrai mes décisions n'eussent pas besoin d'être autorisées par le nombre, j'étois toujours bien aise de les régler selon la pluralité des voix.

Mon jugement fut en faveur de la bulle et du général ; en quoi, outre les raisons du fond qu'il seroit ennuyeux de vous rapporter, je considérai qu'il étoit avantageux à l'état de conserver sous l'obédience de ce chef d'ordre tous les étrangers, qui offroient de s'y ranger aux conditions portées par le bref, qu'après avoir renvoyé ce différent au pape, qui l'avoit en effet très-bien discuté, il ne lui falloit pas faire l'injure de rendre inutile son jugement, et qu'enfin il étoit temps de ramener cette communauté religieuse sous l'autorité de son supérieur.

Mais pour venir à l'instruction particulière que vous pouvez tirer de cet endroit, sachez qu'en de pareilles occasions, vous devez, comme moi, tenir pour maxime d'établir toujours, autant qu'il se peut, l'autorité de ceux qui commandent, contre ceux qui, par cabale ou par sédition, s'efforcent de se tirer de leur puissance.

Les affaires, soit publiques, soit privées, ne s'entretiennent dans leur cours ordinaire que par cette générale subordination des différentes personnes dont un état est composé.

Comme il est certain que les rois ne peuvent pas porter immédiatement leurs ordres dans tous les endroits où s'étend leur pouvoir, ni veiller de leurs propres yeux sur tous les sujets qui sont soumis à leur empire, il est sans doute qu'ils ont besoin pour maintenir la dicipline publique de prêter avec vigueur le secours de leurs bras à ceux qui, dans chaque ministère, agissent sous leur autorité. Le même esprit de sédition qui porte un subalterne à se commettre contre celui qui lui doit commander, le porteroit assurément à cabaler contre nous-mêmes, s'il étoit en mesure de nous choquer.

L'exemple du libertinage autorisé est de la plus dangereuse conséquence du monde : il est injuste de tolérer l'oppression des foibles ; mais il est périlleux de soutenir l'audace des mutins. Un inférieur à qui son supérieur fait violence, doit trouver dans la supériorité des rois un réfuge toujours assuré; mais ceux qui, par la seule espérance de se faire valoir, se mêlent de ce qui n'est pas de leur portée, ou veulent affoiblir la réputation des gens qui leur sont préposés, doivent rencontrer en nous du mépris et des châtimens plutôt que de l'accueil et des récompenses.

Je sais bien qu'il s'est trouvé des princes qui n'ont pas été dans ces sentimens, et qui même ont pris plaisir à porter en secret des gens de basse condition contre les supérieurs dont ils dépendoient, prétendant sans doute tirer de ces esprits intéressés des lumières utiles à leur service: mais outre que je tiens cette voie trop basse pour des âmes d'un rang élevé, je suis persuadé de plus qu'elle ne réussit que rarement.

Les rapports que nous font ces sortes de gens, et qu'ils couvrent du zèle de notre service, sont tellement corrompus par l'intérêt et par la passion, qu'il est impossible d'en tirer aucune connoissance certaine. Le prince qui s'y veut arrêter, s'en trouve bien plus embarrassé qu'éclairé. Les déstances dans lesquelles ils le jettent, lui sont mille fois plus fâcheuses, que les lumières qu'il en reçoit ne lui peuvent être profitables; et à moins que ces prétendus avis ne regardent des choses de la dernière importance, le parti le plus sûr et le plus honnête est de n'en point faire de cas.

Peu de temps après que la guerre eût été déclarée aux Anglais, ne doutant point que dans les îles où mes sujets étoient mêlés avec eux, on n'en vînt aux derniers actes d'hostilité, j'avois fait promptement embarquer huit cents hommes, lesquels même j'avois tirés des places les plus voisines de la mer, afin qu'ils arrivassent plutôt au secours de leurs compatriotes.

Mais j'appris peu de temps après que quelque diligence qu'ils eussent pu faire, mes vœux et ma fortune étoient arrivés plutôt qu'eux à la défense de ces colonies.

Il s'étoit rencontré par je ne sais quelle aventure, que dans l'île de St.-Christophe, les Français et les Anglais au même instant avoient appris la déclaration de guerre; mais comme l'état de leurs affaires étoit fort différent, ils avoient pris aussi des résolutions fort différentes.

Les Français qui ne se pouvoient compter plus de seize cents dans toute l'île, avoient jugé qu'il leur seroit plus avantageux d'entretenir la paix que d'en venir aux mains, et avoient même fait faire quelque ouverture qui fut méprisée par les Anglais. Car ceux-ci qui étoient pour le moins six mille, ne doutant point qu'ils ne dussent être les plus forts, s'étoient incontinent résolus à passer au fil de l'épée tous les Français qu'ils trouveroient dans le pays, et cela même leur avoit été commandé par leur vice-roi, comme on le reconnut après la mêlée, (l'ordre s'en étant trouvé en original dans la poche de l'un des morts).

Mais cette résolution si facile à prendre, ne se trouva pas si facile à exécuter, car les Français encouragés par la grandeur du péril, se comportèrent en cette occasion avec tant de valeur et de diligence, qu'ayant en un même jour rendu quatre combats différens contre diverses troupes des ennemis, ils les défirent en toutes rencontres, et après en avoir tué mille des plus vaillans, se trouvant enfin sans force et sans poudre, ils témoignèrent néanmoins tant de résolution, qu'ils contraignirent ce qui restoit d'ennemis à capituler à des conditions honteuses pour des gens qui étoient encore trois fois plus forts que nous.

Les principales furent qu'ils rendroient à l'instant tous les forts qu'ils tenoient, et qu'ils sortiroient de l'île entière ou me prêteroient serment de fidélité : mais dans ce choix qui leur étoit laissé, la plupart aimèrent mieux sortir, et vendant aux Français leurs biens à vil prix, se retirèrent paisiblement dans d'autres îles voisines.

Après lequel succès, les huit cents hommes dont je vous ai parlé, arrivant encore pour renfort aux colonies françaises, je ne devois plus douter que cette île ne demeurât incommutablement en leur possession.

Mais ces nouvelles de guerre étrangère ne m'empêchoient pas de faire jouir mes peuples au-dedans de tous les avantages de la paix.

Car, outre les établissemens que j'avois déja faits pour le commerce et pour les manufactures que j'augmentois continuellement, je recherchois encore à faire de nouveaux ports ou à rendre meilleurs ceux que j'avois faits, soit dans l'Océan, soit dans la Méditerranée (15).

Je pris même un dessein plus singulier et plus important, qui fut de joindre les deux mers ensemble, et cette entreprise me paroissoit d'autant plus glorieuse, qu'ayant été tant de fois méditée dans les siècles passés, elle n'avoit pourtant jamais été portée à sa dernière perfection (16).

Mais je ne me contentois pas de procurer à mes sujets toutes sortes de biens, je prenois soin aussi de les garantir de tous les maux qui les pouvoient menacer.

Ayant appris que dans quelques endroits de mes frontières, comme Dunkerque et Graveline, la peste commençoit à se faire sentir, je secourus ceux qui s'y trouvoient avec tous les soins et toutes les dépenses que me put suggérer la charité paternelle que j'ai pour mes peuples.

Mais comme le point le plus important étoit d'empêcher que l'air ne s'en communiquât dans les autres provinces du royaume, je ne donnai pas seulement pour cela les ordres que l'on a coutume de donner en ces occasions, mais je commandai même que, dans les places infectées, l'on augmentât de deux sols par jour la paie de chaque soldat, afin que les garnisons attachées par cet intérêt, ne prissent pas si facilement la résolution de déserter et d'aller infecter les places voisines.

Dans ce même esprit, lorsque je voulus rappeler les troupes que j'avois envoyées en Allemagne pour le service des Hollandais, j'ordonnai à *Pradelle* qui les conduisoit, de prendre toutes les précautions possibles pour empêcher qu'elles n'apportassent ici quelque air des maladies contagieuses dont tous nos voisins étoient infectés : ce qu'il exécuta ponctuellement.

Le même *Pradelle* étant arrivé à ma cour, je lui donnai une audience particulière pour apprendre de lui plus exactement les choses qui s'étoient passées durant son voyage : voulant savoir au vrai de quelle manière mes troupes avoient vécu ; comment chacun des officiers s'étoit comporté, quel traitement leur avoient fait nos alliés, en quel état étoient les gens et les places des pays qu'il avoit vus, quels défauts ou quels bons usages il y avoit remarqués ; et enfin toutes les choses dont je croyois pouvoir tirer quelque profit, soit pour l'avantage de mes affaires, ou pour la discipline de mes troupes.

Le soin particulier que je prenois de celles qui servoient auprès de ma personne, faisoit que la plupart des jeunes gentilshommes français souhaitoient passionnément d'y venir apprendre leur métier, et que même plusieurs officiers réformés avoient passion de rentrer dans un service où l'on étoit exposé de si près à mes yeux; d'où il arrivoit que j'étois sans cesse pressé de mille endroits pour donner des places dans mes gardes-du-corps; et sans doute que de mon côté, j'avois aussi trouvé beaucoup de satisfaction de pouvoir favoriser en cela tous ceux qui m'en paroissoient dignes : mais le nombre des places étant plus que rempli, et les grandes dépenses de l'état me faisant trouver de la difficulté à les augmenter, dans un temps où les affaires ne pressoient pas encore, il arrivoit que pour un à qui j'avois le plaisir d'accorder cette grâce, j'avois le chagrin de la refuser à cent.

C'est pourquoi je me résolus à y faire dès-lors quelque augmentation avec le plus de ménage qu'il se pouvoit.

Cependant il sembla naître une division chez mes alliés, qui pouvoit nuire à nos affaires

affaires communes, si elle n'eût été promptement appaisée.

Le succès du dernier combat qui s'étoit donné entre les flottes d'Angleterre et de Hollande, n'ayant pas été favorable aux Hollandois, leurs principaux chefs étoient en dispute pour savoir à qui le mal s'en devoit imputer (16), et quoique dans la vérité le vice-amiral *Tromp*, (ayant entrepris, sans l'ordre de son supérieur, une chose qui avoit mal réussi), sembloit être manifestement en faute; la réputation de valeur qu'il s'étoit acquise parmi ceux de sa nation, avoit formé en sa faveur une espèce de parti dont on avoit lieu de craindre quelque désordre.

C'est pourquoi je m'entremis avec soin pour adoucir les choses de part et d'autre, et si je ne pus pas absolument empêcher que cette république ne donnât à *Tromp* quelque marque de mécontentement, j'eus du moins la satisfaction de voir que cette affaire se porta dans un tempérament qui ne produisit aucun éclat.

D'un autre côté, voyant que la querelle émue entre les électeurs de Mayence et le Palatin, pour ce droit de villefranc, dont je vous ai déja dit quelque chose, s'échaufoit de jour en jour, jusqu'à tel point, qu'elle pouvoit en peu de temps consumer les forces de ces deux princes, j'envoyai devers eux *Courtin*, l'un des maîtres des requêtes de mon hôtel, pour chercher de ma part les moyens de les remettre en bonne intelligence.

J'avois depuis peu un autre différent de moindre importance, mais qui sembloit me regarder de plus près.

Incontinent après le dernier mariage du duc de Savoie, il s'étoit formé une difficulté, sur le traitement que mon ambassadeur devoit recevoir de la duchesse sa femme ; et ce qui faisoit la contestation, étoit, que cette princesse désiroit avoir en toutes choses les mêmes honneurs qui avoient autrefois été rendus à la feue duchesse ma tante, comme étant, disoit-elle, dans les mêmes droits.

Mais je fis considérer au duc de Savoie, qu'encore que sa femme portât dans ses états le même titre qu'y portoit sa mère, il ne devoit pas pourtant se persuader qu'on les considérât dans le reste du monde comme des personnes du même rang ; que la qualité de fille de France donnoit de certaines prérogatives que pas une des autres princesses n'avoit droit de s'attribuer; que même dans les premiers temps, à quelque prince qu'elles fussent mariées, elles conservoient toujours dans leurs titres celui de reine que leur sang leur donnoit, et que, si dans les derniers siècles on leur avoit retranché cette qualité, on leur en avoit néanmoins laissé la plupart des cérémonies, en sorte que les respects qui leur étoient rendus par cette considération ne devoient point être tirés à conséquence; et ces raisons parurent si bonnes au duc, qu'il ne crut pas se devoir opiniâtrer plus long-temps à la prétention de sa femme.

La duchesse de Mantoue ayant eu depuis quelque démêlé avec le pape, sur le sujet d'un inquisiteur, et chacun des deux partis ayant pris soin de m'instruire de ses prétentions, j'avois résolu de m'employer à terminer cette affaire par mon entremise, quand d'elle-même elle s'accommoda.

Enfin, cette même conduite que je tenois à l'égard de mes voisins, je la pratiquois aussi à l'égard de mes propres sujets, ne laissant naître aucun différent entre les gens de considération que je ne tâchasse d'appaiser sur l'heure, ou par raison, ou par autorité; car, pour moi, je n'ai jamais pensé que l'on dût tenir pour une bonne maxime celle qui met le principal art de régner à jeter la division et le désordre par-tout.

Les querelles qui se font entre nos alliés (nous engageant tôt ou tard à prendre parti), nous font des affaires d'autant plus fâcheuses, qu'elles nous détournent des nôtres propres, et les démêlés que nous tolérons entre nos principaux sujets, obligeant chacune des parties à se fortifier contre son ennemi, les détourne toutes deux également de l'application qu'elles auroient à notre service.

Je sais bien qu'il est des princes foibles et mal établis, qui ne se pouvant pas soutenir par leurs propres forces, croient trouver un grand secours dans les animosités des particuliers, et qui, n'étant pas capables de se faire obéir par autorité, tâchent au moins de se rendre nécessaires par intrigue.

Mais, quel que soit en cela leur raisonnement, je ne saurois être de leur avis. Ce raffinement de politique qu'ils mettent à faire naître des différens entre leurs sujets pour en devenir les arbitres, peut véritablement leur attirer un certain temps des déférences plus soumises qu'à l'ordinaire; mais ils ne sauroient manquer de leur produire tôt ou tard des conséquences très-dangereuses.

Dès-lors que deux hommes de qualité se sont choqués, ils ont, de part et d'autre, leurs amis qui prennent leur querelle; il n'est personne dans l'état qui ne s'offre à l'un d'eux; chacun des partis tient ses conseils et ses assemblées; ceux qui sont dans les mêmes intérêts s'unissent de jour en jour plus étroitement. Le prince même ne sauroit parler à personne de qui les discours ne penchent de quelque côté; les délibérations de son conseil se trouvent le plus souvent partagées; mais, qui plus est, lui-même est souvent obligé de se partager, et de faire en faveur de l'un ce qu'il avoit fait en faveur de l'autre; en sorte que ne pouvant avoir rien d'assuré ni de constant dans sa conduite, il ne peut jamais aussi rien exécuter d'utile ni de glorieux.

Cependant, s'il s'élève d'ailleurs quelque mouvement intestin, les séditieux, toujours favorisés de l'une ou de l'autre des cabales, y trouvent des chefs déja tout reconnus, des conseils tout formés, des lieux d'assemblée tout choisis.

Et s'il se présente un ennemi du dehors, celle des deux factions qui se voit la plus foible est toujours capable de lui tendre les bras, dans l'espérance d'en être appuyée; car enfin, s'étant nourrie de long-temps dans la haine de ses adversaires, elle trouve honnêtes tous les moyens qu'elle trouve capables de leur nuire, et ne craignant rien tant que la nécessité de leur céder, elle aime mieux travailler de ses propres mains à la désolation de sa patrie que de la voir fleurir sous leur autorité; comme nous l'avons trop bien reconnu par l'exemple de la Navarre, que *Ferdinand* n'eût pas usurpée comme il fit, presqu'en un seul jour, si la division des *Grammont* et des *Beaumont* ne les eût, sans danger et sans peine, mis en possession de tout le pays. Et quoiqu'à dire vrai, mon fils, dans la puissance où vous semblez destiné, vous n'ayez pas apparemment sujet de craindre de pareils inconvéniens, il est pourtant toujours beau de nous assujétir aux maximes dont je vous instruis, quand ce ne seroit qu'en vue de la gloire que vous trouverez à les pratiquer, et de l'amour qu'ainsi vous mériterez sans doute de vos alliés et de vos sujets.

Un peu auparavant le temps dont je vous parle, j'avois appris une action assez extraordinaire que *La Feuillade* avoit faite sans m'en parler, dans le milieu même de l'Espagne (17) ; car, sachant que *St.-Aunay*, homme déterminé (qui, par mauvaise humeur, s'étoit retiré de mon royaume), avoit écrit à *Letellier* une lettre dont je ne devois pas être satisfait, et ayant ouï dire que depuis il avoit pris encore une devise fort insolente, il alla secrètement le trouver à Madrid, pour l'obliger à se battre ou à se dédire.

De quoi *Saint - Aunay* surpris, donna sur l'heure un billet de sa main, par lequel il désavouoit la devise qui lui étoit imputée : mais l'affaire ne fut pas entièrement terminée pour cela ; car *Saint-Aunay* ayant voulu depuis expliquer mal cet écrit, il se trouva d'autres Français encore qui retournèrent à Madrid sans mon congé, pour le faire parler plus expressément ; et en effet, ils l'intimidèrent de telle sorte, qu'il me fit aussitôt des soumissions que je ne désirois nullement de lui.

Dans ce zèle commun de tous mes sujets, j'apprenois de tous côtés le soin que les commandans de mes troupes avoient de les tenir en bon état, par la seule pensée de me plaire; en sorte qu'il s'en trouvoit même plusieurs qui entretenoient un plus grand nombre de gens que celui que j'avois résolu de leur payer.

Ce fut en ce temps-là que la reine *Christine* ayant pris résolution de s'approcher de la Suède pour y solliciter ses intérêts, me pria de les appuyer par mes offices, et pour lui faire plaisir je donnai ordre à mon ambassadeur d'agir en cela sur les lieux, suivant les intentions qu'elle m'avoit fait connoître. Mais, pour lui témoigner encore une plus grande application à la servir, je voulus même en parler ici de vive voix à celui que la couronne de Suède entretenoit à ma cour; sur quoi il eut charge de m'assurer que l'on favoriseroit cette reine dans toutes les choses qui ne seroient point contraires au bien de l'état.

Cependant j'avois alors des affaires plus

importantes à négocier avec cette couronne, sur lesquelles ses ministres ne se déclaroient pas si nettement ; mais, pour presser la lenteur de leurs délibérations, je différois aussi de ma part l'exécution des choses qu'ils désiroient le plus de moi, ne leur faisant aucune réponse sur le secours d'argent qu'ils me demandoient pour l'entreprise de Bresme, et retardant de jour en jour à leur faire payer une somme de cent mille écus qui leur étoit due de reste de quelques anciens traités, parce que je ne doutois point que l'intérêt qu'ils avoient dans l'une et dans l'autre de ces affaires, ne fût plus puissant sur eux que n'auroient été tous les autres moyens que j'aurois pu mettre en usage.

Et en effet, bientôt après ils me firent savoir leur résolution sur ce qui regardoit le roi de Danemarck, me donnant plein pouvoir d'assurer ce prince qu'ils n'entreprendroient rien contre ses états ; en quoi l'on ne pouvoit pas douter qu'ils ne se fissent une notable violence pour l'amour de moi, parce qu'outre l'engagement contraire qu'ils avoient avec l'Angleterre, cette assurance qu'ils donnoient de leur part les obligeoit à me demander une pareille garantie de la part de la couronne danoise; chose qu'ils croyoient fort honteuse pour eux, n'estimant pas qu'ils dussent traiter avec tant d'égalité des gens qui leur étoient inférieurs en puissance.

Ce point étant réglé, je leur fis payer les cent mille écus que je devois; mais, pour les tenir toujours intéressés sur les autres articles qui restoient à résoudre entre nous, je persistois encore à ne me point déterminer touchant le secours demandé contre Bresme, sans pourtant qu'ils eussent lieu de se plaindre de moi.

Car je leur faisois voir que la saison étant déja fort avancée, il n'y avoit plus d'apparence d'exécuter rien d'important; que le retardement qui étoit arrivé en cela, étoit venu purement d'eux, et non pas de moi; que, de ma part, j'avois pressé de tout mon pouvoir leurs ministres d'avancer la conclusion de notre traité dont cet article pouvoit naturellement faire partie; qu'eux n'avoient pas seulement communiqué à mes députés les articles de leurs prétentions, qui m'eussent été jusqu'alors inconnues, si, par l'honnêteté particulière de leurs ambassa-

deurs, je n'en avois eu depuis peu une copie;
que, sur cette copie, j'avois aussitôt envoyé
mes réponses sur les lieux, afin d'épargner
le temps qu'il eût fallu pour attendre que
mes agens me les eussent envoyé demander
dans les formes, et qu'ainsi la couronne de
Suède ne me pouvoit imputer aucun retardement, ne devant se plaindre que de soi-
même touchant la lenteur qui se rencontroit
dans la conclusion de notre affaire.

Ce n'est pas que je commençasse à voir
dès-lors dans les Suédois une grande disposition à ce que je pouvois désirer ; car ils
s'étoient suffisamment déclarés sur le point
le plus important, qui étoit de vouloir bien
entrer en ligue avec moi contre ceux de la
maison d'Autriche.

Déja ils me faisoient dire par leurs ministres qu'ils ne désiroient rien tant que de
voir mes armées dans le Pays-Bas, pour
entrer aussi de leur part dans l'Allemagne,
et c'étoit pour avancer l'exécution de ce
dessein qu'ils s'employoient sérieusement à
procurer la paix entre nous et l'Angleterre,
et qu'ils avoient envoyé leur ambassadeur
vers le roi de la Grande-Bretagne, afin de

lui offrir leur médiation, comme ils l'avoient offerte à moi et à mes alliés.

Mais les esprits de cette île n'étoient pas encore en disposition de recevoir agréablement de pareilles offres; car, quoiqu'ils fissent paroître par leurs discours qu'ils les vouloient accepter, ils y mettoient en effet une condition dont ils savoient bien qu'on ne tomberoit pas aisément d'accord, qui étoit que l'on fût obligé d'aller négocier sur leurs terres.

Les Suédois prirent inutilement le soin de leur représenter que cette affaire se devant négocier avec moi, il n'y avoit pas d'apparence à me faire une pareille proposition; car les Anglais, mal intentionnés, répondoient que cette querelle n'étant pas la mienne, mais seulement celle des états, ils croyoient être bien fondés à prétendre sur eux cette prérogative.

Mais, dans la vérité, cette chicane étoit l'effet du secret dépit que le roi de la Grande-Bretagne avoit alors contre les Suédois, lesquels il ne pouvoit encore prendre pour médiateurs, ayant si récemment espéré de les avoir pour associés.

La Suède s'étoit pourtant excusée de l'inexécution du traité fait entre eux, disant qu'elle ne s'étoit engagée à les servir contre le Danemarck qu'en cas qu'elle n'eût point d'ailleurs d'autre affaire, et que cette obligation ne pouvoit pas subsister alors, parce qu'étant tous les jours sur le point d'être attaqués par les Moscovites, elle ne croyoit pas qu'il fût juste qu'elle quittât le soin de sa défense propre pour songer à celle de ses voisins. Mais le prétexte des Moscovites paroissoit, aux yeux de toute la terre, si visiblement recherché, qu'encore que les Anglais, ne pouvant faire mieux, eussent été contraints de s'en contenter en apparence, ils ne laissoient pas de conserver au fond de leur cœur un cuisant chagrin de se voir sitôt abandonnés par ceux qui leur avoient promis de les assister.

Cet exemple vous doit apprendre deux choses, mon fils ; l'une, que les paroles données ne sont pas assez fortes pour retenir ceux qui naturellement sont de mauvaise foi, et l'autre que, dans l'exécution de nos desseins, nous ne pouvons faire de solide fondement que sur la connoissance de nos propres forces.

Encore qu'il soit de la probité d'un prince d'observer indispensablement ses paroles, il n'est pas de sa prudence de se fier absolument à celles des autres ; et quoiqu'on ne se sente pas capable de tromper personne, il ne faut pas se persuader qu'on ne soit pas capable d'être trompé.

Dès-lors qu'on a pris la résolution de se dédire, on en trouve aisément le prétexte ; il n'est point de clause si nette qui ne souffre quelque interprétation. Chacun parle dans les traités suivant les intérêts présens, mais la plupart tâchent après d'expliquer leurs paroles suivant les nouvelles conjonctures qui se présentent ; et quand la raison qui a fait promettre ne subsiste plus, on trouve peu de gens qui fassent subsister leurs promesses ; mais on peut dire même ici, pour notre instruction particulière, que cette façon d'agir est plus à craindre dans les états qui se conduisent par les suffrages de plusieurs qu'en ceux qui sont gouvernés par un seul.

Les princes, chez qui l'éclat de leur naissance et l'honnêteté de leur éducation ne produit d'ordinaire que des sentimens nobles et généreux, ne peuvent laisser tellement altérer ces bons principes qu'il n'en demeure toujours quelque impression dans leur esprit. Cette idée de vertu, quelque effacée qu'elle puisse être, donne toujours, même aux plus mauvais, une espèce de répugnance pour le vice. Leurs cœurs formés de bonne heure aux sentimens de l'honneur s'en font une telle habitude, qu'ils ont peine de la corrompre entièrement, et le désir de la gloire, qui les anime sans cesse, les fait passer en beaucoup de choses par dessus le penchant de leur intérêt, en sorte qu'il n'est presque point de perte qu'ils appréhendent à l'égal du blâme qui doit suivre un manifeste manquement de foi.

Mais on ne trouve pas ces mêmes dispositions dans ces gens de condition médiocre par qui les états aristocratiques sont gouvernés. Les résolutions, qui se prennent dans leurs conseils, ne sont fondés sur d'autres principes que sur ceux de leur utilité. Ces corps, formés de tant de têtes, n'ont point de cœur qui puisse être échauffé par le feu des belles passions. La joie qui naît des actions honnêtes, la honte qui suit les lâchetés, la reconnoissance des bienfaits et le souvenir des services, lorsqu'ils sont partagés entre tant de personnes, s'affoiblissent enfin à tel point qu'elles ne produisent plus aucun effet; et il n'y a que l'intérêt seul qui, regardant le particulier aussi-bien que le général de l'Etat, puisse donner quelque règle à leur conduite.

De ces vérités, mon fils, l'instruction que vous pouvez tirer n'est pas que l'on ne doive pas se servir du tout de l'alliance de ces sortes d'états; car, au contraire, je tiens qu'un prince habile doit savoir mettre toutes les choses en usage pour parvenir plus sûrement à ses fins.

Mais il faut seulement savoir que, dans toutes les sociétés que nous faisons avec les républiques ou les autres qui leur ressemblent, nous devons nous proposer pour fondement que, quoi que nous puissions faire pour eux ou de fâcheux ou d'obligeant, ils ne manqueront jamais de nous rechercher toutes les fois que nous leur ferons voir un profit considérable, et ne balanceront jamais à nous quitter, dès lors qu'ils verront quelque danger à nous suivre.

Tandis que je travaillois, comme je vous ai dit, à presser la conclusion du traité qui se négocioit entre moi et le roi de Suède,

me

me promettant qu'il feroit une grande diversion des secours que la Flandre attendoit de l'empereur, j'en faisois un autre pour le même sujet avec tous les princes d'Allemagne, dont les états étoient voisins des Pays-Bas, et déja il étoit signé par quelques-uns des plus puissans, et prêt à signer par les autres. Le principal article étoit de ne laisser passer aucunes troupes des États tenus par l'empereur dans ceux que les Espagnols occupoient en Flandre.

Mais ces pensées furent un peu interrompues par l'événement du second combat qui se donna entre la Hollande et l'Angleterre; car, après que les Hollandois victorieux eurent tenus les ennemis comme assiégés dans les bords de la Tamise durant tout le mois de juillet, les Anglais enfin, pressés par les murmures de toute leur île, furent contraints de se mettre en mer; et, ayant hasardé un nouveau combat, y furent plus heureux que la première fois.

La seule cause de leur avantage fut que le vice-amiral *Tromp*, voulant poursuivre trop loin une escadre anglaise qui fuyoit devant lui, mena inconsidérément à sa suite une bonne partie de la flotte hollandoise, en sorte que le général *Ruyter* se trouvant en nombre fort inégal à celui des ennemis, fut contraint de se retirer devant eux.

Ce n'est pas que, dans sa retraite, il n'eût gardé tout l'ordre possible, et qu'il n'eût fait aux ennemis presque autant de dommage qu'il en avoit reçu ; mais enfin il n'avoit pu empêcher que la plupart des vaisseaux maltraités n'eussent besoin d'un temps considérable pour se réparer, durant lequel les Anglais sans compétiteurs demeuroient maîtres de la Manche.

Mais, tandis que cette aventure sembloit nous ôter le moyen de nous joindre pour les attaquer ouvertement, je cherchois de ma part des moyens secrets pour les affoiblir. D'une part, je ménageois les restes de la faction de *Cromwel*, pour exciter par leur crédit quelque nouveau trouble dans Londres, et d'autre côté j'entretenois des intelligences avec les catholiques irlandois, lesquels étant toujours fort mal contens de leur condition, sembloient aussi toujours prêts à faire un effort pour la rendre plus supportable.

Sur ces différentes pensées, j'écoutois les propositions qui me furent faites par *Idauy*, gentilhomme anglais, lequel me promettoit de faire éclater dans peu quelque soulèvement, en lui faisant fournir cent mille écus; mais je trouvai la somme un peu trop forte pour l'exposer ainsi sur la foi d'un fugitif; à moins de voir quelque disposition aux choses qu'il me faisoit attendre.

C'est pourquoi je lui offris de lui donner seulement vingt mille écus comptant, avec promesse d'envoyer après aux soulevés tout le secours qui leur seroit nécessaire, aussitôt qu'ils paroîtroient en état de s'en pouvoir servir avec succès.

Ce fut en ce temps-là que je renvoyai *Truber* pour traiter avec ceux de Tripoly et avec le roi de Tafilet, lequel ayant depuis peu battu *Gaysland*, nouvel allié des Anglais de Tanger, me sembloit ensuite fort capable de s'unir avec moi pour leur faire la guerre en Afrique.

Cependant les grandes et continuelles dépenses qui se présentoient à faire en ces divers projets, jointes à celles que je faisois nécessairement d'ailleurs, et sur la mer et sur la terre, m'obligeoient à me défendre soigneusement des frais qui me paroissoient moins utiles. Dans cette vue, je réduisis à six deniers l'ustensile que j'avois auparavant réglée à un sol pour le fantassin, et je mis celle des cavaliers à deux sols au lieu de trois; je supprimai la plus grande partie des commissaires des guerres, lesquels par le mauvais ménage des temps passés avoient été multipliés beaucoup au delà du besoin; je différai même les bâtimens du Louvre; et, voyant mes galères de retour dans la fin du mois d'août, je ne voulus pas faire la dépense de les équiper de nouveau, n'en voyant point d'occasion pressante.

Je vis arriver à ma cour un gentilhomme dépêché par le roi de Pologne, pour me demander de nouveaux secours, auquel néanmoins, prévoyant la difficulté qui se devoit trouver à sa demande, il avoit fait expédier deux différentes commissions, l'une de simple envoyé, sous prétexte de me faire compliment sur la mort de la reine ma mère, et l'autre d'ambassadeur extraordinaire pour me faire la demande dont je viens de vous parler, laissant au porteur la liberté de se servir de l'une ou de l'autre, selon l'espérance qu'il pourroit avoir de faire réussir cette négociation.

Dès-lors que je fus informé de ces particularités, ne désirant pas que le roi de Pologne fît éclater une ambassade pour ne rien obtenir de ce qu'il désiroit, je fis donner conseil à son ministre de ne paroître auprès de moi que comme envoyé; mais, soit que ce gentilhomme voulût contenter sa vanité particulière par un titre plus relevé, ou bien qu'il s'imaginât en tirer pour son roi quelqu'autre avantage qui ne me fût pas connu, il ne voulut pas suivre ma pensée, et prit incontinent la qualité d'ambassadeur.

Je le reçus de ma part avec tous les honneurs accoutumés; et, quoique j'eusse pris d'abord la résolution de ne lui rien octroyer de ce qu'il demandoit, je ne pus néanmoins m'empêcher incontinent de lui accorder une somme très-importante, parce que l'évêque de Beziers, mon ambassadeur, me fit savoir que l'armée de Lithuanie, dans laquelle consistoit tout ce qui restoit de force et d'autorité au roi de Pologne, étant sur le point de se mutiner, il avoit cru devoir même, sans mon ordre, s'engager à lui payer un quartal, c'est-à-dire, une certaine portion de sa solde, et je crus que je ne devois pas le dédire d'une parole donnée par une si puissante raison.

Et véritablement j'eus bientôt occasion d'en être satisfait, puisque l'attachement que cette armée continua de témoigner au service de son prince, produisit incontinent après son effet, ayant été l'une des principales raisons qui forcèrent ses sujets rebelles à rentrer dans l'obéissance qu'ils lui devoient.

Je fis payer même dans ce temps-là vingt mille écus pour les arrérages de certaines pensions que je donnois à quelques seigneurs de ce royaume, de qui les suffrages me pouvoient servir à mettre un jour la couronne de Pologne sur la tête d'un prince de mon sang.

Les affaires ne sembloient pourtant pas encore alors fort disposées à faire réussir ce dessein; car, les états de Pologne, agités par diverses factions, témoignoient une répugnance extrême à faire, du vivant de leur roi, l'élection de son successeur; et cela fit que leur ambassadeur extraordinaire, dans l'une des conférences que j'eus avec lui, me proposa brusquement une question, laquelle auroit pu mettre en peine un prince qui n'eût pas eu dans sa propre tête la meilleure partie de son conseil. La demande étoit de savoir si je prétendois encore insister à l'élection que j'avois jusque là sollicitée, ou si j'étois résolu à m'en désister. La proposition étoit délicate d'elle-même, mais elle sembloit le devenir encore davantage par l'humeur de celui qui la faisoit ; car j'étois averti de bonne part que c'étoit un esprit très-difficile. C'est pourquoi, pensant ne pouvoir parler avec trop de circonspection, je lui dis simplement que, dans l'état présent des affaires, je ne voyois pas lieu de poursuivre ce dessein ; mais que si quelque jour, comme j'espérois, les choses pouvoient changer de face, je croirois pouvoir aussi changer de sentiment.

Et c'étoit, ce me semble, ce que j'avois précisément à lui répondre, puisqu'à dire plus, je pouvois donner à cet esprit chagrin de quoi me brouiller avec les états de Pologne ; et à dire moins, je renonçois trop aisément à une prétention pour laquelle j'avois déja fait des démarches assez importantes. Au lieu que de la manière dont je parlai, je ne pouvois blesser ni l'humeur de cette nation, ni les espérances de la France.

Et sur cet exemple, je prendrai sujet de

vous faire observer combien les paroles des princes sont d'un grand poids pour le succès ou la ruine de leurs affaires. Car, quoique je vous parle tous les jours des conférences que j'ai avec les ministres étrangers, je ne prétendrois pas donner conseil indifféremment à toute sorte de souverains de s'exposer à cette épreuve, et je tiens que ceux dont le génie est médiocre, font bien plus sagement de s'abstenir de cette fonction, que d'y vouloir établir leur foiblesse à la vue de tous leurs voisins. Beaucoup de monarques seroient capables de se gouverner sagement dans les choses où ils ont le temps de prendre conseil, qui ne seroient pas pour cela suffisans pour soutenir eux-mêmes leurs affaires contre des hommes habiles et consommés, qui ne viennent jamais à eux sans préparation, et qui cherchent toujours l'occasion de prendre les avantages de leurs maîtres.

Quelque notion que l'on puisse nous avoir donnée en général du sujet qui se doit traiter, un ministre étranger peut chaque jour, ou par hasard, ou par dessein, vous proposer de certaines choses sur lesquelles vous ne sauriez être préparé ;

et ce qui s'y trouve de plus délicat, c'est que les fausses démarches que fait alors un souverain ne peuvent être désavouées par lui, comme celles que feroit un de ses ministres, mais que dans une rencontre de cette nature il faut, ou qu'il souffre misérablement ce à quoi il s'est imprudemment engagé, ou qu'en se rétractant honteusement, il confesse à la vue de toutes les nations sa propre incapacité.

Mais ce n'est pas seulement dans les importantes négociations que les princes doivent prendre garde à ce qu'ils disent, c'est même dans les discours les plus familiers et les plus ordinaires. C'est une contrainte sans doute fâcheuse, mais absolument nécessaire à ceux de notre condition, de ne parler de rien à la légère. Il se faut bien garder de penser qu'un souverain, parce qu'il a l'autorité de tout faire, ait aussi la liberté de tout dire; au contraire, plus il est grand et respecté, plus il doit être circonspect. Les choses qui ne seroient rien dans la bouche d'un particulier, deviennent souvent importantes dans celle d'un prince. La moindre marque de mépris qu'il donne d'un particulier, fait au cœur de cet homme une plaie incurable. Ce qui peut consoler quelqu'un d'une raillerie piquante ou d'une parole de mépris que quelqu'autre a dit de lui, c'est, ou qu'il se promet de trouver bientôt occasion de rendre la pareille, ou qu'il se persuade que ce qu'on a dit ne fera pas d'impression sur l'esprit de ceux qui l'ont entendu. Mais celui de qui le souverain a parlé, sent son mal d'autant plus impatiemment, qu'il n'y voit aucune de ces consolations. Car enfin il peut bien dire mal du prince qui en a dit de lui, mais il ne sauroit le dire qu'en secret, et ne peut pas lui faire savoir ce qu'il en dit, qui est la seule douceur de la vengeance. Il ne peut pas non plus se persuader que ce qui a été dit n'aura pas été approuvé ni écouté, parce qu'il sait avec quels applaudissemens sont reçus tous les sentimens de ceux qui ont en main l'autorité.

Et les rois ne se doivent pas flatter sur cette matière, jusqu'à penser que ces sortes d'injures s'oublient par ceux auxquels elles sont faites, ni qu'elles leur puissent demeurer inconnues. Nous avons dit ailleurs que tout ce qu'ils font et tout ce qu'ils disent est toujours connu tôt ou tard ; mais ce que l'on peut dire de particulier, c'est que ceux même devant lesquels ils parlent, et qui feignent d'applaudir à leurs railleries, sont souvent offensés dans leur ame, principalement lorsque le prince les fait contre des gens qui sont attachés à son service, parce qu'ils appréhendent de lui le même traitement.

Le prince peut-il prononcer un seul mot indifférent dont quelqu'un de ceux qui l'entendent n'applique le sens ou à soi ou à quelqu'autre auquel souvent on ne pense pas ? et quoiqu'à dire vrai, nous ne soyons pas obligés d'avoir égard à toutes les conjectures impertinentes que chaque particulier peut former en de pareilles occasions, du moins cela nous doit obliger en général à nous précautionner davantage dans nos paroles, et à ne pas donner de raisonnable fondement aux pensées que l'on pourroit concevoir de là au désavantage de notre personne.

L'un des meilleurs expédiens que l'on peut pratiquer pour cela, c'est d'écouter plus souvent que de parler, parce qu'il est très-mal aisé de parler beaucoup sans dire quelque chose de trop. Le plaisir que l'on prend à discourir des choses mêmes qui semblent sans conséquence, engage quelquefois insensiblement dans celles que l'on vouloit le plus cacher, et la démangeaison de parler à ceux qui en sont malades, ne s'arrête presque jamais où ils auroient résolu. Il y a fort peu d'occasions dans lesquelles, pour avoir dit moins qu'il ne falloit, on ait souffert un dommage considérable, parce qu'on peut presque toujours redire dans une seconde conversation ce qu'on avoit omis à la première ; mais il s'est trouvé mille fois que pour avoir trop dit, on est tombé dans des malheurs sans remède, parce que les choses qui sont une fois déclarées ne peuvent plus redevenir secrètes comme elles étoient.

Enfin, l'on ne peut pas douter que l'une des plus dangereuses habitudes que puissent former les princes, ne soit celle de beaucoup parler, puisqu'il est constant que le succès de leurs plus grands desseins dépend ordinairement du secret, et que cependant tous ceux qui les environnent font de continuels efforts pour pénétrer leurs résolutions, comme celles de qui dépendent également le sort des particuliers et la fortune publique.

Car, quoique le respect empêche qu'on ne leur fasse directement des questions, il n'est point de manière adroite dont on ne se serve pour les engager à découvrir ce qu'ils pensent, et il est impossible qu'ils se puissent toujours garantir de ce piége que par une très-grande retenue à parler.

Mais cette retenue ne vous sera pas difficile, si vous considérez combien elle nous conserve aisément le respect, et combien la trop grande liberté nous met en danger de le diminuer : car enfin, il est sans difficulté que les grands parleurs disent souvent de grandes sottises, et que beaucoup de gens, qui pourroient bien être pris pour des gens de bon sens, se détruisent eux-mêmes par les impertinences qu'ils disent; inconvénient sans doute plus fâcheux en un prince qu'en un particulier. Le souverain doit par toute voie, conserver ou même accroître, s'il se peut, l'estime que l'on a pour lui.

L'impératrice trouvant un temps favorable pour aller à Final, y passa sans avoir besoin de mouiller à nos côtes, sur lesquelles j'avois pourtant ordonné qu'on lui fît toute la bonne réception possible.

Ce n'est pas que la conduite des Espagnols m'obligeât tout-à-fait à cette civilité; l'on me faisoit tous les jous des plaintes nouvelles des mauvais traitemens que recevoient ceux de mes sujets qui étoient obligés de voyager en Flandre, et l'on ne doutoit point qu'il n'y eût en cela quelque ordre secret de *Castel Rodrigue*, qui en étoit gouverneur; car, soit que l'on volât ou que l'on assassinât un Français, il n'en étoit jamais fait aucune justice.

Mais, après avoir employé tous les moyens imaginables pour faire cesser un si mauvais procédé, je ne fus pas fâché que l'on volât aussi quelques-uns des courriers espagnols qui passoient tous les jours par la France; et néanmoins lorsque l'on faisoit cette espèce de représailles, je ne laissois pas de commander à mes officiers qu'ils procèdent contre les voleurs suivant les lois ordinaires; mais comme ils n'étoient jamais bien précisément connus, ils n'étoient jamais aussi punis.

Dans ce même temps, étant bien informé qu'il se traitoit une ligue offensive et défensive entre les Espagnols et les Anglais, et sachant combien elle pouvoit apporter de préjudice à mes affaires, je m'avisai, pour en retarder la conclusion, d'employer à tout hasard un moyen sur lequel je ne faisois pas un solide fondement, mais dont la proposition ne pouvoit du moins m'apporter aucun préjudice; c'étoit de faire offrir aux Espagnols, de ma part, la même ligue que les Anglois leur offroient, et même à des conditions plus avantageuses, parce que j'y comprenois aussi le Portugal.

Ce n'est pas qu'en faisant cette ouverture, je ne visse bien qu'aussitôt qu'elle seroit approfondie, les gens de bon sens pourroient aisément s'apercevoir que je ne la faisois pas sérieusement, parce qu'elle ne s'accordoit en aucune sorte avec mes véritables intérêts; mais je pensois qu'il pourroit du moins se faire que les plus simples du conseil s'y amuseroient durant quelque temps, pendant lequel il pourroit arriver des choses nouvelles.

Et l'expédient réussit en effet plus avantageusement que je n'eusse osé me le promettre; car non-seulement cela partagea le conseil d'Espagne durant quelques jours, mais il se trouva même des gens à Madrid qui, sans en être sollicités, examinèrent, par de longues dissertations, lequel seroit le plus expédient à leur prince de faire ligue avec moi ou avec le roi de la Grande-Bretagne.

Sur ces entrefaites, le duc de *Beaufort* parut avec ma flotte à l'entrée de la rivière de Lisbonne, où il trouva dix-huit vaisseaux espagnols, qui baissèrent le pavillon aussitôt qu'ils le virent, et le saluèrent de leur canon sitôt qu'il leur en eut fait le commandement.

Le duc leur répondit de son artillerie; mais, pour le pavillon, il ne voulut ni le baisser comme eux, ni seulement le fresler, de quoi les Espagnols furent sans doute peu contens; mais ils n'en osèrent pourtant rien témoigner.

Ils firent même une autre chose qui marquoit davantage leur étonnement; car, s'étant auparavant saisis des Berlingues qui sont deux îles situées à l'embouchure de cette rivière, ils les abandonnèrent aussitôt, quoique mon amiral n'eût fait aucune contenance de les attaquer; et qu'au contraire, en étant sommé par les Portugais, il leur eût refusé positivement, disant, comme il

étoit

étoit vrai, qu'il n'avoit aucun ordre de ma part d'agir hostilement contre les sujets du roi catholique.

Cependant ma flotte fut reçue du Portugal avec tout l'honneur et toute la joie possible, et, à dire vrai, je n'étois pas fâché qu'on vît en ce pays-là que l'Angleterre n'étoit pas seule capable de mettre des vaisseaux en mer. Mon amiral fit là quelque séjour, parce que je lui avois donné ordre de ne point revenir que la reine de Portugal ne fût arrivée, ayant intérêt non-seulement de voir terminer le mariage de cette princesse, mais encore de ramener en sûreté les vaisseaux que je lui avois prêtés.

Cependant j'avois sur les bras les Hollandois, qui, par des instances réitérées, me pressoient continuellement de faire avancer ma flotte, à quoi sans doute j'aurois eu peine de consentir avant l'arrivée de la nouvelle reine, si la nécessité n'eût en cela prévenu l'ordre de mes résolutions.

Mais les vivres du duc de *Beaufort* s'étant consommés durant la longue navigation de cette princesse, et ceux que les Portugais lui offroient n'étant pas de bonne qualité, il fut contraint de lever l'ancre le

22 juillet pour venir à la Rochelle, où il arriva le 23 du mois suivant.

Or, quoique dans le vrai, comme vous voyez, ce retour n'eût pas été avancé par la considération des états de Hollande, je crus pourtant que je devois en tirer quelque mérite auprès d'eux, et je voulus même travailler à faire qu'il leur fût en effet utile.

Pour cette raison, dès-lors que j'en eus avis, je les en fis avertir par un courrier exprès; et afin d'être plutôt en état de les aller joindre, je fis promptement regarnir mes vaisseaux par des barques chargées depuis long-temps, à cet effet, de toutes les choses nécessaires.

Je changeai aussi en leur faveur la résolution que j'avois prise auparavant, de ne faire avancer ma flotte que jusqu'à Brest ou à Belle-Isle, et lui commandai de marcher droit à la rencontre de notre allié; ce qui fut exécuté avec tant de bonne foi, que l'escadre qui avoit conduit la reine de Portugal, étant revenue durant cette navigation, et se trouvant dépourvue de toutes choses, on ne voulut pas arrêter un moment pour la ravitailler, et l'on tira des provisions des autres vaisseaux pour fournir à ceux-là ce qui leur étoit nécessaire.

Enfin, pour ne laisser aucun sujet de retardement, j'avois eu la précaution de faire régler toutes les questions qui se pouvoient présenter entre nous sur le sujet de la jonction, et tout ce que l'une et l'autre des parties avoient à faire en chacune des rencontres qui pouvoient arriver.

Cette négociation ayant été commencée d'abord par lettres, j'avois envoyé depuis *Bellefonds* en Hollande pour la continuer; et lorsque le duc de *Beaufort* arriva dans mes ports, il n'y avoit plus rien à régler que le salut qui lui devoit être fait par la flotte hollandaise.

Car l'amiral *Ruiter* prétendoit qu'après avoir fait le premier salut, on le devoit resaluer de la même manière; mais cela étant peu important avec des gens qui n'étoient pas en mesure de contester de dignité avec moi, je l'aurois aisément terminé, de quelque manière que ce fût.

D'ailleurs, pour leur faire plaisir en tout ce qui dépendoit de moi, j'avois donné ordre dans tous mes ports que l'on y reçût leur flotte marchande qu'ils attendoient alors avec grand empressement, envoyant même audevant d'elle plusieurs petites barques pour l'en avertir, afin qu'elle y vînt mouiller avec plus de confiance, et pour dire en un mot, je n'avois rien oublié de tout ce qui pouvoit en cela servir, soit à l'avantage particulier des Hollandais, ou au bien de notre cause commune.

Ce fut encore pour le même sujet que j'envoyai *Bellefonds* (qui avoit arrêté avec eux les articles de la jonction), dans le vaisseau du duc de *Beaufort*, afin qu'il l'en pût informer plus exactement, et j'ordonnai de plus qu'il demeurât près de lui durant toute cette campagne, au lieu de *Terron*, que j'avois auparavant choisi pour cela.

Car, quoique *Terron* m'eût déja très-bien servi sur mes vaisseaux en qualité d'intendant, je ne voulus pas l'y renvoyer, parce que le duc de *Beaufort* avoit pris quelque jalousie contre lui, estimant qu'en une occasion de cette conséquence, il n'étoit pas à propos de donner matière à des démêlés qui pouvoient divertir l'un et l'autre de l'application qu'il devoit avoir à mon service.

J'avois dans le même temps donné ordre dans toutes mes places maritimes que l'on fît sans cesse croiser la mer par de petits bâtimens à toute risque, afin d'avoir continuellement nouvelles des ennemis, et j'avois commandé que, de chaque endroit, on donnât promptement avis à mon amiral de ce que l'on pourroit apprendre, afin qu'en quelque lieu qu'il se trouvât, il vît, sans sortir de son bord, ce qui se passoit en toute la Manche.

Et, d'autre part, pour empêcher que les ennemis ne fussent informés de sa navigation, j'avois fait fermer tous mes ports au moment qu'il devoit partir; mais j'en révoquai l'ordre bientôt après, parce qu'il me parut trop préjudiciable au commerce.

Peu auparavant ayant sujet de penser que nous aurions infailliblement combat avec la flotte d'Angleterre, j'avois commandé six cents hommes de ma maison pour monter sur mes vaisseaux, et j'avois ordonné au duc de *Beaufort* de les venir prendre à Dieppe.

Mais il eût été obligé d'en embarquer un bien plus grand nombre, si je n'avois retenu la plupart de ma noblesse, qui me demanda incontinent congé pour y aller; il y en eut même quelques-uns qui, voyant que je refusois cette permission à tous ceux qui me la demandoient, se hasardèrent à partir sans m'en avoir parlé, pensant qu'après la chose faite ils me la feroient aisément approuver. Mais je leur fis connoître qu'elle ne me plaisoit pas; et quoique dans le fond je visse bien que cela ne pouvoit être parti que d'une louable envie de me servir et de se distinguer de leurs semblables, je crus que je ne devois pas le tolérer, parce qu'on l'avoit entrepris sans mon ordre.

Ainsi, pour les mortifier, j'envoyai deux couriers après eux, dont l'un fit arrêter prisonniers à Péronne le chevalier de *Lorraine* et le marquis de *Villeroi*, qui s'alloient embarquer sur la flotte hollandoise, et l'autre portant ordre à mes vaisseaux pour faire emprisonner le duc de *Foix*, le comte de *Saux* et le marquis de *Ragny* ; l'avis qu'ils en eurent les fit revenir à Paris, où ils furent mis, pour quinze jours, à la Bastille.

J'attendois cependant avec impatience des nouvelles de ce qui arriveroit touchant la jonction ; car j'avois avis de divers côtés que mes vaisseaux étoient entrés dans la Manche. Mais l'on me vint dire premièmièrement que les Anglais et les Hollandais étoient aux mains, sur laquelle nouvelle je dépêchai aussitôt au duc de *Beaufort*, pour l'avertir de ne se pas avancer sans précaution, et de prendre garde que, si les ennemis avoient le dessus, ils ne vinssent fondre sur lui avec toute leur puissance : mais cet avis se trouva faux dès le jour suivant, et fut suivi d'un autre beaucoup plus capable de me donner de l'inquiétude ; car j'appris que les deux flottes, quoique très-proches l'une de l'autre, s'étoient néanmoins séparées sans combat, que les Anglais s'étoient allé poster à l'île de *Wight*, laquelle voit toute l'entrée de la Manche, et qu'au contraire les Hollandais s'en étoient retirés de plus de trente lieues.

Ces nouvelles étoient d'autant plus étonnantes, qu'il n'eût pas été possible à toute la prudence humaine de les prévoir, après les conventions que j'avois faites si récemment avec les états de Hollande.

Je fis partir aussitôt plusieurs couriers pour donner avis au duc de *Beaufort* d'une si surprenante aventure ; mais voyant que vraisemblablement il ne pourroit pas recevoir mes ordres à temps, et que tombant seul, et sans être averti, entre les mains des Anglais beaucoup plus forts, il étoit menacé d'une défaite, j'envoyai la *Feuillade* vers les Hollandais pour tâcher de les rappeler, et pour les sommer d'accomplir les choses auxquelles ils s'étoient engagés.

Et, à dire le vrai, on ne peut pas s'imaginer une plus expresse contravention que celle qu'ils faisoient en cela aux résolutions que nous avions prises, dont l'une des principales étoit, que les États feroient le plus de diligence qu'il seroit possible pour marcher au devant du duc de *Beaufort*, avant que les ennemis se pussent mettre entre deux; ou que si, malgré nos efforts communs, les Anglais se trouvoient au milieu de nous, la flotte de Hollande les suivroit pas à pas pour les tenir toujours en inquiétude, et pour empêcher qu'ils ne pussent user contre mes vaisseaux de tout l'avantage que le nombre leur donnoit : au lieu que les États avoient fait précisément le contraire; car, quoiqu'ils fussent en mer quelques jours avant les Anglais, et qu'ils pussent par conséquent s'avancer si fort devers ma flotte, qu'il n'eût pas été au pouvoir des ennemis de les empêcher de s'y joindre, ils se laissèrent devancer par la flotte anglaise, et même la voyant passer devers nous, se retirèrent aussitôt vers leurs côtes, comme s'ils lui eussent voulu laisser une entière commodité de nous charger.

La Feuillade, rencontrant les Hollandais près de Boulogne, travailla selon mes ordres à leur faire voir le tort manifeste qu'ils avoient ; mais ce fut inutilement qu'il leur en parla, parce que *Ruiter*, leur général, étant malade, ils ne se croyoient pas en état de rien entreprendre avec succès, et étoient tombés dans un abattement si terrible, que ne se tenant pas même en sûreté au lieu où ils étoient, ils levèrent l'ancre en présence de mon envoyé pour se retirer plus près de leurs côtes.

Villequier, capitaine de mes gardes, que j'avois dépêché depuis pour le même effet, fut contraint d'aller jusqu'en Hollande pour s'acquitter de sa commission, et n'y fit pourtant rien davantage que celui qui étoit parti devant lui.

Mais durant ce temps-là, quoique j'eusse donné ordre dans toutes mes places maritimes de tenir mon amiral averti de tout ce qui se passeroit, et que, de ma part, je lui eusse dépêché plusieurs couriers ; sans avoir reçu aucun avis, il avoit passé brusquement à la vue de l'île de *Wight*, et s'étoit venu rendre à Dieppe, suivant les premiers ordres que je lui avois donnés, pour y prendre ma gendarmerie.

Ce m'étoit sans doute une satisfaction que ma flotte, passant en si petit nombre à la vue d'ennemis si puissans, ils n'eussent pas eu la hardiesse de l'attaquer; mais d'ailleurs j'étois justement inquiété quand je considérois qu'aussitôt qu'ils seroient revenus de leur première surprise, et qu'ils auroient fait réflexion sur l'avantage qu'ils avoient, ils ne manqueroient pas sans doute de tâcher de s'en prévaloir.

Je voyois que, de la rade de Dieppe où mes vaisseaux étoient arrêtés, ils ne pouvoient aller joindre la flotte hollandoise sans passer au Pas-de-Calais, où les Anglais pouvoient arriver long-temps avant nous.

Mais je savois de plus que je n'avois point de port sur cette côte, dans lequel ma flotte pût entrer; et que, demeurant où elle étoit, elle seroit sans cesse exposée au caprice de la mer et aux insultes des ennemis, lesquels se pouvant tenir à couvert tant qu'il leur plairoit, auroient la commodité d'attendre à loisir un vent favorable pour venir fondre sur mes vaisseaux.

Dans cette pressante perplexité, ma résolution fut de mander au duc de *Beaufort* qu'il levât l'ancre le plutôt qu'il seroit possible, et que selon les avis qu'il pouvoit avoir de la contenance des ennemis, il prît son parti pour aller vers la Hollande ou pour venir du côté de Brest. Mais ce duc n'ayant pu rien apprendre qui fût capable de le déterminer à l'un ni à l'autre de ces deux desseins, ma fortune le fit heureusement pencher du bon côté, et retournant sur ses pas vers la côte de Bretagne, il y passa sans danger, au lieu que les vaisseaux hollandais qu'il avoit avec lui, ayant contre son sentiment pris la route opposée, il en tomba une partie entre les mains des ennemis, pendant que l'autre, pour se sauver, fut contrainte de se venir échouer à mes côtes.

Des miens il y en eut sept qui dans le premier trajet n'ayant pu suivre leur amiral, se trouvèrent en fort grand danger ; mais deux des sept qui étoient bons voiliers, passèrent heureusement en Hollande sans pouvoir être joints par les ennemis. Quatre autres s'étant engagés dans l'escadre anglaise dite du Pavillon blanc, laquelle ils prenoient pour mon armée, s'en dégagèrent à coups de canon, et traitèrent si mal les frégates, qu'elles se lassèrent enfin de les suivre ; et le dernier nommé le Rubis, commandé par le capitaine *Laroche*, se trouvant trop avancé pour pouvoir se retirer, crut qu'il devoit du moins vendre chèrement sa prise, et s'étant approché du vaisseau amiral de cette escadre, déchargea sur lui tout son canon, ne se rendant qu'à la dernière extrémité. Tellement qu'après tant de risques et d'inquiétudes la France ne perdit qu'un seul vaisseau, et s'acquit une gloire très-singulière d'avoir entrepris pour le secours de ses alliés de passer avec un nombre si disproportionné à la vue de toute la flotte anglaise, sans que du parti contraire personne eût osé s'y opposer.

Il est vrai que la plupart de ceux qui sont jaloux de la réputation de cette couronne, ont voulu attribuer le succès de cette navigation à l'embrâsement de Londres qui arriva par hasard dans le même temps (19) ; et qui ayant duré trois jours entiers, consuma les trois quarts de cette grande ville. Mais comme l'un de ces événemens n'a pas grande relation avec l'autre, je ne tiens pas qu'il y ait raison de les confondres dans le jugement que l'on en fait.

Ce n'est pas qu'à dire vrai cet incendie n'ait produit une furieuse désolation dans l'Angleterre, et pour moi le mal m'en parut si grand, que malgré la guerre que j'avois avec le roi de la Grande-Bretagne, je crus être obligé de lui en témoigner quelque douleur, comme je fis en visitant deux jours après la reine sa mère.

Le compliment que je lui fis sur ce sujet, fut en substance, qu'en tout ce qui se passoit entre son fils et moi, je saurois toujours distinguer les intérêts de nos états d'avec ceux qui pouvoient regarder ou sa personne ou sa fortune, et que j'aimois à conserver pour lui dans le plus fort de nos différens toute l'estime que l'on peut avoir pour un prince de très-grand mérite.

Mais enfin à considérer les choses suivant la politique, il n'y avoit point de doute que cet accident ne dût par ses conséquences être avantageux à l'état français, puisqu'il affoiblissoit une nation qui de tout temps étoit son ennemie.

Son commerce et ses manufactures ne pouvoient qu'ils n'eussent souffert une grande altération, par la perte que les marchands avoient faite et par la dissipation qui étoit arrivée dans les ouvriers. Ce qui sembloit d'autant plus ruiner cette île, qu'elle est d'ailleurs obligée à beaucoup de dépenses nécessaires, manquant naturellement de quantité de marchandises qu'elle est contrainte d'acheter chez ses voisins.

Mais il me sembla, qu'en son particulier le roi même y souffroit alors quelque dommage, non-seulement en ce qu'un si grand nombre d'ouvriers sans emploi pouvoit aisément se porter à des nouveautés ; mais parce qu'il s'étoit consumé dans Londres une grande quantité de munitions nécessaires à la guerre, et que le seul appauvrissement de cette ville lui ôtoit l'unique ressource qu'il pouvoit avoir contre les étrangers dans les pressantes nécessités de son état.

Vous me direz peut-être, que cette affaire

peut avoir ses avantages aussi bien que son inconvénient, que souvent de la grandeur des villes trop peuplées il est arrivé de grands inconvéniens, que celle même dont nous parlons en fournit d'assez funestes exemples, et que ce n'est pas une grande infortune au roi d'Angleterre d'avoir perdu une ville qui le pouvoit perdre un jour lui-même, puisqu'elle avoit bien perdu son père.

Mais à cela je vous répondrai, que si nous voulions nous priver de toutes les choses aussitôt qu'il nous en peut arriver du mal, nous serions bientôt dépouillés non-seulement de tout ce qui fait notre grandeur et notre commodité, mais encore de ce qui est le plus nécessaire à notre subsistance. Les alimens que la nature choisit pour la nourriture de l'homme, servent quelquefois à l'étouffer ; les remèdes les plus salutaires nuisent infiniment quand ils sont mal ménagés ; les lois les plus prudentes font naître souvent de nouveaux abus, et la religion, qui ne devroit être que l'objet de nos plus profonds respects, est elle-même sujette à souffrir les plus terribles profanations du monde ; et cependant il n'est personne qui osât conclure pour cela, qu'il fût avantageux d'être privé de l'usage des viandes et des remèdes, des lois et de la religion.

Dieu nous a donné la raison et la prudence pour nous aider à faire un bon usage de tous les autres présens qu'il nous a faits. Un prince qui, manquant de tête ou de cœur, ne sait ni se conduire soi-même, ni gouverner les autres, seroit peut-être aussi facilement déconcerté par une mutinerie de paysans, que par la révolte de ses meilleures villes; au lieu que celui qui a de la sagesse et de la vigueur, se possède également dans les plus grands périls et dans les moindres, et souvent même par la seule force de son nom s'épargne la peine de dompter les soulèvemens, parce qu'il les empêche de naître. Il ne trouve dans son état aucune différence entre les plus foibles et les plus puissans, parce que tous ont la même soumission pour lui, et il ne sauroit jamais voir, ni ses villes trop riches, ni ses provinces trop peuplées, parce qu'il sait l'art de faire servir et le nombre, et l'opulence de ses sujets, à la gloire et au bien de son royaume.

Mais, pour finir cette considération par
quelque

quelque chose qui tombe encore plus dans le dessein que j'ai de vous instruire en cet ouvrage, remarquez, mon fils, dans le subit embrâsement d'une si grande et si superbe ville, que ce roi voit périr au milieu de son état, combien sont peu solides en effet les biens que nous croyons les plus assurés, et combien le ciel a de moyens extraordinaires pour abattre notre fierté lors même que nous la croyons la mieux fondée.

Dans la revue continuelle que je faisois de tout ce qui se passoit dans mon royaume et dans ma maison, je vis que ma grande écurie, quoiqu'elle coûtât tous les ans une somme considérable, étoit tombée pourtant dans une si pitoyable décadence, qu'un homme de qualité ne croyoit plus y pouvoir entrer; car, non-seulement il y avoit peu de chevaux, mais on y avoit introduit, par des recommandations mendiées, des pages de toutes conditions, desquels on exigeoit, sous prétexte de droit d'entrée, de certains petits tributs qui se partageoient entre les officiers subalternes.

Dans la vue de ces choses, que je trouvois peu convenables à la grandeur d'une maison comme la mienne, je crus qu'il étoit nécessaire d'y remédier au plutôt, et il me sembla qu'il seroit beau de faire instruire en cet endroit un nombre plus considérable de gentilshommes, lesquels me pourroient après servir ailleurs. Outre que, dans les projets que je faisois continuellement pour la guerre, il étoit nécessaire d'avoir toujours une quantité de chevaux en état.

Ainsi, je résolus d'entretenir cent chevaux de manège, de choisir cinquante pages des meilleures maisons du royaume, et de leur donner des écuyers et des maîtres excellens en toutes sortes d'exercices, qui ne toucheroient d'appointemens que de moi seul.

Et, parce que je sus que ce qui avoit auparavant facilité l'entrée de ces places à diverses gens qui ne les méritoient pas, c'étoit qu'ils n'approchoient que très-rarement de ma personne, à cause que la petite écurie étoit seule en possession de me servir dans toutes les fonctions ordinaires, j'arrêtai qu'à l'avenir les pages de la grande et petite écurie me serviroient tous de même façon.

Dans le même temps, ayant fait réflexion sur les sommes immenses qui se dépensoient tous les ans par mes sujets dans l'achat des passemens de Gênes, de Venise, Flandre et

autres lieux, qui étoient autant de perdu
pour la France, je crus qu'il étoit important
d'en établir des fabriques dans le royaume,
afin que mes peuples pussent eux - mêmes
faire le gain que les étrangers faisoient sur
nous.

Mais dans cette résolution, je prévis bien
que les marchands de long-temps accoutumés au commerce de ces ouvrages, feroient leur possible pour traverser l'établissement que je méditois, comme croyant
trouver mieux leur compte sur des marchandises venant de loin, et dont la juste
valeur étoit inconnue, que sur celles qui
se fabriquoient ici à la vue de tout le public.
C'est pourquoi je crus qu'il seroit nécessaire
de trancher par autorité toutes les difficultés que leur artifice y eût pu faire naître :
et pour leur ôter néanmoins tout sujet de
plainte, je fis publier, dès le mois de juin,
la résolution que j'avois prise sur ce sujet,
et en même-temps fis défendre à toutes personnes de faire désormais trafic en mes états
de ces marchandises étrangères.

Mais, comme beaucoup de négocians ne
crurent pas que ces fabriques dussent sitôt
être en état, ou pensèrent qu'ils trouve-

roient toujours moyen de débiter en secret les marchandises défendues, ils ne laissèrent pas d'en faire venir de divers endroits, en quoi ils furent trompés dans leurs conjectures ; car ceux que j'avois chargés de veiller sur cet établissement y firent si bonne diligence, qu'au mois de septembre suivant, les magasins se trouvant remplis, j'ordonnai qu'on les ouvriroit en octobre ; et aussitôt je fis arrêter chez tous les marchands ce qu'ils avoient fait venir depuis ma défense.

Et en effet, il étoit juste que j'en usasse ainsi, non-seulement pour punir en eux une désobéissance si manifeste, mais encore pour empêcher que ceux qui, par mon commandement, avoient fait leurs avances dans ce trafic ne demeurassent pas inutilement chargés des marchandises qu'ils avoient préparées.

Il s'établissoit aussi, dans le même temps, en divers autres endroits de mon royaume, d'autres sortes de manufactures et de travaux qui ne sembloient pas moins nécessaires [20] : comme des draps, des verres, des bas de soie, des cristaux et autres choses de différentes natures, qui, toutes jointes ensemble, épargnoient sans doute au corps de l'état plus de douze millions par an; somme considérable qui ayant accoutumé de sortir de France, et s'y trouvant à présent retenue, ne peut qu'elle n'y produise avec le temps une abondance toute extraordinaire.

Outre qu'en ces nouveaux ouvrages qui s'établissoient, je trouvois un assuré moyen d'occuper tous ceux de mes sujets qui manquent d'emploi, et de les retirer d'une oisiveté qui ne pouvoit que corrompre leurs mœurs aussi bien qu'affoiblir leur fortune.

Mais, tandis que j'étois appliqué à cette considération, j'observai que le grand nombre des fêtes qui s'étoit de temps en temps augmenté dans l'église, faisoit un préjudice considérable aux ouvriers, non-seulement en ce qu'ils ne gagnoient rien ces jours-là, mais en ce qu'ils y dépensoient souvent plus qu'ils n'y gagnoient dans tous les autres.

Car enfin, c'étoit une chose manifeste que ces jours, lesquels, suivant l'intention de ceux qui les ont établis, auroient dû être employés en prières et en actions pieuses, ne servoient plus aux gens de cette qualité que d'une occasion de débauche, dans laquelle ils consumoient incessamment tout le fruit de leur travail.

C'est pourquoi je crus qu'il étoit ensemble, et du bien des particuliers, et de l'avantage du public et du service de Dieu même, d'en diminuer le nombre autant qu'il se pourroit; et faisant entendre ma pensée à l'archevêque de Paris, je l'excitai, comme pasteur de la capitale de mon royaume, à donner en cela l'exemple à ses confrères de ce qu'il croiroit pouvoir être fait, ce qui fut par lui bientôt après exécuté de la manière que je l'avois jugé raisonnable.

Cependant les impiétés, et les autres crimes qui se commettoient depuis long-temps dans le Vivarais et dans les Cévennes, me firent penser à y faire tenir les grands jours, ainsi que j'avois fait en Auvergne; et pour cela je nommai, par une déclaration, des commissaires du parlement de Toulouse, dans le ressort duquel ces lieux étoient compris. J'y trouvai pourtant, dès l'heure même, un peu de difficulté de la part de la chambre mi-partie de Castres, qui, avec quelqu'apparence de fondement, me remontroit qu'elle y avoit dû être employée, disant qu'il étoit indubitable que dans ce qui se traiteroit en ce tribunal, les gens de la religion prétendue réformée seroient fort souvent intéressés.

Et cette difficulté, pardessus laquelle j'aurois pu passer plus légèrement si elle se fût présentée en une autre saison, sembloit être alors de plus grande conséquence; car, ayant la guerre avec les Anglais, il étoit bon de ne pas faire paroître aux huguenots que l'on voulût en rien déroger aux priviléges que les édits de pacification leur avoient accordés.

Mais je trouvai néanmoins une manière pour éluder insensiblement leur prétention sans avoir besoin de la condamner expressément : car, cherchant à toute heure de nouveaux prétextes pour différer la décision de ce qu'ils proposoient, je fis de jour en jour passer le temps durant lequel l'affaire se trouva consommée, sans qu'aucun d'eux y eût été appelé.

Dumoulin, dont je vous ai déja parlé, étoit alors revenu d'Afrique, d'où il avoit heureusement ramené un grand nombre d'esclaves chrétiens délivrés à mes frais du pouvoir des barbares, en exécution de la paix que la terreur continuelle de mes armes leur avoit fait désirer.

Car, quoiqu'entre le temps de la conclusion du traité et celui de son exécution, le roi de Tunis eût été empoisonné par ceux de la faction contraire qui, par conséquent, avoient intérêt de renverser tout ce qui avoit été fait de son temps, ils ne laissèrent pas d'accomplir, à mon égard, tout ce dont nous étions convenus ensemble.

Mais j'avois encore voulu depuis peu travailler dans la France même, sur un point qui ne regardoit pas moins la religion, car j'avois eu dessein d'achever ce qui étoit nécessaire pour l'entière extirpation de la secte de Jansenius : et pour cet effet, après avoir tenu divers conseils et pris les avis de tous ceux de mon royaume, que je crus les plus instruits de ces matières, j'avois enfin fait prier Sa Sainteté de donner des commissaires aux quatre évêques qui avoient refusé de satisfaire à sa bulle et à ma déclaration, afin de leur faire leur procès conformément aux anciens priviléges de ce royaume.

Et, à dire vrai, je n'eusse pas estimé que le pape, intéressé comme il le doit être dans les affaires de cette qualité, eût pu apporter aucun retardement à cette demande ;

néanmoins, la proposition lui en ayant été faite, j'appris que de sa part on y faisoit de fort grandes difficultés, et enfin je découvris que la cour de Rome, s'imaginant que j'étois fort inquiété par les pratiques du jansénisme, s'étoit sur ce fondement persuadée qu'elle me pourroit vendre à tel prix qu'elle voudroit, les explications que je désirois, jusqu'à me faire insinuer de permettre en contre-échange que l'on abattît la pyramide qu'elle avoit été obligée de me bâtir pour réparation du crime des Corses.

Mais afin de faire voir à la cour de Rome que je ne prenois en cela autre intérêt que celui de l'église même, et que dans ce qui regardoit mon autorité je n'avois nulle appréhension des jansénistes, je donnai ordre au duc de *Chaulnes*, mon ambassadeur, de leur dire simplement qu'après avoir requis Sa Sainteté d'agir en cela suivant les formes ordinaires, je croyois avoir satisfait à mon devoir, et que ce seroit désormais au pape même à faire le sien quand il lui plairoit.

Ce duc étoit arrivé quelques mois auparavant à Rome, où il avoit été reçu très-honorablement, parce que le pape étoit alors en mauvaise disposition, et que sa famille, inquiétée touchant l'événement de son mal, avoit un peu moins de fierté qu'à son ordinaire : mais le pape depuis reprenant sa première santé, les choses revinrent au point où elles avoient coutume d'être.

Ma flotte arriva heureusement à Brest le octobre, et peu de jours après j'envoyai mes ordres pour la désarmer.

Je résolus pourtant de retenir armée une escadre de douze vaisseaux pour faire durant tout l'hiver la guerre aux sujets d'Angleterre, et j'accordai au duc de *Vendôme* la permission qu'il me demandoit d'en armer encore deux à ses frais.

Mais, sur l'avis qui me fut alors donné que les Anglais devoient envoyer vingt frégates pour escorter certains navires marchands qui alloient du côté de Tanger, et pour en ramener encore plusieurs autres qui depuis quelque temps les attendoient pour repasser en Angleterre, je fis savoir aux Etats-Généraux, que s'ils vouloient aussi de leur part armer une escadre considérable, nous pourrions aisément, étant joints ensemble, ou surprendre les ennemis dans leur passage, ou les contraindre à demeurer dans leurs ports, ce qui seroit toujours un effet très-utile par ses conséquences.

Car, en effet, il n'y avoit point de doute, que si nous avions pu traverser le commerce des Anglais, jusqu'à leur ôter la liberté de paroître même dans la Manche, nous ne les eussions bientôt réduits dans les dernières extrémités, et que nous n'eussions vu, dans cet état déja fort brouillé, naître de nouvelles mutineries.

Mais les Hollandais, ou lassés des efforts de la campagne précédente, ou se voulant préparer à bien commencer celle qui suivoit, ne voulurent pas prendre ce parti.

Et, à dire vrai, ils m'avoient alors tout récemment donné une marque assez singulière du dessein qu'ils avoient de bien vivre d'ailleurs avec moi; car ils avoient condamné à mort *Dubuat*, gentilhomme du prince d'*Orange*, pour avoir projetté avec les Anglais une espèce d'accommodement dans lequel je ne devois pas être compris.

Pour moi, je me préparois à faire l'année suivante un effort considérable pour contraindre l'Angleterre à faire la paix, ou pour lui faire porter les dommages de la guerre; et à ce dessein, je formois sans cesse de nouveaux et de grands projets, et entre autres j'avois depuis long-temps dans la pensée de m'emparer de l'île de Wight, qui par son avantageuse situation voit toute l'entrée de la Manche, et d'où j'aurois pu, avec mes vaisseaux, donner incessamment la chasse à tout ce qui fût sorti des ports Anglais.

Dejà pour favoriser ce dessein par quelque sorte de diversion, j'avois fait embarquer quatre cents hommes avec ordre de descendre en Irlande aussitôt qu'ils pourroient y être reçus par la faction des catholiques, résolu de les soutenir après d'un plus grand secours, s'ils se mettoient en état d'en avoir besoin.

Cependant, afin que ma flotte pût remettre en mer plus promptement dans la campagne prochaine, je résolus de faire hiverner sur les lieux les troupes dont elle étoit armée, et d'entretenir, même durant l'hiver, tout ce qui s'y trouvoit d'officiers, mariniers et bons matelots.

Je tâchai même de les attacher plus fortement à mon service en faisant en leur faveur un réglement sur une matière qui leur tenoit à cœur.

Ils s'étoient plaints presque de tout temps que les capitaines des vaisseaux retenoient une partie de leur solde, et pour cette raison demandoient à n'être plus payés par leurs mains; mais les capitaines insistant au contraire, soutenoient qu'il étoit de l'honneur de leur charge, et même du bien de mon service, qu'ils payassent par leurs mains les matelots qui étoient sous leur commandement; et en effet, ceux à qui j'en voulus demander avis ne se trouvèrent pas tous dans la même pensée : mais, pour moi, voyant que la justice étoit du côté des matelots, qui apparemment ne se plaignoient pas sans cause, et considérant qu'à tout balancer j'avois plus besoin d'eux que d'aucun autre dans la guerre maritime, j'ordonnai qu'ils seroient payés à la banque.

Pour les soldats, comme je me voyois en disposition de mettre au printemps prochain beaucoup plus de vaisseaux en mer que je n'en avois eu l'année précédente, j'avois fait dessein de me servir des troupes que j'entretenois sur terre, en cas que je n'eusse point d'affaires ailleurs.

En quoi je trouvois un double avantage, puisque, d'un côté, j'accoutumois une partie de mes troupes au service de la mer, et que de l'autre je ménageois ce qu'il m'eût coûté à les nourrir dans mes provinces.

Durant ce temps-là, comme j'appris que les Anglais favorisoient les desseins d'Espagne, et pressoient incessamment le roi de Portugal d'entendre aux propositions de paix, je donnai ordre à *Saint-Romain* de traverser cette négociation par tous les moyens imaginables, et je lui mandai même qu'il tâchât de pénétrer quels pouvoient être sur ce point les sentimens du premier ministre, afin que, s'il se trouvoit porté à l'accommodement, il en tînt promptement la reine avertie, et la fît user de tout son crédit pour en détourner l'effet. En quoi je connus bientôt que cette princesse avoit suivi mes intentions; car j'appris peu de temps après qu'elle s'étoit fortement brouillée avec le ministre du roi son mari.

Ce fut à peu près en ce temps-là que je fus informé de l'heureux succès de mes armes en Canada, et que je sus combien j'avois sujet d'être satisfait du zèle de ceux que j'y avois envoyés; car les fatigues qu'ils y avoient supportées étoient au-dessus de toutes celles que nous voyons dans les expéditions militaires de l'antiquité.

En une seule année ils avoient fait trois marches différentes, de plus de trois cents lieues chacune, chargés de leurs vivres et de leur équipage, par des lieux sauvages et inhabités, marchant tout le jour sur la neige, et y couchant à découvert toutes les nuits.

Mais, comme ces fatigues avoient été grandes, le fruit en parut grand aussi, parce que la fierté des Iroquois (qui sont les seuls ennemis que la France et la religion aient en ces lieux), en fut tout-à-fait humiliée, n'ayant jamais eu pour fondement que l'opinion que ces peuples avoient d'être dans un pays inaccessible.

Ainsi, après qu'ils eurent vu par mes gens leurs villages désolés, leurs grains pris ou brûlés, leurs enfans enlevés au plus fort endroit de leur retraite, ils demandèrent la paix à mes lieutenans avec toute l'instance possible.

Mais, tandis qu'ainsi je tâchois de procurer quelque tranquillité à ces colonies éloignées, je fus averti qu'en diverses provinces de mon état le menu peuple étoit tourmenté par l'avarice de quelques officiers subalternes qu'appuyoit l'autorité des gouverneurs, et j'y donnai aussitôt les ordres nécessaires, en établissant dans chaque endroit des surveillans habiles et fidèles pour être ponctuellement informé de tout ce qui se passeroit.

Je sus aussi, vers la fin de l'automne, que la ligue des princes d'Allemagne, dont je vous ai déja parlé, avoit enfin été signée de tous ceux qui devoient y entrer, et d'ailleurs sachant la négociation qui se faisoit au camp devant Bresme, j'envoyai *Milet* pour résider de ma part près de *Wrangel*, connétable de Suède, par qui cette affaire se manioit.

Le principal ordre que je lui avois donné, étoit d'observer ce qui se passeroit en cette négociation et chez les princes circonvoisins, non-seulement pour m'en donner avis, mais pour en faire part à *Pomponne*, qui traitoit pour moi avec les Suédois, et à l'évêque de Béziers qui manioit mes affaires

en

en Pologne, afin que chacun d'eux en sa fonction prît plus sévèrement ses mesures, étant plus particulièrement informé de ce qui se passoit entre tous les princes des environs.

Il n'est rien si nécessaire à ceux qui travaillent aux affaires que de savoir au vrai ce qui se fait dans tous les lieux où ils peuvent avoir des intérêts. Ni les ministres que nous y employons, ni nous-mêmes, ne pouvons délibérer de rien sûrement, si nous n'avons une connoissance très-exacte de tout ce qui se passe autour de nous; et comme la raison même, qui tient l'empire sur toutes les facultés de l'homme, ne peut régler ses opérations que sur le rapport des sens, les souverains ne peuvent agir dans leurs conseils que sur les nouvelles que leurs agens leur envoient sans cesse du dehors.

Tout homme qui est mal informé ne peut s'empêcher de mal raisonner; et si vous voulez rechercher dans les siècles passés toutes les fautes remarquables que l'on impute aux souverains, à peine en trouverez-vous une seule qui ne soit rapportée au défaut d'avoir su quelque chose qu'il devoit savoir : d'où il arrive que, parmi les hommes en général, il n'est point de façon plus commune de s'excuser, de quelque manquement que ce puisse être, que de dire: je ne savois pas, je ne pensois pas.

Toutes les fois qu'après avoir terminé une affaire nous apprenons quelque circonstance qui nous étoit inconnue, nous remarquons incontinent que, si nous l'avions su plutôt, nous aurions fait quelque chose de plus ou de moins, et, pour dire en un mot, je crois que quiconque seroit bien averti et bien persuadé de tout ce qui est, ne feroit jamais que ce qu'il doit.

Mais, pour moi, je fis alors une réflexion plus étendue; car je crus que ce n'étoit pas assez pour un prince qui se veut distinguer de ses pareils, de savoir ce qui se passe en son siècle, mais qu'il falloit être informé de tout ce qui s'étoit fait de remarquable dans les temps même les plus reculés. Je considérai que la connoissance de ces grands événemens, que le monde a produits en divers siècles, étant digérée par un esprit solide et agissant, pouvoit servir à fortifier sa raison dans toutes les délibérations importantes, que l'exemple de ces hommes illustres et de ces actions singulières que nous fournit l'antiquité, pouvoit donner au besoin des ouvertures très-utiles, soit aux affaires de la guerre ou de la paix, et qu'une ame naturellement belle et généreuse, s'entretenant dans l'idée de tant d'éclatantes vertus, étoit toujours de plus en plus excitée à les pratiquer.

J'avois ouï dire que tous ces héros, dont la gloire a passé jusqu'à nous, étoient parfaitement instruits dans les belles-lettres, et qu'ils devoient une partie de leurs bonnes qualités aux réflexions que l'étude leur avoit fournies.

Mais sur-tout j'étois persuadé qu'il y alloit un peu de ma gloire, tenant dans le monde le rang que j'y tenois, de ne pas savoir ce que la plupart du monde savoit ; que s'il y avoit quelque peine à l'apprendre si tard, il y avoit encore plus de honte à l'ignorer toujours, et me souvenois même d'avoir vu louer un de mes adversaires, de ce que par la négligence ou par la jalousie de son père, ne sachant seulement pas lire lorsqu'il commença de régner, il n'avoit pas pour cela négligé de s'appliquer à l'étude.

Enfin, considérant que, par mes travaux passés, j'avois mis une telle netteté dans mes affaires, et m'étois acquis une si grande facilité à les manier, que je pouvois disposer dès-lors d'une bonne partie de mon temps, je crus qu'il me seroit ensemble utile et glorieux d'en ôter quelques heures à mes divertissemens pour les donner à des connoissances si utiles ; de quoi j'ai bien voulu vous informer, pour vous faire comprendre avec quel soin vous devez étudier, maintenant que vous n'avez rien de meilleur à faire, puisque, dans le temps même où mon esprit étoit partagé entre tant de différentes occupations, je n'ai pas cru me pouvoir dispenser de celle-là.

Tandis que l'on est enfant, l'on considère l'étude comme un pur chagrin. Quand on commence d'entrer dans les affaires, on la regarde comme une bagatelle : mais quand la raison est dans la maturité, l'on reconnoît enfin trop tard combien il étoit important de s'y appliquer, lorsqu'on avoit un plein loisir.

Comme je savois bien que ce qui auroit le plus retardé l'exécution du dessein que j'avois eu sur le royaume de Pologne, et ce qui pouvoit encore y faire plus d'obstacles à l'avenir, étoit la cabale de *Lubomisky*, je pris résolution de faire avec lui quelques conventions particulières, pour lesquelles je prétendois l'engager à suivre en cela mes intentions.

Ce fut en partie dans cette même vue que je me portois plus promptement à donner aux Suédois le subside qu'ils m'avoient en vain demandé jusque-là pour l'entreprise de Bresme.

Leur ambassadeur extraordinaire, qui m'en avoit souvent pressé de leur part, étoit encore alors à ma cour; mais, voulant régler cette affaire suivant l'état de celles qui se négocioient vers le Nord, ou même selon le besoin d'argent qu'avoit effectivement cette couronne, je crus qu'il seroit mieux de faire passer mes offres par la voie d'*Andilly*, qui voyoit les choses de plus près, que de les régler ici moi-même avec l'ambassadeur de Suède.

Ainsi, je me contentai de répondre à ce ministre que j'étois bien fâché de n'être pas en disposition de terminer cette affaire avec lui, parce que je ne doutois point que, de sa part, il n'y eût apporté toute l'honnêteté possible ; mais que je me promettois que, sur ce point, la couronne de Suède seroit satisfaite de ce que je lui ferois savoir.

Et en effet, j'envoyai aussitôt mes ordres

à *Andilly*, pour offrir aux Suédois cent mille écus comptant, à la charge néanmoins de les déduire sur les subsides que je leur accorderois par le traité général de la ligue qui se devoit faire entre nous.

Car, à dire vrai, ce traité dès lors étoit fort avancé. J'avois déja fourni mes réponses sur les articles de leurs prétentions, et je les voyois d'ailleurs assez disposés à ne pas s'éloigner des miennes. Mais ce qui arriva peu de temps après, semble me donner une nouvelle occasion de me prévaloir de cette alliance; car, l'accord de Bresme étant consenti par eux, je voyois entre leurs mains beaucoup de troupes dont j'avois la liberté de disposer, soit sous leur nom ou sous le mien, contre la maison d'Autriche ou pour l'élection de la Pologne.

D'autre part, *Ruvigny*, par mes ordres, avoit toujours entretenu un secret commerce en Angleterre avec le comte de *Saint-Alban*, qui s'entremettoit de la paix, laquelle, à n'en point mentir, je désirois alors avec passion, comme étant un acheminement nécessaire aux autres desseins que j'avois formés.

Mais, l'une des plus grandes incommodités que j'avois dans cette pensée, c'étoit que je n'osois en presser l'exécution aussi fortement que je l'eusse désiré ; parce que, du côté des Espagnols, cela les excitoit à se tenir sur leurs gardes ; du côté des Anglais, cela leur faisoit craindre la conclusion, parce qu'étant fort défians d'eux-mêmes, et découvrant en moi cette chaleur, ils ne doutoient point que, voulant terminer cette guerre, je n'eusse une forte résolution d'en recommencer une autre dans leur voisinage, où ils n'avoient point envie de me voir établi.

Cela ne m'empêchoit pas pourtant de faire en secret mes préparatifs pour cette entreprise, soit en France ou dans les pays étrangers. J'entretenois quelque correspondance dans la Hongrie, pour y faire naître des affaires à l'empereur, aussitôt qu'il se voudroit mêler des miennes.

J'avois plusieurs fois consulté les meilleurs capitaines de mon État, pour résoudre à loisir de quelle façon je me conduirois dans cette entreprise ; l'on m'apportoit de jour en jour de nouveaux plans des forteresses de la Flandre, et j'avois principalement commandé que l'on m'informât de l'état où étoit Charleroy.

Pour mes troupes, je les tenois presque toutes sur les frontières des Pays-Bas pour les y pouvoir conduire plus promptement ; mais je les y tenois avec tant d'ordre, qu'encore qu'il y eût plus de cinquante mille hommes en une province ou deux, les habitans n'en pouvoient souffrir aucun dommage ; mais plutôt n tiroient une espèce de profit en ce que les soldats consommoient sur le lieu, en nature, ce que les paroisses m'eussent dû payer en argent.

Pour éloigner cependant les esprits du public, de la connoissance de mes pensées, je parlois fort souvent du voyage que j'avois eu dessein de faire à Brest, en cas que la guerre de mer durât, et déja même à toutes fins j'avois compté mes journées, et réglé les troupes qui devoient m'accompagner.

J'avois considéré que, dans cette marche, si je menois toute ma maison, je ne pouvois tenir moins de quinze lieues de largeur ; et qu'ayant résolu de visiter au retour toutes mes côtes, cela feroit, sur une si grande longueur, une étendue prodigieuse de pays, dont les habitans ne pourroient qu'ils ne souffrissent quelque chose, parce que dans un passage, il n'étoit pas aisé de régler la dépense des gens de guerre, comme l'on peut faire dans un séjour.

C'est pourquoi j'avois résolu de ne mener avec moi que ma gendarmerie, laquelle je prétendois faire incessamment camper à la porte de mon logis, ou loger dans les grosses villes pour y vivre des provisions que je ferois tenir prêtes à cet effet, sans que les habitans des lieux fussent obligés de leur fournir ni vivres ni ustensiles.

Mais dans la vérité j'espérois toujours de plus en plus de n'être pas obligé à faire ce voyage, parce que l'on écrivoit d'Angleterre que le comte de *Saint-Alban* en devoit bientôt partir; et sous prétexte de venir voir ici la reine sa maîtresse, apporter les pouvoirs nécessaires pour terminer entièrement le traité de paix que je méditois de faire avec le roi de la Grande-Bretagne.

Cependant plus la chose me paroissoit avancée, plus je m'efforçois de la reculer, et pour cela j'amusois encore les Espagnols par la proposition de la ligue dont je vous ai déja parlé, et me servant du prétexte de la guerre anglaise, ou de quelques autres que je prenois selon les diverses occasions qui se présentoient, je fortifiois insensiblement mes troupes, et fesois les autres préparatifs que je pensois les plus importans.

Suivant cette pensée je mis mes gardes à huit cents maîtres sans les officiers, avec résolution de les tenir toujours effectifs, sans qu'une seule place pût être vacante, ayant toujours des surnuméraires préparés pour entrer au lieu des absens. Et ce corps étoit d'autant plus considérable qu'à la réserve de vingt cadets (que j'avois gardés pour chaque compagnie), tout le reste étoit composé de cavaliers qui s'étoient signalés dans le service.

Mais de plus, aussitôt que j'eus avis de l'accommodement de Berlin, je donnai ordre à d'*Andilly* de demander aux Suédois les troupes dont ils n'avoient plus besoin, résolu de m'en servir suivant mes intérêts, ou en Pologne, ou en Allemagne.

Sur-tout comme j'estimois que le meilleur moyen d'exécuter quelque chose d'important, étoit de surprendre les ennemis par ma diligence, et d'entrer armé dans leur pays avant qu'ils pussent être en état de me résister, je disposois insensiblement toutes choses pour commencer cette campagne beaucoup plutôt qu'on n'avoit accoutumé.

Ainsi j'amassois dans chaque place des blés, des farines, des fourrages, de la poudre et des boulets, des canons et toutes les autres choses dont le manquement auroit pu retarder la marche ou les entreprises de mon armée.

Mais sur-tout je continuois à exercer soigneusement les troupes qui étoient auprès de ma personne, afin que par mon exemple les autres chefs particuliers apprissent à prendre le même soin de celles dont ils avoient le commandement.

Et il est certain qu'en ce temps-là cette précaution étoit d'autant plus nécessaire, que depuis sept ans de paix dont la France jouissoit, les plus vieux soldats de mes troupes avoient presque oublié leur métier.

Mais c'étoit encore un travail bien plus important pour les compagnies nouvellement levées, lesquelles n'ayant jamais vu de guerre, se seroient assurément trouvées fort surprises dans l'occasion, si par des exercices continuels je n'avois tâché de leur faire voir par avance quelqu'image des combats effectifs où ils se devoient un jour trouver.

Car enfin ces essais fréquens qui se font en temps de paix par forme de plaisir, accoutument peu à peu l'esprit et le corps à ce qui se doit faire à la guerre. Quelque vertu dont les hommes soient pourvus, il est mal aisé qu'ils répondent absolument des premiers mouvemens de leur imagination, dans les choses qui leur sont nouvelles. Les plus hardis peuvent être étonnés par les objets qui leur sont inconnus, au lieu que les plus timides ne s'alarment presque plus des choses les plus terribles, quand ils sont accoutumés à les voir. L'habitude est la plus sûre et la plus commode maîtresse que nous puissions avoir pour nous rendre toutes choses plus faciles. Les travaux les plus rudes en eux-mêmes deviennent presque insensibles à ceux qui s'y sont assujétis depuis long-temps, et les périls qui d'abord étonnent le plus, font si peu d'effet sur ceux qui s'y sont accoutumés, que souvent ils y demeurent sans aucune réflexion.

Mais, quand il n'y auroit que la seule

habitude qu'il faut donner aux troupes de bien marcher, elle mériteroit bien que l'on s'appliquât à les tenir dans un continuel exercice.

C'est une maxime dont les grands capitaines conviennent maintenant, qu'il se gagne beaucoup plus de batailles par le bon ordre et la bonne contenance que par les coups d'épée et de mousquet. La marche des troupes fait paroître en elles une assurance qui donne de la terreur aux ennemis, et le plus souvent c'est assez de paroître braves, parce que nos adversaires nous croyant tels, ne nous attendent pas d'assez près pour reconnoître si nous le sommes en effet.

Ainsi ce n'est pas sans raison que l'on attribue souvent au seul capitaine l'événement bon ou mauvais des combats, puisqu'il dépend pour l'ordinaire du soin qu'il a pris de discipliner ses troupes. Car c'est une erreur manifeste d'attribuer la fortune ou la bravoure des armées au climat ou à la naissance, puisque les mêmes nations qui dans de certains siècles ont été la terreur et l'admiration de l'univers, sont devenues depuis les plus lâches et les plus méprisables de la terre.

Les Macédoniens, qu'à peine le monde connoissoit, sont, par la vertu de deux rois seulement, parvenus à l'empire de tout le monde, et les Romains qui avoient assujéti tant de peuples par leur valeur, sont enfin devenus le jouet de toutes les nations barbares.

Ainsi, pourvu qu'un prince ait des sujets, il doit avoir des soldats, et quiconque ayant un état bien peuplé manque d'avoir de bonnes troupes, ne se doit plaindre que de sa paresse et de son peu d'application.

NOTES

DU PREMIER VOLUME.

Année 1661.

Car sur-tout j'étois résolu à ne pas laisser faire par un autre les fonctions de roi pendant que je n'en aurois que le titre, etc. (1). Page 1.

(1) Entrant cette année dans l'exercice de la royauté, Louis XIV qui, jusqu'à sa vingt-et-unième année, étoit véritablement resté sous la tutelle de Mazarin, tint son conseil le lendemain de la mort de ce ministre. Il adressa d'abord la parole au chancelier Séguier, en ces termes :

« Monsieur, je vous ai fait assembler avec mes ministres et secrétaires d'état, pour vous dire que jusqu'à présent j'ai bien voulu laisser gouverner mes affaires par M. le cardinal. Il est temps que je les gouverne par moi-même ; vous m'aiderez de vos conseils, quand je vous les demanderai. Hors le courant du sceau, je vous prie et je vous ordonne, M. le chancelier, de ne rien sceller en commandement que par mon ordre ;

je vous charge de me rendre compte chaque jour de toute chose à moi-même, et de ne favoriser personne dans vos rôles du mois. . . . . La face du théâtre change : j'aurai d'autres principes dans le gouvernement de mon État, dans la régie de mes finances et dans les négociations au-dehors, qu'en avoit M. le cardinal. Vous savez mes volontés ; c'est à vous maintenant, messieurs, à les exécuter. »

Dès ce jour l'ordre établi dans les conseils commença à influer sur toutes les parties de l'administration.

Ne laissant pas de m'appliquer à tout ce qui pouvoit survenir extraordinairement, etc. (2). Page 2.

(2) Le roi (dit l'abbé de Choisy) étoit tous les jours cinq ou six heures dans ses conseils. Il entretenoit souvent les ministres en particulier, pour voir s'ils lui disoient les mêmes choses que lorsqu'ils étoient ensemble. Il se faisoit lire toutes les lettres des ambassadeurs, et y répondoit lui-même ; mais cela ne l'empêchoit pas de donner toutes sortes de divertissemens à sa cour.

Pour les matières de conscience, ceux dont je me servois le plus souvent étoient, etc. (3). Page 2.

(3) Il fit un conseil de conscience composé de Pierre de Marca, archevêque de Toulouse, de Hardouin de Péréfixe, évêque de Rhodès, qui avoit été son précepteur, et du Père Annat, jésuite, son confesseur, homme illustre, qui n'a jamais rien fait pour ses parens,

rens, et qui, trouvant le poids trop pesant, s'en déchargea sur le Père Ferrier : il eut l'honneur et la consolation de mourir simple religieux. La reine-mère pressa tant le roi, qu'il donna aussi une place dans le conseil à la Motte-Houdancourt, évêque de Rennes, son grand aumônier ; mais il n'y demeura pas long-temps. C'étoit une tête de fer, grand théologien, bon canoniste, de mœurs irréprochables, digne enfin du poste qu'il occupoit dans l'église, si une avarice sordide n'eût pas effacé toutes ses bonnes qualités. Il faisoit enrager les autres ; et le roi, pour s'en défaire, lui donna l'archevêché d'Auch, où il alla résider. On examinoit dans le conseil de conscience tous les sujets l'un après l'autre. Il étoit difficile d'y faire passer son ami dans la foule. Le mérite y étoit discuté sévèrement par trois ou quatre hommes, qui ne s'accordoient pas toujours ; et par là le prince voyoit la vérité. (*Mémoires de l'abbé de Choisy*, page 143.)

Quand j'avois à régler quelque affaire de justice, je la communiquois au chancelier (4). Page 3.

(4) Pierre Séguier, chancelier de France, étoit duc de Villemor. Il appaisa les troubles de la Normandie en 1639, et hasarda sa vie à la journée des *Barricades*. C'étoit, dit Voltaire, un homme juste, qui fut toujours fidèle dans un temps où c'étoit un mérite de ne l'être pas. Il fut le protecteur de l'académie française. Les sceaux lui avoient été enlevés en 1650, mais ils lui furent rendus en 1656. Il mourut à St.-Germain-en-Laye sans enfans mâles.

Mais dans les intérêts les plus importants de l'État, etc. : ne pouvoir mieux servir alors, furent le Tellier, Fouquet et Bionne (5). Page 3.

(5) Fouquet, le Tellier et Lionne étoient les trois ministres dont se servoit le cardinal. Fouquet étoit surintendant des finances ; le Tellier, comme secrétaire d'état de la guerre, avoit une connoissance entière du gouvernement ; et Lionne étoit ministre d'état depuis qu'il avoit été aux conférences de Francfort ; et quoiqu'il n'eût point de charge, il faisoit depuis plusieurs années celle de secrétaire d'état des affaires étrangères. Le cardinal se plaignoit toujours de lui, en disoit des choses désagréables, et ne pouvoit s'en passer. Toutes les affaires étrangères étoient faites par lui et ensuite portées au vieux Brienne, ou à son fils, qui étoient obligés de signer sans examiner. Colbert faisoit un personnage caché. Le cardinal l'avoit recommandé au roi comme un homme de confiance, bon valet qui ne songeroit qu'à le servir, et ne penseroit point à le gouverner. Le roi donc, pour la première fois, tint le conseil avec ses trois ministres ; Colbert ne fut admis publiquement que long-temps après. Le conseil dura trois jours ; la reine-mère fut outrée de dépit de ce qu'on ne l'y appeloit pas. Elle en parla assez haut : je m'en doutois bien, disoit-elle, qu'il seroit ingrat, et voudroit faire le capable. (*Mémoires de Choisy.*)

Car, pour le Tellier, etc. (6). Page 4.

(6) Michel le Tellier, fils d'un conseiller à la cour des aides, né à Paris en 1603 ; successivement con-

seiller au grand conseil, procureur du roi au Châtelet, maître des requêtes, gagna les bonnes grâces de Mazarin, qui le fit secrétaire d'état, et lui donna toute sa confiance. Pendant l'absence du cardinal il fut chargé du soin du ministère, que la situation des affaires rendoit très-épineux; et après la mort de Mazarin, il continua d'exercer la charge de secrétaire d'état de la guerre jusqu'en 1666, qu'il la remit entièrement au marquis de Louvois, son fils aîné, qui en avoit la survivance.

Voici le portrait qu'en fait l'abbé de Choisy.

Michel le Tellier avoit reçu toutes les grâces de l'extérieur, un visage agréable, les yeux brillans, les couleurs du teint vives, un sourire spirituel qui prévenoit en sa faveur. Il avoit tout le dehors d'un honnête homme, l'esprit doux, facile, insinuant. Il parloit avec tant de circonspection, qu'on le croyoit toujours plus habile qu'il n'étoit, et souvent on attribuoit à sagesse ce qui ne venoit que d'ignorance, modeste sans affectation, et cachant sa faveur avec autant de soin que son bien.

Il promettoit beaucoup et tenoit peu, timide dans les affaires de sa famille, courageux et même entreprenant dans celles de l'état; génie médiocre et borné, peu propre à tenir les premières places, où il payoit souvent de discrétion, mais assez ferme à suivre un plan quand une fois il avoit été aidé à le former, incapable d'en être détourné par ses passions, dont il étoit toujours le maître; régulier et civil dans le commerce de la vie, où il ne jetoit jamais que des fleurs; c'étoit aussi tout ce qu'on pouvoit espérer de son amitié; mais ennemi dangereux, cherchant l'occasion de frapper sur celui qui l'avoit offensé, et frappant toujours en secret, par la peur de se faire des ennemis, qu'il ne méprisoit pas, quelque petits qu'ils fussent. Il ne laissoit pas de sentir les obligations de son emploi, et des devoirs de sa religion à laquelle il a toujours été fidèle. Il s'écria du fond du cœur et avec sincérité, peu de jours avant que de mourir, qu'il n'avoit point de regret à la vie, puisqu'il se voyoit assez heureux pour sceller la révocation de l'édit de Nantes.

L'abbé de St.-Pierre dit que c'étoit un très-habile courtisan, qui avoit instruit son fils à toujours louer le roi par quelqu'endroit, et à lui faire croire qu'il étoit le plus sage et le plus habile homme de l'Europe; et que c'étoit par cette raison que le roi se plaisoit plus à travailler avec le Tellier et avec son fils qu'avec les autres secrétaires d'état.

Ce même cardinal Mazarin m'avoit aussi parlé fort avantageusement de *Lionne*. (7). Page 4.

(7) Hugues, marquis de Lionne, d'une ancienne maison du Dauphiné, eut les affaires étrangères jusqu'en 1670. C'étoit, dit Voltaire, un homme aussi laborieux qu'aimable. L'abbé de Choisy le peint de cette manière.

Hugues de Lionne, gentilhomme du Dauphiné, avoit un esprit supérieur. Son esprit, naturellement vif et perçant, s'étoit encore aiguisé dans les affaires où le cardinal Mazarin l'avoit mis de bonne heure. Habile négociateur, que la réputation d'une trop grande finesse avoit rendu presqu'inutile dans le commerce des Italiens qui se défioient d'eux-mêmes, quand ils avoient à traiter. Avec beaucoup d'esprit et d'étude, il écrivoit assez mal, mais facilement, ne se voulant pas donner la peine d'écrire mieux. Au reste, fort désintéressé, ne regardant les biens de la fortune que comme des moyens de se donner tous les plaisirs; grand joueur, grand dissipateur, sensible à tout, ne se refusant rien, même aux dépens de sa santé; paresseux quand son plaisir ne le faisoit pas agir; infatigable, passant les nuits et les jours à travailler quand la nécessité y étoit, ce qui arrivoit rarement; n'attendant aucun secours de ses commis, tirant tout de lui-même, écrivant de sa main, ou dictant toutes les dépêches; donnant peu d'heures dans la journée aux affaires de l'état, et croyant regagner par sa vie active le temps que ses passions lui faisoient perdre. (*Mémoires de* Choisy, page 114.)

Pour *Fouquet*, on pourra trouver étrange que j'aie voulu me servir de lui, etc. . . . . (8). Page 4.

(8) Nicolas Fouquet, marquis de Belle-Isle, fils d'un conseiller d'état, naquit en 1615; reçu maître des requêtes à vingt ans, et procureur-général du parlement à trente-cinq, la place de surintendant des finances lui fut donnée en 1653.

Il dépensa près de trente-six millions d'aujourd'hui à sa maison de Vaux; il donnoit plus de pensions que le roi, achetoit tous ceux qui vouloient se vendre, joignant au goût des arts et des lettres celui de la volupté et même de la licence.

C'étoit (dit l'abbé de Choisy), le plus grand, le plus hardi des dissipateurs, ce qu'on nomme vulgairement un bourreau d'argent.

Madame de Motteville dit un grand voleur.

Louis XIV eut d'abord beaucoup d'indulgence pour lui. Il lui fit entendre qu'il n'ignoroit pas ce qui s'étoit passé, mais qu'il exigeoit de la fidélité pour l'avenir, et qu'il vouloit connoître au juste l'état des finances. Fouquet ne put se persuader qu'un prince de vingt ans se captiveroit pendant plusieurs heures de la journée pour vérifier des comptes. Il promit tout, et remit assez régulièrement les états au roi; mais le jeune monarque les communiquoit le soir à Colbert, qui lui en montroit les vices, et lui faisoit voir que partout la dépense étoit exagérée et la recette diminuée, afin de conserver les moyens de continuer la profusion. Le lendemain le roi faisoit au surintendant de ces observations d'un homme à demi instruit, tant pour lui montrer qu'il ne perdoit pas son objet de vue, que pour essayer si à force de tentatives il ne l'ameneroit pas à être sincère; et toujours il le trouvoit fidèle à son déguisement. Cette épreuve dura plusieurs mois, Fouquet trompant, Louis paroissant trompé, et Colbert l'empêchant de l'être.

Dès que Fouquet fut arrêté, tout le monde l'abandonna, et ceux mêmes qui avoient jusque-là vécu de ses libéralités, eurent peine à convenir qu'ils l'eussent jamais connu. Il faut en excepter quelques-uns des gens de lettres et distinguer parmi eux la Fontaine et Pélisson ; ce dernier fit pour lui d'excellens plaidoyers, et le premier la belle élégie qui commence par ce vers :

Remplissez l'air de cris dans vos grottes profondes,
Pleurez, nymphes de Vaux, etc.

Une commission fut nommée pour le juger. Le procès ne fut terminé qu'au bout de trois ans.

On blâmoit devant Turenne l'emportement de Colbert contre Fouquet, et on louoit la modération qu'affectoit le Tellier : *Effectivement*, dit Turenne, *je crois que M. Colbert a plus d'envie qu'il soit pendu, et que M. le Tellier a plus de peur qu'il ne le soit pas.*

C'est probablement Fouquet que Boileau avoit à la pensée quand il fit ce vers :

Jamais surintendant n'a trouvé de cruelle.

Comme l'abbé de Choisy l'avoit connu aussi-bien que les trois autres ministres, je crois qu'il est convenable de rapporter également ce qu'il en dit.

Nicolas Fouquet avoit beaucoup de facilité aux affaires, et encore plus de négligence. Savant dans le droit et même dans les belles-lettres, sa conversation étoit légère, ses manières assez nobles ; il écrivoit bien et ordinairement la nuit à la bougie, dans son lit, sur son séant, les rideaux fermés. Il disoit que le grand jour lui donnoit de perpétuelles distractions. Il se flattoit aisément, et dès qu'il avoit fait un petit plaisir à un homme, il le mettoit sur le rôle de ses amis, et le croyoit prêt à se sacrifier pour son service. Cette pensée le rendoit fort indiscret. Il écoutoit paisiblement, et répondoit toujours des choses agréables; en sorte que sans ouvrir sa bourse il renvoyoit à demi contens tous ceux qui venoient à son audience. Il vivoit au jour la journée; nulle mesure pour l'avenir, se fiant aux promesses de quelques partisans qui, pour se rendre nécessaires, lui faisoient filer les traités; et tant qu'il fut surintendant, il ne vit jamais deux millions ensemble. Il se chargeoit de tout, et prétendoit être premier ministre, sans perdre un moment de ses plaisirs. Il faisoit semblant de travailler seul dans son cabinet à St. Mandé; et pendant que toute la cour, prévenue de sa future grandeur, étoit dans son anti-chambre, louant à haute voix le travail infatigable de ce grand homme, il descendoit par un escalier dérobé dans un petit jardin, où ses nymphes, que je nommerois bien si je voulois, et même les plus cachées, lui venoient tenir compagnie au poids de l'or. Il crut être le maître après la mort du cardinal Mazarin, ne sachant pas tout ce que le cardinal mourant avoit dit au roi sur son chapitre. Il se flattoit d'amuser un jeune homme par des bagatelles, et ne lui proposoit que des parties de plaisir, se voulant même donner le soin de ses nouvelles amours; ce qui déplut fort au roi, qui, n'ayant alors de confident que lui-même, se faisoit un plaisir du mystère, et qui d'ailleurs allant au solide, vouloit commencer tout de bon à être roi.

Je lui donnai dans les finances Colbert pour contrôleur, homme en qui j'avois toute la confiance possible (9). Pag. 5.

(9) Jean-Baptiste Colbert, marquis de Seignelai, étoit sage, actif et vigilant. Il avoit, ainsi que Sully, un esprit d'ordre et d'économie; mais des vues peut-être plus étendues. Il s'étoit d'abord attaché au cardinal Mazarin, dont il gagna la confiance. Aussi ce ministre le recommanda, en mourant, à Louis XIV, et finit, dit-on, l'éloge qu'il en fit, disant : « Je vous dois tout, Sire, mais je crois m'acquitter en quelque sorte avec votre majesté en vous donnant M. Colbert. »

Colbert parloit peu, et affectoit même une sorte de silence négatif. Madame Cornuel, femme d'un trésorier, et connue par ses réparties, entretenoit d'affaires ce ministre qui ne lui répondoit rien. Monseigneur, lui dit-elle, faites au moins quelque signe que vous m'entendez.

Chaque année du ministère de Colbert fut marquée par l'établissement de quelque manufacture. Ce ministre le Mécène de tous les arts, établit et protégea également les académies. Ce fut dans sa maison même que l'académie des inscriptions prit naissance en 1663. Celle des sciences fut formée par ses soins en 1666. L'architecture eut aussi la sienne en 1671. Louis XIV s'étoit reposé sur Colbert du soin d'honorer les gens de lettres par des bienfaits signalés. Ce ministre s'y appliqua avec tant de zèle, que le mérite des savans les plus modestes n'échappoit point à ses recherches.

Colbert présentoit au roi au commencement de

l'année un agenda où les revenus de l'État étoient marqués en détail; et toutes les fois que le roi signoit des ordonnances, ce ministre le prioit de les marquer sur son agenda, de sorte que le roi se trouvoit à portée de voir en quel état étoient ses affaires, et en même temps celles de son ministre.

Colbert, dit l'abbé de Choisy, avoit le visage naturellement refrogné. Ses yeux creux, ses sourcils épais et noirs, lui faisoient une mine austère et lui rendoient le premier abord sauvage et négatif, mais dans la suite, en l'apprivoisant, on le trouvoit assez facile, expéditif, et d'une sûreté inébranlable, etc.

Parmi les diverses occupations dont je vous ai parlé, je ne manquois pas aussi d'occasions de divertissemens. (10). Page 20.

(10) La jeunesse du roi, dit M. de la Fare dans ses Mémoires, sa bonne mine, ses nouvelles amours, et particulièrement l'abondance qui régnoit encore dans le monde, jointe aux spectacles et aux fêtes, firent que la cour parut à Fontainebleau, pendant l'été de 1661, plus brillante et plus belle qu'elle n'avoit jamais été. Et comme chacun, ajoute-t-il, dans le commencement d'un gouvernement nouveau est rempli d'espérance, qui est la plus agréable de toutes les passions, ce ne furent que festins, jeux et promenades perpétuelles.

La cour, dit l'abbé de Choisy, étoit dans la joie et dans l'abondance, les courtisans faisoient bonne chaire et jouoient gros jeu. L'argent rouloit, toutes les bourses étoient ouvertes, et les notaires en faisoient

Année 1661.

trouver aux jeunes gens tant qu'ils vouloient ; ainsi ce n'étoit que danses et fêtes galantes.

Le roi avoit fait agrandir le canal de Fontainebleau, et il s'y promenoit tous les jours en calèche avec Madame et quelques autres dames. La reine étoit grosse et s'y faisoit porter en chaise. Les courtisans étoient à cheval, et il y avoit souvent des parties de chasse l'après-dînée, et le bal le soir. On y donna le ballet des *Saisons*, où le roi représentoit le printemps, accompagné des jeux, des ris, de la joie et de l'abondance. Il y dansa avec cette grâce qui accompagnoit toutes ses actions, et cet air de maître, qui même sous l'habit de masque, le faisoit remarquer entre les courtisans les mieux faits. Le comte d'Armagnac et le marquis de Villeroi ne lui faisoient point de tort. (*Mémoires de l'abbé de Choisy.*)

L'expédient le plus naturel pour me tirer de cet embarras, étoit de mettre le roi d'Angleterre en état d'agréer que je donnasse, sous son nom, au Portugal toute l'assistance qui lui étoit nécessaire (11). Page 21.

(11) L'abbé de Choisy donne, au sujet de cette convention faite avec l'Angleterre, des détails qui m'ont paru mériter d'être rapportés ici.

« Le roi avoit mis en délibération dans son conseil, s'il pouvoit en honneur et en conscience secourir le Portugal, et ses trois ministres avoient conclu qu'il le pouvoit, n'étant pas plus obligé que le roi d'Espagne à observer tous les articles du traité de paix ; et que puisque les Espagnols ne lui faisoient aucune raison sur quatre-vingt-quatre articles de griefs, que l'archevêque d'Embrun leur avoit proposés à Madrid, il en pouvoit faire autant de son côté et compenser l'un par l'autre ; il prit donc la résolution de le faire, mais le plus secrètement qu'il se pourroit, et chargea Fouquet de cette négociation à l'insu des autres ministres. Fouquet se servit pour cela d'un nommé la Bastide, qui avoit eu quelques habitudes à Londres du temps de Cromwel. Il fit résoudre le roi d'Angleterre à épouser la princesse de Portugal, et lui promit de lui faire donner par le roi deux cent mille écus par an, qui seroient employés au secours du Portugal. Les choses en étoient là lorsque le roi envoya le comte d'Estrades en Angleterre, sans lui rien dire de la négociation secrète que Fouquet avoit entre les mains. Le roi d'Angleterre pressa d'Estrades d'écrire au roi en faveur des Portugais; mais le roi répondit qu'il vouloit exécuter fidèlement le traité des Pyrénées. Le roi d'Angleterre répliqua qu'Henri-le-Grand n'avoit pas été si scrupuleux, et qu'après la paix de Vervins, il n'avoit pas laissé de donner de gros subsides aux Hollandais ; à quoi le roi répondit qu'il se feroit toujours honneur d'imiter le roi son grand-père, et qu'il n'avoit jamais rien fait contre sa parole, puisqu'en signant la paix de Vervins il avoit averti le roi d'Espagne qu'il devoit de grandes sommes d'argent aux Hollandais ses bons compères, et qu'il ne prétendoit pas leur faire banqueroute. Ainsi d'Estrades, tout habile qu'il étoit, fut joué par les deux rois sur l'affaire du Portugal, jusqu'à ce que Fouquet ayant été arrêté ; le roi lui découvrit tout le mystère, et défendit à la Bastide de s'en mêler davantage. »

...... Et le fit entrer dans l'alliance du Rhin, qui étoit un parti puissant que je faisois former au milieu de l'empire, sous prétexte de maintenir l'exécution du traité de Munster. (12). Page 27.

(12) Cette ligue du Rhin avoit été signée à Francfort le 14 août 1658, aussitôt après l'élection de l'empereur. Elle étoit entre le roi et les électeurs de Mayence, de Cologne, de Trèves, l'évêque de Munster, le duc de Neubourg, le roi de Suède en qualité de duc de Bremen et de Ferdant, la maison de Brunswick et le landgrave de Hesse. C'étoit le maréchal de Grammont et Lionne, ambassadeur de France à la diète pour l'élection de l'empereur, qui l'avoient négocié.

Année 1666.

La mort du roi d'Espagne et la guerre des Anglais contre les Provinces-Unies, offroient à-la-fois à mes armes deux importantes occasions de s'exercer, l'une contre les Espagnols pour la poursuite des droits échus à la reine par le décès du roi son père, etc. (1). Page 38.

(1) La disposition de la coutume du Brabant déclaroit dévolus aux enfans du premier mariage les

biens du père survivant, à l'exclusion des enfans du second lit. Par ce droit de dévolut, Marie-Thérèse, sortie du premier mariage de Philippe IV avec Élisabeth de France, demandoit de succéder à son père dans la possession du Brabant, de la haute Gueldre, de Luxembourg, Mons, Anvers, Cambrai, Malines, Limbourg, Namur et la Franche-Comté. Le droit eût été constant, si Marie-Thérèse n'y eût pas renoncé par son contrat de mariage.

Les soins que je pris pour empêcher ce désordre eurent un tel effet, que les troupes de ma maison, loin d'être diminuées, se trouvèrent alors plus fortes qu'elles n'avoient été depuis long-temps. (2). Page 49.

(2) Voulant rétablir la discipline dans les armées, Louis XIV commença par réformer les troupes de sa maison. Les places de gardes-du-corps se vendoient alors à prix d'argent, celles de chevau-légers ne s'accordoient qu'à ceux qui faisoient des offres brillantes aux officiers, et ces troupes n'étoient d'aucune utilité réelle. Louis XIV les distribua d'abord en différentes brigades, il en faisoit souvent la revue, et tandis qu'une partie faisoit le service auprès de sa personne, le reste étoit répandu dans des quartiers aux environs de Paris, et on les y tenoit dans un exercice continuel. Il rendit les congés très-rares, et remit l'ordre parmi les mousquetaires ; c'est ainsi que la maison du roi devint l'élite de l'armée.

Je crus pourtant qu'en cette occasion il étoit à propos de les soulager par un moyen qui se présenta, de m'assurer vingt-cinq millions dans une seule affaire, dont les peuples ne portoient aucune part, qui fut de terminer les recherches de la chambre de justice par un édit, etc. (3). Page 78.

(3) La chambre de justice fut composée du chancelier Séguier, qui y présidoit; de Lamoignon, premier président de parlement; de Nesmond, président à mortier; de Pontchartrain, président de la chambre des comptes, et de Dorieux, président de la cour des aides; de Talon, avocat-général du parlement, enfin du procureur-général. Il y avoit cinq maîtres des requêtes : savoir, Boucherat, d'Ormesson, Poncet, Bénard de Rézé et Voisin; quatre conseillers de la grand'chambre : savoir, Fayet, Cannut, Brillac et Renard; deux conseillers du grand conseil, Pussort et Chouart; deux maîtres des comptes, Moussu et Bossu de Jau; deux conseillers de la cour des aides, le Férou et le Bossau; et neuf conseillers tirés de neuf parlemens des provinces.

Ce dernier accès du mal de la reine ma mère, et le funeste accident de sa mort, me surprirent dans la chaleur de ces occupations, et me tinrent plusieurs jours attachés à la seule considération de cette perte. (4). Page 81.

(4) Anne d'Autriche, veuve de Louis XIII, et mère de Louis XIV, étoit fille aînée de Philippe II, roi d'Espagne. Elle ne manquoit ni de grâce ni de beauté; et c'est à elle que la France dut, en partie, les agrémens et la politesse qui la distinguèrent de toutes les autres cours de l'Europe, sous le règne de son fils. Elle mourut d'un cancer au sein le 20 janvier 1666; elle étoit fille, femme, sœur et mère de roi.

Ce que dit le marquis de la Fare à l'occasion de

la mort de cette princesse, est assez piquant pour mériter d'être rapporté ici.

La mort d'Anne d'Autriche n'apporta aucun changement aux affaires, dont elle ne se mêloit plus; mais elle en fit un grand dans la cour qui, dès ce jour-là, commença à changer de face. Cette princesse qui avoit bien connu tout le monde et en avoit eu besoin, savoit parfaitement la naissance et le mérite de chacun, et se plaisoit à les distinguer ; fière et polie en même temps, elle savoit ce qui s'appelle tenir une cour mieux que personne du monde, et quoique vertueuse, souffroit même avec plaisir cet air de galanterie qui doit y être pour la rendre agréable, et y maintenir la politesse, dont en ce temps-là tout le monde faisoit cas, mais qui depuis est devenue inutile et même ridicule. On peut dire que les mœurs des hommes et des femmes sont changées entièrement. Quand je dis les mœurs, j'entends les façons de faire, puisque du reste les mêmes passions ont dans tous les temps produit les mêmes effets; mais, par exemple, il est certain que comme les femmes paroissoient se respecter plus qu'à présent, on les respectoit aussi davantage. Le jeune homme le plus débauché ne buvoit point tous les jours jusqu'à s'enivrer, et quand il étoit ivre il alloit se coucher. On étoit plus délicat sur les plaisanteries qu'on faisoit les uns des autres. La bonne compagnie étoit plus séparée de la mauvaise. Les gens qui entroient dans le monde avoient plus d'égards pour ceux qui avoient quelqu'acquis, et n'étoient pas si aisément admis en toutes sortes de compagnies. Comme il n'y eut plus de mérite que celui de faire assidument la cour au roi, et que du jour de la mort de la reine sa mère, il passa presque toute sa vie à la campagne, l'urbanité et la politesse des villes se retira peu à peu de la cour, etc. Qui croiroit que c'est de la plus belle époque de la cour la plus brillante et la plus polie qui ait jamais existé, que parle ici M. de la Fare !

On voit que de tout temps il s'est trouvé des gens d'humeur chagrine, qui ont loué le passé pour censurer le présent. M. de la Fare étoit devenu l'ennemi de Louis XIV, parce que Louvois ne l'avoit pas compris dans une promotion d'officiers généraux.

Anne d'Autriche étoit d'une délicatesse extrême; Mazarin, l'en plaisantant un jour, lui dit : que si elle alloit en enfer, son supplice seroit de coucher dans des draps de toile d'Hollande.

Cependant, je continuai de travailler à certains jours réglés au rétablissement général des ordonnances qui regardoient la justice (5). Page 95.

(5) Les assemblées de la chambre de justice se tenoient chez le chancelier. Après bien des soins, les habiles magistrats qui la formoient rédigèrent en un seul corps les ordonnances que les rois avoient publiées en divers temps pour réformer la justice et abréger les procédures. Henri Pussort, conseiller d'état, fut celui qui eut le plus de part à cet ouvrage qu'on intitula le *Code Louis*; il fut publié au mois d'avril 1667.

J'avois dû vous marquer aussi dès le mois de janvier que les grands jours étant expirés avant qu'ils eussent pu terminer une bonne partie des affaires, j'en ordonnai la continuation, etc. (6). Page 94.

(6) Louis XIV voulut détruire l'espèce de tyrannie que des seigneurs exerçoient sur leurs vassaux. Il y en avoit qui se croyoient en droit de tout exiger, et personne n'osoit leur résister ni se plaindre de l'oppression. Les juges qu'ils établissoient, et qui étoient par la loi dans leur dépendance, craignant de perdre leurs places, suivoient aveuglément leur volonté. Les autres juges des petits endroits, assurés de l'impunité, ne suivoient que leurs passions dans les jugemens qu'ils portoient. Tous ces abus provenoient de la licence qu'on avoit eue dans les guerres civiles. Le roi remédia à ce mal en établissant une chambre de justice ambulante, qui, sous le nom de *grands jours*, devoit parcourir les provinces et punir toutes ces injustices. Elle commença ses fonctions en Auvergne, où les violences avoient été poussées plus loin qu'ailleurs. Il en coûta la tête à plusieurs. Un grand nombre de seigneurs furent punis par la démolition de leurs châteaux; et ceux d'entre les juges, qui, bien que coupables, ne l'étoient cependant pas assez pour être punis de mort, furent destitués de leur charge.

Le matin étoit, comme auparavant, destiné pour les conseils réglés de justice, du commerce, de finance et de dépêches; l'après-midi pour le courant des affaires de l'état, etc. (7). Page 96.

(7) Lorsque le roi prit de nouveaux ministres après la mort de M. de Louvois, il leur dit qu'il n'auroit point de rang entre eux, et s'étant mis au bout d'une table

longue, il fit mettre Monseigneur lui-même à sa gauche et à sa droite M. de Croissy, et ensuite M. le Pelletier. M. de Pomponne se mit au-dessous de Monseigneur, et au-dessous de lui M. de Pontchartrain. Avant cette époque, les ministres ont toujours été assis en présence du roi, et même dans le conseil des finances, parce qu'il faut être à son aise pour écrire, compter et calculer. Il n'y avoit que le conseil des dépêches où tout le monde étoit debout, jusqu'à ce que le chancelier Letellier, ayant demandé au roi un petit tabouret, à cause d'un mal de jambe, sa majesté lui permit de s'asseoir, et accorda la même grâce au maréchal de Villeroi, chef du conseil royal. Les princes y sont assis (dit l'abbé de Choisy), mais Monsieur n'entre que dans le seul conseil des dépêches; le roi, malgré l'amitié qu'il a pour son frère, s'étoit fait une loi de conserver un secret inviolable dans les affaires de l'état.

A la mort du cardinal Mazarin, le conseil des finances étoit composé de deux contrôleurs-généraux, de deux intendans, et du surintendant, qui régloit tout à sa fantaisie.

Après l'arrestation de Fouquet à Nantes, le roi, avant que de partir, dit au maréchal de Villeroi, qu'il faisoit un conseil royal des finances, dont il seroit le chef, et sur cela le maréchal de la Meilleraye, dans un dîner qu'il donna ce jour-là aux courtisans, lui dit plaisamment : petit maréchal, mon ami, tu seras le chef des finances, mais en idée, comme je l'ai été, moi qui te parle, et Colbert en sera le chef véritable :

mais que t'importe? tu auras de gros appointemens, et n'est-ce pas assez?

Le conseil royal fut composé d'un chef et de trois conseillers, dont l'un devoit être toujours intendant des finances. Le chef avec 48,000 liv. d'appointemens; d'Aligre et de Sève furent conseillers, et Colbert qui étoit intendant, fut le troisième. Le roi marqua dans sa déclaration, que le chancelier s'y trouveroit quand sa majesté le lui ordonneroit, et qu'alors il y présideroit. La grande et la petite direction allèrent à l'ordinaire; et ce ne fut que quelque temps après que le roi supprima les directeurs des finances, et remboursa les deux charges de contrôleurs généraux, pour faire Colbert seul contrôleur général par commission, en attribuant à cette qualité une place de conseiller au conseil royal des finances. (*Mémoires de* Choisy).

La déclaration du roi portoit : « Sa majesté connoissant bien qu'elle ne peut donner des marques plus grandes de son amour pour ses peuples, que de prendre elle-même le soin de l'administration de ses finances..., elle a résolu d'appeler auprès d'elle un conseil composé de personnes de capacité et de probité connue, par l'avis duquel conseil elle agira dans ladite administration pour toutes les affaires qui étoient résolues et exécutées par le surintendant seul. Ce conseil sera nommé conseil royal des finances, et sera composé d'un chef qui présidera sous l'autorité et en la présence de sa majesté, lorsque M. le chancelier, chef

Année 1666.

de tous les conseils du roi, ne pourra se trouver auxdits conseils ; et de trois conseillers, dont l'un sera toujours intendant des finances.

» Sa majesté se réserve à elle seule la signature de toutes les ordonnances concernant et les dépenses comptables et les comptans, tant pour dépenses secrètes que pour remises, intérêts et autres de toute nature, etc. »

...... Et les commissaires n'osoient plus comme auparavant grossir sur le papier les troupes dont ils faisoient la revue, etc. (8.). Page 115.

(8) L'usage des passe-volans étoit un des plus grands abus introduits dans l'armée. On trouvoit des personnes qui faisoient publiquement ce métier. Les officiers se prêtoient entr'eux leurs soldats, d'où il arrivoit qu'une compagnie qui aux revues sembloit complète, ne l'étoit souvent pas à moitié. Le roi créa des inspecteurs, et ordonna que tout officier qui seroit en faute seroit cassé. Le désordre cessa en très-peu de temps. Il établit aussi l'habit uniforme à la même époque. Auparavant chaque soldat s'habilloit sur sa paye comme il l'entendoit, de sorte qu'on auroit pris une armée pour un ramas de gueux.

La mort imprévue du prince de Conti qui arriva un mois après, sur la fin de février, fit naître à mon frère une nouvelle prétention pour le gouvernement de Languedoc. (9). Page 130.

(9) Voici comment l'abbé de Choisy raconte l'affaire :

« Le duc d'Orléans fit demander le gouvernement

de Languedoc au roi par Daniel de Cosnac, évêque de Valence. Lorsque le prince de Conti mourut, Philippe étoit à Villers-Cotterets, où il s'étoit retiré pour quelque léger mécontentement. L'évêque de Valence, en arrivant à Saint-Germain où étoit le roi, lui demanda une audience de la part de Monsieur; il l'obtint sur l'heure. « De quoi est-il question, » monsieur ? » lui dit le roi. « Mon frère boude-t-il » sans savoir pourquoi, ou ne s'est-il éloigné de moi » que pour être moins gêné ? » J'ai ordre, lui répondit M. l'évêque de Valence, de remettre à votre majesté une lettre dont Monsieur m'a chargé, et de prendre en même temps la liberté de lui représenter, qu'ayant l'honneur d'être son frère unique, il a lieu d'espérer que vous ne lui refuserez pas le gouvernement de Languedoc. « Le gouvernement de Languedoc, s'écria » le roi ! Je croyois que tous les gouvernemens par-» ticuliers des provinces étoient au dessous de mon » frère. » — En prenant la lettre, le roi acheva de la lire; après quoi, regardant l'évêque de Valence : est-ce là tout, Monsieur ? lui dit le roi. — Oserois-je, sire, répliqua monsieur de Valence, prendre la liberté de représenter respectueusement à votre majesté la juste douleur que Monsieur recevra si V. M. le refuse; et puisque V. M. m'a fait l'honneur de me demander déja si Monsieur boude encore, il semble par là que V. M. croit qu'il en a quelque sujet, bien ou mal fondé: Il n'y a personne, sire, qui puisse ni doive entrer dans le sacré détail de ce qui se passe entre vous deux; mais enfin Monsieur est votre frère, il vous demande avec empressement le gouvernement de Languedoc, et V. M. s'est aperçu qu'il n'est pas content. « Monsieur, lui dit le roi, je vous ferai donner la réponse que je vais faire à mon frère dans une demi-heure ; dites-lui que les princes du sang ne sont jamais bien en France ailleurs qu'à la cour, et qu'à l'égard du gouvernement de Languedoc, je le prie de se souvenir que nous sommes convenus lui et moi qu'il n'auroit jamais de gouvernement. » En achevant ce mot, le roi ouvrit lui-même la porte de son cabinet et congédia monsieur de Valence, auquel il fit remettre une demi-heure après la réponse qu'il fit à Monsieur, qui, de son côté, après avoir encore boudé quelques jours, revint à la cour, où le roi le combla d'amitiés, de présens et de manières charmantes.

En ce même temps le pape qui desiroit de voir en cet état l'entière exécution de ses bulles sur la doctrine de Jansénius, pressoit de faire faire le procès aux quatre évêques qui avoient refusé de signer ce formulaire dont je vous ai déja parlé. (10). Page 145.

(10) Ces quatre évêques étoient : Henri Arnauld, frère du célèbre docteur de ce nom, évêque d'Angers ; Nicolas Chouart, évêque de Beauvais ; Pavillon, évêque d'Alet, et Caulet, évêque de Pamiers, le même qui depuis résista à Louis XIV sur la régale. Ils avoient publié des mandemens dans lesquels ils reconnoissoient qu'on devoit, à la vérité, se soumettre aux décisions de l'église en ce qui regardoit les matières de foi ; mais dans lesquels ils prétendoient qu'on n'étoit aucunement obligé d'adhérer à ce qu'elle déterminoit sur certains faits particuliers qui n'étant pas révélés, no

pouvoient jamais faire la matière de ses décisions. Le formulaire dont il est ici question, étoit un second formulaire composé par Alexandre VII, et semblable au premier pour le fond. Alexandre nomma, depuis neuf évêques français pour faire le procès aux quatre autres ; mais lorsque tout étoit dans la plus grande fermentation, que l'on se disputoit pour prouver que les cinq propositions condamnées par le formulaire étoient ou n'étoient pas dans Jansénius, Rospigliosi devint pape sous le nom de Clément IX, et il engagea les autres évêques à signer sincèrement ce qui leur laissa ainsi qu'à tous les jansénistes la liberté de condamner les cinq propositions sans avouer qu'elles fussent de Jansénius.

Les évêques opposans en avoient attiré dix-neuf autres, à la tête desquels étoit Louis de Gondrin, archevêque de Sens, qui entra depuis en négociation avec le nonce Pierre Bargellini, archevêque de Thèbes, et qui écrivit au pape pour l'engager à ne pas employer des voies de rigueur, lui faisant comprendre qu'elles seroient plus nuisibles qu'utiles. Les quatre évêques donnèrent donc quelques petites explications, et signèrent sincèrement. Cet accommodement fut appelé la paix de Clément IX.

. . . . Je fis passer aussi dans cette cour (en Portugal), l'abbé de Bourzeil pour l'intérêt du service de Dieu, lui donnoit ordre de tenter toutes les voies imaginables pour convertir Schomberg, etc. (11). Page 152.

(11) Amable de Bourzeil avoit déjà contribué à la conversion du prince Palatin Édouard, et à celle de

Année 1666.

quelques ministres. On se servit de sa plume dans la discussion des droits de la reine. Plusieurs historiens ont prétendu que ce voyage en Portugal avoit eu un but politique, et que la conversion de Schomberg n'en étoit que le prétexte. Ce que dit ici Louis XIV, fait tomber ces suppositions. L'abbé de Bourzeil étoit de l'académie française ; c'étoit un homme savant dans les langues, et sur-tout dans la controverse. Voltaire lui attribue le testament du cardinal de Richelieu, mais on ne sait sur quel fondement.

Mais parce que les gens d'église sont sujets à se flatter un peu trop des avantages de leur état, et qu'ils semblent quelquefois s'en vouloir servir pour affoiblir leurs devoirs les plus légitimes, je crois être obligé, etc. (12). Page 156.

(12) Ce que le roi dit ici à son fils sur la disposition ambitieuse du clergé, a toujours trait à cette affaire de l'évêque d'Alet, Pavillon, qui refusoit opiniâtrement de se soumettre... Ce droit donnoit au roi de France la faculté de disposer du revenu d'un évêché pendant la vacance du siége, ainsi que le pouvoir de nommer à quelques bénéfices simples dans l'espace qui s'écoule entre la mort d'un évêque et le serment de fidélité enregistré de son successeur. On sent aisément combien ce droit est légitime. Tout resta cependant en suspens jusqu'en 1673, que le chancelier Étienne d'Aligres scella un édit par lequel tous les évêchés du royaume étoient soumis à la régale. L'évêque d'Alet et l'évêque de Pamiers refusèrent de se soumettre ; le roi se contenta d'exiler les principaux officiers de ces évêques, qui eurent pour eux le pape

Innocent XI. L'évêque d'Alet mourut en paix. L'évêque de Pamiers resta seul et persista toujours à ne point faire enregistrer son serment de fidélité. Le roi saisit son temporel, mais le pape et les jansénistes le dédommagèrent. Il mourut en 1680, persuadé que le droit de régale soumettoit trop l'église à la monarchie.

Je confiai la conduite de cette escadre à Ruvigny, homme en qui j'avois une pleine créance, etc. (13). Page 179.

(13) M. de Ruvigny étoit protestant, et passa en Angleterre lors de la révocation de l'édit de Nantes, mais le roi lui fit toujours payer ses pensions. Ce fut lui qui vint un jour trouver Louis XIV, et lui dit : « Sire, j'ai acheté la terre de Rayneval, mais il me manque dix mille écus pour achever mon paiement ; je viens demander cette somme à votre majesté comme à mon meilleur ami. » Le roi lui répondit : « Vous ne vous trompez pas, je vous les donne de tout mon cœur. » C'est M. de St.-Simon qui rapporte cette anecdote. M. de Ruvigny prit en Angleterre le titre de comte de Galloway. Il perdit la bataille d'Almanza contre M. de Berwick. Il fut lord justicier d'Irlande, et mourut en 1720.

Car, outre les établissemens que j'avois déjà faits pour le commerce et pour les manufactures que j'augmentois continuellement, je recherchois encore à faire de nouveaux ports, qu'à rendre meilleurs ceux que j'avois, soit dans la Méditerranée, soit dans l'Océan. (14). Page 221.

(14) Le commerce prenoit de nouvelles forces, et

on le voyoit augmenter de jour en jour. Colbert y donnoit sa principale attention. Il avoit déjà fait établir deux compagnies, l'une pour les Indes orientales, et l'autre pour les Indes occidentales, ce qui regardoit le commerce du dehors : il s'appliquoit en même temps à faire fleurir le commerce intérieur. La fabrique des glaces fut une des premières manufactures qu'il introduisit en France. On n'avoit auparavant que celles qui y étoient transportées de Venise à fort grands frais ; on en vit bientôt à Paris, de la verrerie établie au faubourg Saint-Antoine, plus belles que tout ce qui avoit paru jusqu'alors. Les manufactures des points de France et des toiles peintes furent établies dans le même temps : mais la manufacture la plus brillante, celle qui demandoit plus de goût, plus de délicatesse, et qui devoit servir le plus à l'ornement des palais du roi et des magnifiques hôtels qui s'élevoient de tous côtés, fut celle des tapisseries. Colbert l'établit aux Gobelins, lieu déjà connu pour la teinture des laines en écarlate. On y travailla sur les dessins de Lebrun, qui en fut nommé directeur.

Louis XIV fit bâtir la ville et le port de Rochefort à l'embouchure de la Charente. On éleva cinq arsenaux de marine à Brest, à Rochefort, à Toulon, à Dunkerque, et au Hàvre de Grace.

Je pris même un dessein plus singulier et plus important, qui fut de joindre les deux mers ensemble. (15). Page 222.

(15) On avoit commencé, dès l'année 1664, à travailler au canal du Languedoc.

On réunit dans le bassin de Naurouse les eaux de différentes rivières qui se déchargeoient auparavant, les unes dans l'Océan, et les autres dans la Méditerranée. Ce bassin est de deux cents toises de longueur, et de cent cinquante de largeur. Le canal qui communique d'une mer à l'autre, a soixante-quatre lieues de France de longueur, et trente pieds de largeur; ce canal côtoyant et séparant quelquefois les montagnes pendant un si long espace, reçoit l'eau des rivières et des ruisseaux, et les porte au bassin de Naurouse. Cent quatre écluses, placées de distance en distance, retiennent et lâchent les eaux selon les besoins différens; en sorte que le canal étant toujours navigable, on transporte sans peine les marchandises d'une mer à l'autre en onze jours; ce qui évite les frais immenses des voitures, dont les négocians étoient obligés de se servir avant l'exécution de cet ouvrage merveilleux.

Un tel monument éternise à la fois la mémoire de M. de Riquet son auteur, et celle de M. de Colbert, qui en développa les avantages au roi.

Le succès du dernier combat qui s'étoit donné contre les flottes d'Angleterre et de Hollande n'ayant pas été favorable aux Hollandais, leurs principaux chefs étoient en dispute pour savoir à qui le mal s'en devoit imputer, etc. (16). Page 225.

(16) Le 4 d'août, il s'engagea près de la Tamise un combat naval entre l'escadre du général Monk et celle de Ruyter, qui se trouva bientôt abandonnée par son avant-garde, qui se retira à toutes voiles, et par l'escadre du lieutenant amiral Tromp, qui se mit à

poursuivre celle du pavillon bleu de la flotte anglaise, qui prit la fuite. Selon un historien, assez de gens crurent que cette fuite n'étoit qu'une ruse de guerre de Jérémie Smith, qui vouloit attirer à sa poursuite Cornéille Tromp, dont l'escadre étoit très-forte, et composée des meilleurs vaisseaux des Provinces-Unies; mais un autre historien assure que Smith fut fort mal reçu en Angleterre après le combat. Ainsi Tromp se laissa emporter à son impétuosité naturelle et à son ressentiment; car il n'avoit pu pardonner à Ruyter la distinction que les Etats avoient faite de lui en le chargeant du commandement de la flotte. S'il chercha à faire recevoir un échec à son amiral, il en vint à bout. Ruyter ayant inutilement tiré plusieurs coups de canon pour rappeler les escadres écartées, eut à soutenir, avec huit vaisseaux, tout l'effort de vingt-deux Anglais qui le criblèrent de coups. Il se battit jusqu'à cinq heures du soir, qu'il prit le parti de se retirer. Les ennemis le poursuivirent toute la nuit, et le jour suivant, jusque sur les côtes de Hollande, et prirent en chemin deux de ses vaisseaux, après quoi ils voulurent aller tomber sur Tromp, qui se battoit encore avec Smith, à qui il avoit enlevé un vaisseau, mais qui profita du vent pour gagner Flessingue. Dès qu'il y fut, il écrivit aux Etats-généraux une lettre fort injurieuse à leur amiral, dont il blâmoit extrêmement la conduite; mais il ne fut pas cru. Le conseiller pensionnaire de With, qui ne l'aimoit pas, parce qu'il étoit dévoué au prince d'Orange, profita de cette occasion pour lui faire ôter sa commission de lieutenant amiral, quoique ce fût un grand homme de mer, et si estimé en France, que le comte d'Estrades, alors ambassadeur en Hollande, n'épargna rien pour le faire passer au service de cette couronne. Pour Ruyter, il fut non-seulement conservé dans son emploi, mais encore remercié par les Etats ; et ce qui acheva de le consoler dans son malheur, c'est que le roi très-chrétien écrivit en Hollande qu'il estimoit plus sa retraite qu'une bataille gagnée, et lui envoya en même temps l'ordre de Saint-Michel avec une chaîne d'or et son portrait. (*Mémoires chronologiques du P. d'Avrigny.*)

Un peu auparavant le temps dont je vous parle, j'avois appris une action assez extraordinaire que la Feuillade avoit faite sans m'en parler, dans le milieu même de l'Espagne, etc. (17). Page 231.

(17) Le marquis de la Fare, dans ses Mémoires, dit que Saint-Aunay étoit goutteux et cassé, qu'il nia le fait, et se moqua de la Feuillade. Il faut pourtant se méfier de M. de la Fare, qui étoit trop l'ennemi de Louis XIV, et qui prend à tâche de le rabaisser. Ce fut ce même M. de la Feuillade qui mena deux cents gentilshommes au siége de Candie, à ses frais, et qui depuis, ayant acheté l'hôtel de Senneterre, le fit abattre, et y fit élever, en 1686, une statue pédestre de Louis XIV, sur une place qui fut appelée des Victoires. M. de la Feuillade devint maréchal de France. C'étoit un homme de beaucoup d'esprit et un très-habile courtisan. On peut voir son portrait dans les mémoires de Saint-Simon.

Année 1666.

Mais ce n'est pas seulement dans les importantes négociations que les princes doivent prendre garde à ce qu'ils disent, c'est même dans les discours les plus familiers et les plus ordinaires, etc. (18). Page 249.

(18) Quoique je ne veuille placer ici que des notes nécessaires, je ne puis me refuser à citer un passage des *Souvenirs* de madame de Caylus, qui prouve que Louis XIV savoit mettre en pratique ce qu'il recommande ici à son fils.

« Il pensoit juste, s'exprimoit noblement, et ses réponses les moins préparées renfermoient en peu de mots tout ce qu'il y avoit de mieux à dire selon les temps, les choses et les personnes. Il avoit bien plus que sa maîtresse (madame de Montespan), l'esprit qui donne de l'avantage sur les autres. Jamais pressé de parler, il examinoit, il pénétroit les caractères et les pensées ; mais, comme il étoit sage, et qu'il savoit combien les paroles des rois sont pesées, il renfermoit souvent en lui-même ce que sa pénétration lui avoit fait découvrir. S'il étoit question de parler d'affaires importantes, on voyoit les plus habiles et les plus éclairés étonnés de ses connoissances, persuadés qu'il en savoit plus qu'eux, et charmés de la manière dont il s'exprimoit. S'il falloit badiner, s'il faisoit des plaisanteries, s'il daignoit faire un conte, c'étoit avec des grâces infinies, un tour noble et fin que je n'ai vu qu'à lui. (*Souvenirs de madame de Caylus.*)

L'abbé de Choisy dit aussi qu'il rapportera ses moindres paroles, parce qu'elles ont toujours un certain sel qui leur donne la force et l'agrément. Il est véritablement roi de la langue, ajoute-t-il, et peut servir de modèle à l'éloquence française. Les réponses qu'il fait sur-le-champ effacent les harangues étudiées. (*Mémoires de l'abbé* de Choisy.)

Il est vrai que la plupart de ceux qui sont jaloux de la gloire de cette couronne, ont voulu attribuer le succès de cette navigation à l'embrâsement de Londres, qui arriva par hasard dans le même temps. (19). Page 268.

(19) L'embrâsement de Londres arriva le 12 septembre; il commença par la tour et se répandit plus d'une grande demi-lieue le long de la Tamise. On fut quatre jours sans pouvoir l'arrêter; et pendant ce temps-là il consuma quatre-vingt-neuf églises paroissiales et treize mille deux cent maisons, qu'on a rebâties depuis avec beaucoup plus de régularité. Les ruines occupoient quatre cent trente-six acres de terre, prenant de la tour le long de la rivière, jusqu'à l'église du temple au nord-est, le long des murs de la cité jusqu'au pont de Holborn. Les Protestans attribuèrent cet embrâsement à la haine des Catholiques, et les catholiques à la vengeance du ciel pour la mort de Charles Ier. Benserade fit à l'occasion de cet embrâsement un sonnet qui eut alors un succès prodigieux.

Il s'établissoit aussi dans le même temps, en divers endroits de mon royaume, d'autres sortes de manufactures et de travaux qui ne sembloient pas moins nécessaires, etc. (20). Page 276.

(20) Je crois qu'il n'est pas déplacé de remettre ici sous les yeux du lecteur un résumé de tout ce que Voltaire

Année 1666.

Voltaire a dit dans *le Siècle de Louis XIV* sur ses établissemens de commerce.

Le roi commença, dit-il, dès 1662 à exempter ses sujets d'une imposition nommée le *droit de fret*, que payoient tous les vaisseaux étrangers.

Le conseil de commerce fut établi ; et le roi y présidoit tous les quinze jours.

Les ports de Dunkerque et de Marseille furent déclarés francs.

On forma une compagnie des Indes Occidentales en 1664, et celle des Grandes-Indes fut établie la même année. Le roi donna plus de six millions de notre monnoie d'aujourd'hui à la compagnie ; il invita les personnes riches à s'y intéresser : les reines, les princes et toute la cour fournirent deux millions numéraires de ce temps-là. Les cours supérieures donnèrent douze cent mille livres ; les financiers deux millions ; le corps des marchands, six cent cinquante-mille livres.

Le roi forma encore une compagnie du Nord en 1669, il y mit des fonds comme dans celle des Indes.

La compagnie des Indes Occidentales ne fut pas moins encouragée que les autres ; le roi fournit le dixième de tous les fonds.

Il donna trente francs par tonneau d'exportation ; et quarante d'importation. Tous ceux qui firent construire des vaisseaux dans les ports du royaume, reçurent cinq livres pour chaque tonneau que leur navire pouvoit contenir.

Tout père de famille qui avoit dix enfans étoit exempt de la taille pour toute la vie.

Depuis 1663 jusqu'en 1672, chaque année du mi-

Ire. partie.

nistère de Colbert fut marquée par l'établissement de quelque manufacture. Les draps fins qu'on tiroit auparavant de Hollande et d'Angleterre, furent fabriqués à Abbeville ; le roi avançoit au manufacturier deux mille livres par chaque métier battant, outre des gratifications considérables. On compta dans l'année 1669 quarante quatre mille deux cents métiers en laine dans le royaume. Les manufactures de soie perfectionnées produisirent un commerce de plus de cinquante millions de ce temps-là.

On commença dès 1666 à faire d'aussi belles glaces qu'à Venise, qui en avoit toujours fourni toute l'Europe ; et bientôt on en fit dont la grandeur et la beauté n'ont jamais pu être imitées ailleurs Les tapis de Turquie et de Perse furent surpassés par ceux de la Savonnerie. Les tapisseries de Flandres cédèrent à celles des Gobelins.

Outre la manufacture des Gobelins, on en établit une autre à Beauvais. Le premier manufacturier eut six cents ouvriers dans cette ville, et le roi lui fit présent de soixante mille livres.

Seize cents filles furent occupées aux ouvrages de dentelles ; on fit venir trente principales ouvrières de Venise, et deux cents de Flandres ; et on leur donna trente-six mille livres pour les encourager.

Les fabriques de Sedan, celles de tapisseries d'Aubusson, dégénérées et tombées, furent rétablies. Les riches étoffes où la soie se mêle avec l'or et l'argent, se fabriquèrent à Lyon, à Tours, avec une industrie nouvelle.

Colbert acheta en Angleterre le secret de cette machine avec laquelle on fait les bas dix fois plus promptement qu'avec l'aiguille. Le fer-blanc, l'acier, la belle faïence, les cuirs maroquinés, qu'on avoit toujours fait venir de loin, furent travaillés en France.

Le roi achetoit tous les ans pour environ huit cent mille de nos livres de tous les ouvrages de goût qu'on fabriquoit dans son royaume, et il en faisoit des présens.

Fin de la première partie.

MÉMOIRES
DE LOUIS XIV.

MÉMOIRES
DE LOUIS XIV,

ÉCRITS PAR LUI-MÊME,

COMPOSÉS POUR LE GRAND DAUPHIN, SON FILS,
ET ADRESSÉS A CE PRINCE;

SUIVIS

De plusieurs Fragmens de Mémoires militaires, de l'Instruction donnée à Philippe V, de dix-sept Lettres adressées à ce Monarque sur le Gouvernement de ses Etats, et de diverses autres pièces inédites.

MIS EN ORDRE ET PUBLIÉS

Par J. L. M. DE GAIN-MONTAGNAC.

SECONDE PARTIE.

PARIS,

GARNERY, Libraire, rue de Seine.
Et à la Librairie Stéréotype, chez H. NICOLLE,
rue des Petits-Augustins.

M. DCCC. VI.

MÉMOIRES DE LOUIS XIV,

ÉCRITS PAR LUI-MÊME,

ADRESSÉS A SON FILS.

~~~~~~~~

Cette année commença par les couches de la reine, lesquelles paroissant un peu trop avancées, me donnèrent une juste appréhension pour elle : car je puis dire ici en passant, qu'elle méritoit le soin que j'en avois, et que le ciel n'a peut-être jamais assemblé dans une seule femme, plus de vertu, plus de beauté, plus de naissance, plus de tendresse pour ses enfans, plus d'amour et de respect pour son mari; mais enfin ma crainte finit par la naissance d'une fille.

Ce fut dans le commencement de cette même année, que je fis mettre la dernière main au traité qui se négocioit en Allemagne, pour empêcher le passage des troupes de l'Empereur.

J'en avois aussi projeté un avec le roi de Portugal, par lequel il me promettoit de ne traiter de quatre ans avec l'Espagne; mais avant que nous l'eussions signé, nous eûmes occasion d'en faire un autre dont je vous parlerai dans son temps.

Cependant la reine de Pologne continuoit à me demander du secours, mais sur-tout après la mort de *Lubomiski*; comme elle croyoit avoir plus de jour sur l'intérêt que j'avois au rétablissement de ses affaires, elle me pressa plus fortement, et me dépêcha *Morstin*, son grand référendaire, par lequel elle me fit entendre que si je voulois (sous prétexte de la secourir contre les Turcs) lui envoyer un corps de troupes françoises commandé par le prince de *Condé*, elle pourroit calmer son royaume, et faire réussir l'élection du duc d'*Enghien*.

La proposition étoit glorieuse et bien pensée; mais dans la conjoncture où je me trouvois, l'exécution en étoit difficile.

J'avois encore la guerre avec les Anglois, j'étois près de la commencer avec les Espagnols, je ne doutois point du parti que prendroit l'Empereur; je savois la répugnance que les Holandois avoient à mon accroissement, et j'étois toujours en doute de la Suède ; si bien que devant mettre dans mes seules forces tout l'espoir du succès de mes desseins, il étoit fâcheux de les diminuer.

Et néanmoins, sollicité vivement par le désir d'augmenter la gloire de ma couronne je consentis à ce que l'on désiroit ; et les principales raisons qui m'y portèrent, furent qu'en effet la guerre du Turc étoit un prétexte très-favorable pour faire passer le prince de *Condé;* que le roi de Pologne déja incommodé, venant une fois à mourir, la reine, sa femme, seroit sans puissance ; que cette princesse même ayant été depuis peu menacée d'apoplexie, pouvoit nous manquer dans le besoin ; que les Suédois sembloient alors en disposition de l'assister de leur part. Mais au vrai, la considération qui me touchoit le plus, étoit qu'on trouvoit rarement occasion de faire présent d'une couronne et de l'assurer à la France.

Suivant cette résolution, j'avois aussitôt fait demander passage à l'électeur de Brandebourg, et me disposois à faire partir mes troupes par terre ou par mer, selon que j'aurois la guerre ou la paix avec l'Angleterre. Mais bientôt après j'appris d'Allemagne que l'on n'accordoit point les passages de Suède, que l'on ne vouloit en rien contribuer à cette entreprise; et de Pologne même, que la reine ne croyoit pas pouvoir faire proposer alors l'élection, sur quoi je pensai qu'il n'étoit pas à propos que j'entreprisse tout de ma part, tandis que d'ailleurs on ne vouloit rien faire.

Cependant je mêlois le soin des affaires du dedans à celles du dehors; pour remédier aux désordres qui arrivoient ordinairement dans Paris, j'en voulus rétablir la police (1), et après m'être fait représenter les anciennes ordonnances qui ont été faites sur ce sujet, je les trouvai si sagement digérées, que je me contentai d'en rétablir plusieurs articles abolis par la négligence des magistrats; mais j'y ajoutai quelques précautions pour les faire mieux observer à l'avenir, principalement sur le port des armes, sur le nettoiement des rues et sur quelques autres soins particuliers pour l'exacte observation desquels je formai même un conseil exprès.

Je crus aussi qu'il étoit de la police générale de mon royaume de diminuer ce grand nombre de religieux, dont la plupart étant inutiles à l'église, étoient d'ailleurs très-onéreux à l'état. Dans cette pensée, je me persuadai que comme rien ne contribuoit tant à remplir les couvens, que la facilité que l'on apportoit à y recevoir les enfans de trop bonne heure, il seroit bon à l'avenir de différer le temps des vœux ; qu'ainsi les esprits irrésolus ne trouvant pas sitôt la porte des cloîtres ouverte, s'engageroient, en attendant, en quelqu'autre profession où ils serviroient le public. Que même la plus grande partie se trouvant dans un établissement, y demeureroit pour toujours et formeroit de nouvelles familles dont l'état seroit fortifié ; mais que l'église même y trouveroit aussi son avantage, en ce que les particuliers ne s'engageant plus dans les couvens sans avoir eu le loisir d'y bien penser, y vivroient avec plus d'exemple.

Mon conseil à qui j'avois communiqué ce dessein, m'y avoit plusieurs fois confirmé par ses suffrages ; mais sur le point de l'exécution je fus arrêté par ces sentimens de respect que nous devons toujours avoir pour l'église, en ce qui est de sa véritable juridiction, et je résolus de ne déterminer ce point que de concert avec le pape, et néanmoins, en attendant que je l'en eusse informé, je voulus empêcher le mal de croître par tous les moyens qui dépendoient purement de moi.

Ainsi, je défendis tous les nouveaux établissemens de monastères, je pourvus à la suppression de ceux qui s'étoient faits contre les formes, et je fis agir mon procureur-général pour régler le nombre des religieux que chaque couvent pouvoit porter.

A l'égard du réglement général pour la justice, dont je vous ai parlé, voyant un bon nombre d'articles rédigés dans la forme que j'avois desirée, je ne voulus pas priver plus long-temps le public de ce soulagement (2) ; mais je ne crus ni les devoir simplement envoyer au parlement (de peur que l'on n'y fît quelque chicane qui me fachât) ni les porter aussi d'abord moi-même, de crainte que l'on ne pût alléguer un jour, qu'ils avoient été vérifiés sans aucune connoissance de cause : c'est pourquoi, prenant une voie de milieu qui remédioit à-la-fois à ces deux inconvéniens, je fis lire tous les articles chez mon chancelier, où se trouvoient des députés de toutes les chambres avec des commissaires de mon conseil, et quand, dans la conférence qu'ils y faisoient, il se formoit quelque difficulté raisonnable, elle m'étoit incontinent rapportée pour y pourvoir ainsi que j'avisois. Après laquelle discussion, j'allai enfin en personne en faire publier l'édit.

Je reformai aussi, dans le même temps, la manière dont j'avois moi-même accoutumé de rendre la justice à ceux qui me la demandoient immédiatement, car je ne trouvois pas que la forme en laquelle j'avois jusques-là reçu leurs placets, fût commode ni pour eux ni pour moi.

En effet, comme la plupart des gens qui ont des demandes ou des plaintes à me faire, ne sont pas de condition à obtenir des entrées particulières auprès de moi, ils avoient peine à trouver une heure propre pour me parler, et demeuroient souvent plusieurs jours à ma suite éloignés de leurs familles et de leurs fonctions.

C'est pourquoi je déterminai un jour de chaque semaine, auquel tous ceux qui avoient à me parler ou à me donner des mémoires, avoient la liberté de venir dans mon cabinet, et m'y trouvoient précisément appliqué à écouter ce qu'ils désiroient me dire.

Mais, outre ces soins qui regardoient le public, je ne manquois aucune occasion de gratifier les particuliers avec justice.

Ayant augmenté le nombre de mes gardes-du-corps, je pris occasion d'y eréer de nouvelles charges en faveur de plusieurs hommes qui m'avoient bien servi.

Me souvenant de ce que *Lafeuillade* avoit fait en Hongrie, je consentis à faire passer en sa personne la qualité de duc de Roannois, dont la terre lui avoit été cédée par mariage, et lui donnai même quelque argent pour faciliter l'exécution de ce contrat (3).

Je permis à mon procureur-général de résigner à son fils cette charge qui n'avoit pas coutume de passer ainsi de père en fils.

Je soulageai en ce que je pus, et de mon autorité, et de mes finances, plusieurs négocians dont la guerre de mer avoit mis les affaires en désordre.

Je secourus aussi par divers moyens ceux dont le receveur des consignations avoit emporté depuis peu les deniers, et j'accordai un long et fâcheux différend qui s'étoit formé entre les trois communautés des Carmelites de Paris.

La négligence qu'on avoit eue de tout temps pour la marine, m'avoit fait quelquefois appréhender de ne pas trouver tous les matelots nécessaires pour armer le nombre des vaisseaux que j'équipois. Mais, au moindre témoignage que je donnai de ma volonté, il s'en trouva plus que je n'en voulus ; des provinces entières, m'ayant offert d'abandonner leurs maisons pour mon service et de n'y laisser que les femmes et les enfans.

Au premier bruit de la guerre de Flandres, ma cour se grossit en un instant d'une infinité de gentilshommes qui me demandoient de l'emploi.

Les capitaines de tous les vieux corps, me supplièrent de leur permettre de faire des recrues à leurs frais.

D'autres ne demandoient que ma simple commission pour lever des compagnies nouvelles, et tous dans leurs divers emplois cherchoient à l'envi les moyens de me faire connoître leur zèle.

Il est agréable certainement, de recevoir de pareilles marques d'estime et d'affection de la part de ses sujets ; tous les princes demeurent d'accord que c'est le trésor le plus précieux qu'ils puissent jamais posséder. Tous l'estiment, tous le désirent ; mais tous ne recherchent pas assez les moyens de l'acquérir.

Car pour y parvenir, mon fils, il faut diriger à cette fin toutes nos actions et toutes nos pensées, il faut la préférer seule à tous les autres biens, et fuir comme le plus grand mal du monde tout ce qui peut nous en éloigner.

C'est aux hommes du commun à borner leur application dans ce qui leur est utile ou agréable, mais les princes dans tous leurs conseils, doivent avoir pour première vue, d'examiner ce qui peut leur donner, ou leur ôter l'applaudissement public.

Les rois qui sont nés pour posséder tout et pour commander à tout, ne doivent jamais être honteux de s'assujétir à la renommée; c'est un bien qu'il faut désirer sans cesse avec plus d'avidité, et qui seul, en effet, est plus capable que tous les autres de servir au succès de nos desseins. La réputation fait souvent elle seule plus que les armées les plus puissantes. Tous les conquérans ont plus avancé par leur nom que par leur épée, et leur seule présence a mille fois abattu, sans effort, des remparts capables de résister à toutes leurs forces assemblées.

Mais ce qu'il y a d'important à remarquer, est que ce bien si noble, si précieux, est aussi le plus fragile du monde; que ce n'est pas assez de l'avoir une fois acquis si l'on ne veille continuellement à sa conservation, et que cette même estime qui ne se forme que par une longue suite de bonnes actions, peut être en un moment détruite par une seule faute que l'on commet.

Encore n'attend-on pas toujours que nous ayons failli pour nous condamner. C'est souvent assez que notre bonne fortune s'affoiblisse pour diminuer l'opinion de notre vertu ; et comme il arrive à l'homme heureux que tous les avantages qu'il a reçus du hasard tournent chez les peuples à sa gloire, il arrive de même aux infortunés qu'on leur impute à manque de prudence tout ce qui se fait contre leurs désirs.

Le caprice du sort, ou plutôt cette sage providence qui dispose souverainement de nos intérêts par des motifs au-dessus de notre portée, se plaît quelquefois à rabattre ainsi le faste des hommes les plus élevés, pour les obliger, au milieu de leurs plus grands avantages, à reconnoître la main dont ils tiennent tout, et à mériter, par un continuel aveu de leur dépendance, le concours nécessaire au succès de leurs desseins.

En ce même temps, les Vénitiens menacés de perdre Candie, donnèrent ordre à leur ambassadeur de se faire assister par le nonce du Pape pour me demander quelques secours ;

mais je ne leur pus faire de réponse favorable, parce que les grands engagemens où je me trouvois, ne me permettoient pas de leur donner un corps de troupes considérable, et je crus que leur en donner un foible, c'étoit perdre inutilement les gens que j'y enverrois, étant certain que les petits corps ne reviennent jamais de ces longs voyages.

Ce n'est pas que dans le vrai je n'eusse bien désiré de les assister ; car outre les intérêts communs du christianisme, j'avois en mon particulier été si mal satisfait de la Porte, touchant l'entreprise des Génois, que je m'étois résolu de n'y plus parler de cette affaire, me réservant à en tirer raison de Gênes même, lorsque j'aurois le loisir d'y penser.

La nouvelle qui arriva dans ce temps-là de l'extrémité du pape, me fit donner ordre aux cardinaux françois d'être toujours prêts à mettre à la voile en cas qu'il survînt quelque chose de plus fâcheux, comme en effet il arriva bientôt après, et les soins que je pris en cette occasion, contribuèrent assurément à bien remplir cette grande place.

Cependant les Hollandois me faisoient continuellement demander qu'on réglât l'article qui étoit indécis sur le salut de nos amiraux, et coloroient leur empressement des plus belles raisons du monde. Quoique la seule véritable fût qu'ils étoient persuadés que la guerre de mer durant encore, me pourroit porter à quelque condescendance pour eux, au lieu qu'après la paix faite je conserverois avec plus de fermeté les avantages qui m'étoient dus. Mais comme leur pensée m'étoit connue, je les remettois de jour en jour, étant bien informé que chez eux-mêmes ils étoient fort pressés de faire la paix.

Déjà quatre de leurs provinces avoient déclaré qu'elles ne fourniroient plus aux frais de la guerre, et les autres étoient partagées sur ce sujet, parce que, comme les politiques (par l'appréhension qu'ils avoient de mon accroissement) s'opposoient à la conclusion du traité, le peuple, au contraire, qui désiroit surtout le rétablissement de son commerce, vouloit que l'affaire se terminât, et cela même passa si loin que je craignis de voir diviser cette république, et fus obligé d'employer mon entremise pour mettre la modération dans les esprits.

Au reste, il n'y avoit plus à régler qu'un seul article touchant l'isle de Poleron. Les Anglois prétendoient, de leur part, qu'elle devoit leur être rendue par des termes exprès, du traité de 1662, et les Hollandois soutenoient, au contraire, qu'ils y avoient pleinement satisfait, en livrant alors l'isle contestée, mais que les Anglois l'ayant abandonnée bientôt après, ils avoient pu de nouveau s'y établir comme dans une terre qui étoit sans seigneur.

Mais quoiqu'il en fût, en effet, comme cette isle étoit d'une valeur fort médiocre, il ne sembloit pas que ni l'une ni l'autre des parties s'y dût fortement attacher, si bien que la paix sembloit infaillible. Aussi la maison d'Autriche ne pouvant plus s'imaginer d'autre expédient pour la rompre, me fit proposer la médiation de l'Empereur, prétendant que dans le détail des articles qui restoient encore à rédiger, ses agens trouveroient peut-être quelque nouvelle contestation. Mais comme le motif de cette proposition n'étoit pas difficile à pénétrer, je ne manquai pas de prétexte pour m'en défendre, disant que les Suédois avoient été déja reçus pour médiateurs, tant par moi que par les autres parties qui avoient intérêt dans ce traité, et qu'après que les choses avoient été portées par leur entremise au point où elles étoient alors, il n'étoit pas juste de leur donner un associé qui partageât avec eux la gloire du succès ; à quoi le résident de l'Empereur ne manqua pas de répartir ; mais je sortis de cette conversation en rejettant toujours ses offres avec toutes les honnêtetés possibles.

Les Espagnols pour me détourner par une autre voie de porter mes armes contr'eux, me firent proposer un traité de commerce, et depuis encore dans le même dessein, le marquis de *la Fuente* prenant congé de moi, me dit de la part de la reine régente, tout ce qu'il put de plus engageant pour attirer de moi de pareilles civilités, desquelles aussitôt après il tâcha de prendre avantage, en faisant entendre dans le public que je lui avois promis de ne point rompre avec les Espagnols, comme s'il eût espéré par là m'engager à ne pas le dédire : mais parce que dans le vrai, je ne lui avois dit que des civilités fort générales, je fis fort peu de cas de tous ses discours, travaillant sans cesse à me tenir prêt et pour la guerre de mer, et pour celle de terre, selon ce qui pourrait arriver.

Car enfin je craignois toujours que comme j'avois beaucoup de passion pour faire réussir la paix d'Angleterre, je me pouvois tromper plus aisément qu'un autre dans les apparences que j'y croyois voir, et je tenois pour maxime qu'en tout ce qui est douteux, le seul moyen d'agir avec assurance, est de faire son compte sur le pis.

Il n'est que trop naturel aux hommes de se promettre avec facilité ce qu'ils désirent avec ardeur, et nous ne saurions nous garantir d'un défaut si commun, qu'en nous défiant de nos propres pensées dans toutes les choses où nous avons trop de penchant.

Il n'est rien de plus important, ni de plus difficile au prince, que de savoir combien et jusqu'où il doit estimer sa propre opinion. Je vous ai dit ailleurs, et il est vrai, qu'un souverain peut avoir cette persuasion en faveur de lui-même, que comme il est d'un rang au-dessus des autres hommes, il voit aussi les objets qui se présentent d'une manière plus parfaite qu'eux, et qu'il se doit plus fier à ses propres lumières qu'aux rapports qui lui sont faits du dehors; mais je vous avertis aussi que cette maxime ne se doit pas appliquer également à toutes nos différentes fonctions.

Il en est sans doute de certaines où tenant pour ainsi dire la place de Dieu, nous semblons être participans de sa connaissance aussi bien que de son autorité; comme par exemple
en

en ce qui regarde le discernement des esprits, le partage des emplois et la distribution des grâces, dans lesquelles choses nous décidons avec plus de succès par notre propre suffrage que par celui de nos conseillers, parce qu'étant postés dans une sphère supérieure, nous sommes plus éloignés qu'eux des petits intérêts qui nous pourroient porter à l'injustice. Mais il faut convenir de bonne foi qu'il se trouve aussi d'autres rencontres, où quittant ce semble le personnage de souverains et d'indépendans, nous devenons aussi intéressés et peut-être même davantage que les moindres particuliers, parce que plus les objets où nous aspirons sont grands et relevés, plus ils sont propres à troubler la tranquillité nécessaire pour former un juste raisonnement.

Le feu des plus nobles passions comme celui des plus obscures, produit toujours un peu de fumée qui offusque notre raison; on admire souvent que de plusieurs qui entendent et voient la même chose, à peine en est-il deux, dont le rapport se trouve confirmé l'un par l'autre, et cependant cette variété ne vient que de la différence des intérêts et des passions qui se trouvent toujours entre des hommes, lesquels même sans s'en apercevoir, accommodent tout ce qu'ils voient au dehors au mouvement qui domine dans leur ame.

C'est une des plus fortes raisons qui a obligé de tout temps les princes à tenir auprès d'eux des conseillers, et qui les doit même porter à entendre plus favorablement que les autres, ceux qu'ils ne rencontrent pas de leur sentiment.

Tandis que nous sommes dans la puissance, nous ne manquons jamais de gens qui s'étudient à suivre nos pensées, et à paroître en tout de notre avis; mais nous devons craindre de manquer au besoin de gens qui sachent nous contredire, parce notre inclination paroît quelquefois si à découvert, que les plus hardis craignent de la choquer, et cependant il est bon qu'il y en ait qui puissent prendre cette liberté. Les fausses complaisances que l'on a pour nous en ces occasions, nous peuvent nuire beaucoup plus que les contradictions les plus opiniâtres. Si nous nous trompons en notre avis, celui qui nous adhère achève de nous précipiter dans l'erreur, au lieu que lors même que nous avons raison, celui qui nous contredit ne laisse pas de nous être utile, quand ce ne seroit qu'à nous faire chercher des remèdes aux inconvéniens qu'il a proposés et à nous laisser en agissant, la satisfaction d'avoir auparavant examiné toutes les raisons de part et d'autre.

Dans l'accommodement que je désirois faire avec l'Angleterre, le point qui m'arrêtoit le plus, étoit que les Anglais encore affligés d'avoir perdu les îles occidentales, prétendoient sur-tout y être rétablis; car outre l'intérêt général que la France y pouvoit avoir, j'étois particulièrement touché par la considération de la nouvelle compagnie que j'avois formée pour ce commerce.

Mais, d'autre part, considérant aussi la conjoncture où je me trouvois; la Flandre dépourvue d'argent et d'hommes; l'Espagne gouvernée par une princesse étrangère; l'Empereur incertain dans ses résolutions; la maison d'Autriche réduite à deux têtes, ses forces épuisées par diverses guerres, ses partisans presque tous refroidis, et mes sujets pleins de zèle pour mon service; je crus que je ne devois pas perdre une occasion si favorable à mes desseins, ni mettre en comparaison le gain de ces isles éloignées avec la conquête des Pays-Bas.

C'est pourquoi je pris en moi-même la résolution d'accorder la demande qui m'étoit faite, et néanmoins pour ne la pas déclarer sans en tirer quelque fruit important, je fis demander au roi de la Grande-Bretagne si, moyennant la parole secrète que je lui donnois de passer cet article dans le traité, il voudroit aussi de sa part me promettre de ne prendre aucun engagement contre moi.

Mais, tandis que cela se négocioit entre nous, il me donna un sujet de défiance par la proposition qu'il fit, à mon insçu, aux Etats, d'aller traiter la paix à la Haye. Car, comme cette ville étoit pleine d'un fort grand peuple, et fort facile à émouvoir, je ne doutai point que ce ne fût un choix fait de concert avec l'Espagne, dans le dessein d'y faire tramer des brigues par leurs ministres, soit pour rétablir l'autorité du prince d'Orange, ou pour détacher cette république d'avec moi.

Mais j'éludai leur artifice en le faisant connoître aux états qui, par mon avis, répondirent au roi d'Angleterre, que s'il vouloit on iroit traiter en son royaume, ou que s'il aimoit mieux négocier chez eux, ils lui donnoient le choix de Breda, de Bois-le-Duc ou de Maëstricht, parce que, disoient-ils, la Haye n'étant pas fermée, ne pouvoit donner aux députés la sureté convenable à leur fonction.

Mais le roi de la Grande-Bretagne qui reconnut incontinent le véritable sujet de cette réponse, fut si fâché de voir son dessein découvert, qu'il ne voulut d'abord accepter aucune des places proposées, et néanmoins bientôt après il choisit Breda, témoignant même que c'étoit en ma considération qu'il apportoit cette facilité aux affaires.

Ainsi, nos agens assemblés commencèrent à travailler ouvertement à la paix, et je repris aussi de ma part la négociation commencée en secret pour m'assurer au plutôt de ce qui pourroit regarder mon dessein; car, comme je ne doutois pas que dans les divers intérêts des différentes parties, il ne se formât de jour en jour des contestations qui tireroient les choses en longueur, je crus que j'avois intérêt de me détacher du gros des affaires, pour profiter d'un temps qui m'étoit précieux.

La principale condition à laquelle je m'obligeois en ce traité, étoit de rétablir les Anglois dans les îles occidentales, et, de leur côté, ils me promettoient que l'article de l'île de Poleron n'empêcheroit point la paix générale, et que quand même elle ne seroit pas conclue dans un an, ils ne traverseroient en rien mes projets.

Pour dérober aux états de Hollande, la connoissance de ces conventions, elles ne furent exprimées que dans des lettres missives écrites de ma main et de celle du roi d'Angleterre à la reine ma tante et sa mère, qui en demeuroit dépositaire entre nous, et cela fait, je commençai à me préparer ouvertement à la guerre de Flandres.

Mais, afin de ne rien oublier qui pût justifier mon procédé, je fis publier un écrit où mes droits étoient établis, et envoyai nouvel ordre en Espagne pour demander les états qui m'appartenoient, et pour déclarer que si on les refusoit, je m'en mettrois en possession moi-même, ou du moins de quelque chose d'équivalent. La reine régente répondit, que le testament du feu roi son mari, défendant expressément l'aliénation de toutes les terres qu'il avoit possédées, elle ne pouvoit passer par-dessus cette loi. Mais *Castel Rodrigue*, qui me voyoit de plus près qu'elle, ne témoigna pas tant de fermeté ; car à peine étois-je parti de St-Germain, que je reçus de lui une lettre par laquelle, après quelques remontrances assez mal digérées, il me proposoit de donner des députés, s'assurant, disoit-il, que la reine sa maîtresse entreroit dans un raisonnable accommodement.

Année 1667.

Mais, comme il étoit aisé de voir que la seule crainte de mes armes lui faisoit faire cette proposition, je ne fis autre réflexion sur cette lettre, que pour y remarquer la frayeur dont celui qui l'écrivoit étoit saisi.

Je me rendis, le 19 du mois, dans Amiens, d'où j'avois résolu de voir faire l'assemblée de mes troupes, et, parce que je savois que les Espagnols manquoient principalement de gens de guerre, je leur voulus donner une égale terreur de tous côtés, afin qu'étant obligés de partager dans un grand nombre de garnisons le peu de forces qu'ils avoient, ils demeurassent par-tout également foibles (4).

Dans ce dessein, je faisois marcher un corps d'armée vers la mer sous le maréchal d'*Aumont*; le marquis de *Créqui* en menoit un autre du côté du Luxembourg; il s'en formoit un troisième sous *Duras* aux environs de la Fère; et j'en assemblois moi-même un quatrième vers Amiens.

Ma première pensée fut toujours de commencer par Charleroi; car de l'importance dont étoit cette place, j'étois bien aise de m'en emparer, tandis que les fortifications, encore nouvelles, étoient plus faciles à ruiner, et quoique, dès Amiens, je fusse averti que les Espagnols la ruinoient, je ne changeai pas pour cela de dessein, parce qu'en même temps j'appris que ceux à qui la démolition en avoit été commandée, avoient eu tant d'impatience d'en sortir, qu'ils avoient laissé les dehors entiers.

Ainsi j'envoyai devant moi le comte *de Saulx* avec quinze cents hommes d'infanterie, et *Bodevil* avec douze cents chevaux pour s'en saisir, lesquels je suivis aussitôt avec toute mon armée, en sorte que dès l'ouverture de cette campagne, je profitai sans coup férir de la dépense que *Castel Rodrigue* avoit employée depuis deux ans à bâtir cette nouvelle place.

Cependant le maréchal d'*Aumont* ayant ordre d'aller à Bergues, la prit l'épée à la main, d'où passant aussitôt à Furnes, il ne trouva guères plus de résistance. Armentières et *la Bassée* ayant été abandonnées avant qu'on les attaquât, j'avois envoyé trois cents hommes pour se saisir de la première, à cause de son port sur la Lys; mais comme j'appris qu'elle étoit en tel état que j'y pourrois rentrer à toute heure, je ne voulus pas y laisser des hommes qui me pouvoient servir autre part.

De Charleroi j'avois eu d'abord en dessein d'aller à Bruxelles; mais voyant que mon infanterie, composée la plupart de nouveaux soldats, pouvoit se rebuter ou se ruiner par un siége de longue durée, je résolus depuis d'attaquer Tournay qui se pouvoit prendre en bien moins de temps, et qui ne laissoit pas d'être une grande ville et très-avantageusement située.

Mais la difficulté étoit, qu'ayant fait premièrement état de m'avancer dans le Brabant, mon canon et mes vivres avoient marché de ce côté-là, ensorte que sur le changement de ma résolution, il fallut donner de nouveaux ordres, afin que ni dans la marche qu'il falloit faire au travers du pays ennemi, ni dans le siége que je formerois ensuite, mes gens ne pussent manquer de rien.

Car ce n'est pas assez, mon fils, de faire de vastes entreprises, sans penser comment on doit les exécuter. Les projets que forme notre valeur nous semblent d'abord les plus beaux du monde; mais ils ont peu de solidité, s'ils ne sont soutenus par une prévoyance qui sache disposer en même temps toutes les choses qui doivent y concourir.

C'est en ce point, sans doute, que se peut voir une des principales différences qui sont entre les bons et les mauvais capitaines, et jamais un habile général n'entreprend une affaire de durée, sans avoir examiné par lui-même d'où il tirera toutes les choses nécessaires pour la subsistance des gens qu'il conduit. Dans les autres désastres qui peuvent ruiner une armée, on peut presque toujours acouser ou la lâcheté des soldats, ou la malignité de la fortune; mais dans le manquement de vivres, la prévoyance du général est la seule à qui l'on s'en prend : car, comme le soldat doit à celui qui commande l'obéissance et la soumission, le commandant doit à ses troupes la précaution et le soin de leur subsistance.

C'est même une espèce d'inhumanité, de mettre d'honnêtes gens dans un danger dont leur valeur ne les peut garantir, et où ils ne peuvent se consoler de leur mort par l'espérance d'aucune gloire.

Mais outre ces considérations qui sont communes à tous les généraux, le prince qui commande en personne en doit avoir de toutes particulières. Comme la vie de ses sujets est son propre bien, il doit avoir bien plus de soin de la conserver ; et comme il sait qu'ils ne s'exposent que pour son service, il doit pourvoir avec bien plus de tendresse à tous leurs besoins.

Pendant que l'on exécutoit des ordres que

j'avois donnés sur ce sujet, ne voyant rien à faire dans mon camp, je pris le temps de revenir vers la frontière, où la reine se rendit de son côté.

Durant ce temps, le duc de *Lorraine* témoignoit une grande irrésolution touchant les troupes qu'il m'avoit promises ; car, dans le fond, il eût sans doute bien voulu se dispenser de me tenir parole, et n'osoit néanmoins ouvertement y manquer. D'une part, il se figuroit qu'étant si près de l'Empereur, et n'ayant plus de places fortes à lui opposer, il demeureroit sans armes, exposé au ressentiment de ce prince. Mais d'autre part, il voyoit aussi qu'après s'être engagé envers moi, il étoit dangereux de se dédire, puisque j'étois alors plus que personne en état de m'en ressentir ; tellement que sans se déterminer d'un côté ni d'autre, il répondoit toujours ambiguement. Mais enfin, comme je connoissois la trempe de son esprit, je me persuadai que si je le pouvois une fois mettre dans la nécessité de choisir sur-le-champ, il n'auroit pas assez de hardiesse pour se résoudre absolument à me fâcher. Ainsi, je lui fis dire un jour qu'il falloit précisément que ses troupes partissent d'auprès de lui le lendemain, parce que mes mesures étoient prises là-dessus, à quoi il obéit comme je l'avois prévu.

Après avoir été quatre jours auprès de la reine, je retournai au camp de Charleroi et pris ma route par le milieu du pays ennemi, pour donner une égale terreur à toutes leurs places.

Cependant mes ordres étoient donnés pour investir Tournay de trois endroits différens. Du côté de la mer le maréchal d'*Aumont* y marchoit avec la cavalerie. Les Lorrains que j'avois envoyés en Artois s'y devoient rendre de ce côté-là, et j'y venois en personne du côté de Bruxelles, en quoi nos marches se trouvèrent si bien concertées, que nous nous y présentâmes tous à peu d'heures près les uns des autres.

En passant, je me saisis d'Ath, petite place à la vérité, mais d'une situation avantageuse pour faciliter à mes gens le passage dans le pays, et pour incommoder les villes espagnoles au milieu desquelles elle est située.

Je ne crus pas devoir faire de circonvallations devant Tournay, tant parce que j'étois persuadé que le siége seroit de peu de durée, que parce qu'il y avoit des (*a*) que

---

(*a*) Ce mot n'a pu être déchiffré.

Année 1667.

je fis joindre avec peu de travail ; mais je fis faire deux ponts sur l'Escaut, pour donner communication aux différens quartiers qui étoient séparés par la rivière.

Ainsi, étant arrivé le 21 juin devant la place, je fis dès le 22 ouvrir la tranchée. La nuit du 23e., les habitans demandèrent à capituler ; la ville me fut livrée le 25, et la garnison retirée dans le château en sortit le 26e.

Je marchai dès le même jour vers Courtray, désirant que les ennemis vissent en même jour la perte de la première place et le siége de la seconde. Mais en chemin je fis réflexion que cette place dégarnie comme elle étoit, ne méritoit pas que j'y fusse en personne, et que d'ailleurs Tournay se trouvant fort avancé dans le pays, il étoit besoin, pour le conserver, d'avoir quelque autre ville qui le joignit aux plans de mon

Douay me parut incontinent la plus commode pour ce dessein ; je crus qu'il étoit important de l'attaquer avant que les Espagnols s'en doutassent, parce que s'ils eussent pu jetter dedans quelques troupes, et tenir le moindre corps du monde en campagne pour la rafraîchir, il eût été presque impossible de la prendre, vu l'étendue de la circonvallation qu'il eût fallu garder pour enfermer la ville et le château qui sont fort éloignés l'un de l'autre. Ainsi jugeant la chose de conséquence, je cachai mon dessein aux ennemis en faisant semblant d'aller à Lille, avec tant de succès, qu'arrivant à Douay, je n'y trouvai pour toute garnison que six vingts chevaux et sept cents hommes d'infanterie.

Il est vrai que le nombre des habitans étoit infiniment plus grand, et qu'ils témoignoient d'abord avoir intention de bien se défendre, tirant un si grand nombre de canons que jamais place n'en a tiré en si peu de temps.

Mais, après trois jours de tranchée ouverte, les Suisses s'étant logés dans le fossé, les habitans capitulèrent, quoiqu'il y eût encore un second fossé à gagner, et depuis les ôtages donnés, les régimens de Lyonnais et de Louvigny qui se trouvèrent dans une autre attaque, ayant passé le premier fossé sans savoir la capitulation, le peuple de la ville fit mille cris, et m'envoya supplier de faire cesser ce travail.

Le fort où la garnison s'étoit retirée, se rendit huit heures après, ensorte que le siége n'ayant en tout duré que quatre jours, j'entrai, le 6 juillet, dans la place.

Mon dessein étoit d'aller dans ce moment

recommencer quelque nouveau siége. Mais, Monsieur de *Turenne* me remontra qu'il falloit donner du repos à mon armée pendant que je faisois prendre Courtray par celle du maréchal d'*Aumont*, et les conditions qu'il m'allégua pour cela étant effectivement très-fortes, je m'y rendis, persuadé que (quelqu'envie qu'on ait de se signaler) le plus sûr chemin de la gloire est toujours celui que montre la raison.

Cependant, pour éviter l'oisiveté, je vins faire un tour à Compiègne, où je reçus la visite que me fit l'abbé *Rospigliosi*, de la part du pape son oncle, sur le sujet de sa promotion, mais je refusai les harangues que voulut me faire le parlement pour me congratuler de mes conquêtes, qui ne me sembloient pas encore assez grandes pour en recevoir des applaudissemens publics.

Après quoi, ayant expédié les affaires qui regardoient le dedans de l'état, je voulus même que mon voyage pût servir au dehors à faciliter le succès de mes armes, et pour cela je menai à mon retour, la reine avec moi, à dessein de la faire voir aux peuples des villes que je venois d'assujétir, de quoi ils se ressentirent tellement obligés, qu'après avoir tout mis en usage pour la bien recevoir, ils témoignèrent encore qu'ils étoient fâchés de n'avoir pas eu plus de temps pour s'y préparer.

Je la conduisis dans les meilleures villes; et ce fut une chose assez singulière de voir des dames faire ce trajet avec autant de tranquillité qu'elles eussent pu faire au centre de mon royaume.

Cependant, pour me porter toujours plus avant chez les ennemis, je résolus de tenter si je pourrois prendre Dendermonde, qui, par sa seule situation, les auroit fort incommodés, et m'auroit donné de grands avantages.

En chemin faisant, je pris Oudenarde, qui sembloit utile au succès de ce dessein, et ensuite Alost se rendit à moi. De là, je fis avancer *Duras*, lieutenant-général, avec deux mille chevaux sur les avenues de Bruxelles, d'où je prévoyois que le secours pouvoit venir, et je marchai par un autre chemin pour reconnoître la place en personne.

Mais, comme je vis alors les choses de mes propres yeux, plus exactement qu'elles ne m'avoient été représentées, je trouvai d'une part que la rivière de l'Escaut étoit si large, que n'ayant pas de bâtimens propres à fermer entièrement son canal, il étoit absolument impossible

possible (quelque garde que l'on fît sur les bords) d'empêcher que l'on ne passât par le milieu avec le vent ou la marée ; et d'autre part, j'appris que *Duras* (*a*), n'ayant pas fait assez de diligence, avoit manqué de six heures les Espagnols, lesquels avoient jetté quinze cents hommes dans la place.

Ces deux considérations ensemble me persuadèrent de quitter mon dessein, et je ne crois pas, ni en l'entreprenant, ni en l'abandonnant, avoir rien fait que je ne vous puisse donner pour exemple en de pareilles occasions ; car d'un côté, ayant des avis certains que cette place étoit dégarnie de monde, c'étoit peu sans doute de hasarder une marche de quelques journées contre l'un des meilleurs postes du pays.

Comme au contraire, apprenant ensuite qu'il y étoit entré du secours, voyant qu'il y en pouvoit entrer encore à toute heure, je ne pouvois m'obstiner à l'assiéger qu'en hasardant d'y consumer sans fruit tout le reste de la campagne.

(*à*) Jacques-Henri de *Durfort*, duc de *Duras*, neveu de M. de *Turenne* ; il fut depuis gouverneur de la Franche-Comté, et maréchal de France en 1675.

II Partie.

Ce n'est pas que je ne sache bien que l'on a parlé diversement de ma retraite, et je vous dirai même pour votre instruction, que dèslors que je m'y résolus, je vis tout ce qui s'en est dit depuis, et le méprisai comme je devois.

Car enfin, j'étois convaincu qu'aussitôt qu'on raisonneroit de bon sens sur cette affaire, l'on considéreroit que la prudence des hommes n'est pas toujours maîtresse des événemens, et qu'après avoir en si peu de jours exécuté heureusement tant de choses, il n'étoit pas merveilleux que je me fusse déporté d'une seule pour m'occuper plus utilement ailleurs. Qu'il n'étoit pas même possible de m'attribuer un autre motif en cette action, puisque la terre savoit que, ni dans ce temps-là, ni dans tout le reste de la campagne, les ennemis ne pouvoient être assez forts pour me faire retirer malgré moi ; et qu'enfin, comme le commun des hommes censure avec plaisir ce qui est au-dessus d'eux, les mêmes gens qui me blâmeroient d'avoir quitté Dendermonde sans l'attaquer, me condamneroient avec bien plus de sujet si je l'attaquois sans la forcer, ou si même, en la prenant, je ruinois mon armée.

D'où vous pouvez conclure, mon fils, qu'il

ne faut pas toujours s'alarmer des mauvais discours du vulgaire. Ces bruits qui s'élèvent avec tumulte se détruisent bientôt par la raison, et font place aux sentimens des sages qui, reconnus enfin pour vrais du peuple même, fondent par un consentement universel la solide et durable réputation. En attendant que le monde se détrompe de ses erreurs, ce doit être assez pour nous du témoignage que nous nous rendons à nous-mêmes; et c'est ce qui a fait que, repassant quelquefois mon esprit sur la retraite dont nous parlons, loin d'en être mal satisfait, je l'ai regardée comme la seule action de cette campagne où j'eusse véritablement fait quelque épreuve de ma vertu. Car enfin, dans toutes les autres (quoique peut-être elles ayent eu plus d'éclat), si j'ai fait quelque chose qu'on ait approuvé, ce n'a été que suivre les mouvemens ordinaires à ceux de ma qualité; et si j'ai eu quelques succès avantageux, la fortune y pourra prétendre autant ou plus de part que moi.

Au lieu que je ne dois tout le fruit de celle-ci, qu'à la violence que je me fis à moi-même en méprisant tous les discours que je prévoyois. Pour faire cesser la joie que les Espagnols faisoient éclater sur cette affaire, je résolus d'attaquer aussitôt après une de leurs meilleures places, et je me déterminai par mon propre sentiment à choisir Lille.

Les ennemis qui connoissoient de quelle importance elle étoit, et combien, tombant entre mes mains, elle affermissoit mes autres conquêtes, assemblèrent tout ce qu'ils avoient de troupes pour y jetter du secours.

Il y avoit même des gens dans mon camp à qui la grandeur de la ville, le peuple dont elle étoit remplie, la force de la garnison et l'étendue des lignes qu'il falloit garder, faisoient concevoir quelques doutes du succès, et néanmoins mes ordres furent exécutés avec tant de zèle, que la ville fut réduite aux dernières extrémités avant que les Espagnols pussent apprendre qu'elle fût seulement en danger.

Mais cette ignorance où ils étoient, me fit naître la pensée de leur donner un nouvel échec, en les allant attaquer où ils étoient, aussitôt que la ville seroit à moi.

Pour cet effet, dès-lors que l'on capitula, je fis partir par divers chemins deux de mes lieutenans-généraux, *Créqui* et *Bellefonds*, lesquels je suivis de près moi-même, ne m'arrêtant dans la ville rendue qu'autant qu'il fallut pour remercier Dieu de l'avoir mise en mon pouvoir.

Les ennemis qui avoient enfin su l'état des choses, marchoient déjà pour se retirer; mais comme notre route alloit à couper leur marche, ils furent trouvés en même jour par *Créqui* (*a*) et par *Bellefonds* (*b*) devant lesquels (quoique trois fois plus forts en nombre,) ils ne laissèrent pas de fuir, apprenant que je venois avec toute mon armée.

Ils y perdirent environ deux mille hommes, en comptant les morts, les prisonniers et ceux que la fuite dissipa; mais la joie que me devoit donner leur défaite, fut modérée par le chagrin que je sentis d'avoir eu si peu de part à l'exécution d'une entreprise dont j'avois seul formé le dessein.

Ce n'est pas que dans le vrai, je ne susse bien que j'avois fait toute la diligence possible pour y arriver à temps, jusqu'à faire dire même

---

(*a*) François de *Créqui* fut Maréchal de France en 1668, et se distingua beaucoup dans les campagnes de 1677 et de 1678.

(*b*) Bernardin Gigault de *Bellefonds*, fut Gouverneur de Vincennes, et Maréchal de France en 1668. Il commanda l'armée de Catalogne en 1684 et battit les Espagnols.

à ceux qui me vouloient adroitement taxer d'imprudence, qu'à la première nouvelle des ennemis j'y avois couru mal accompagné.

Ce bruit étoit fondé sur ce qu'en effet j'avois été des premiers à cheval et avois même marché fort vîte, et la raison que j'en avois, étoit parce qu'au sortir de mon quartier, il y avoit un grand défilé dans lequel, si mes troupes, (qui sortoient du camp de toutes parts) fussent entrées avant moi, j'eusse perdu trop de temps à gagner la tête.

Mais dès-lors que le défilé fut passé, je mis tous mes gens en bataille, et les fis marcher avec tout l'ordre possible. Après cela, je ne crus pas devoir entreprendre de nouveau siége, et les raisons que j'en eus, furent que les ennemis qui n'avoient osé paroître devant moi toute la campagne, étant encore affoiblis par ce combat, jetteroient leurs troupes dans leurs villes ; que m'engageant à camper dans une mauvaise saison, je perdrois un si grand nombre d'hommes, que la prise de la place ne m'en pourroit pas dédommager ; qu'à mesure que l'hiver approcheroit, mon armée seroit plus abattue par les fatigues, et les Espagnols plus encouragés par l'espérance de nous rebuter ; et qu'enfin, ayant à ménager les esprits de tous mes voisins, et à pourvoir au recouvrement des deniers, des hommes et des munitions nécessaires pour l'achèvement de mon entreprise, dans la chaleur d'une expédition je n'aurois pas le loisir de penser à tant de choses.

Durant que je portois la guerre en Flandres, la paix qui se traitoit à Breda, reçut un nouveau retardement; car les Anglois voyant que par mon entremise, ils avoient presque obtenu tout ce qu'ils désiroient, s'avisèrent de redemander deux vaisseaux pris sur eux par les Hollandois, et qui avoient servi de prétexte à la déclaration de guerre, sur laquelle demande les esprits s'échauffant déjà, pouvoient en venir à une entière rupture. Mais comme je voyois l'importance de l'affaire et la modicité de la somme dont il s'agissoit (qui n'alloit qu'à cent mille francs), je résolus d'en fournir plutôt la moitié, que de laisser la chose indécise; et néanmoins, parce que je ne voulois pas faire connoître ouvertement l'intérêt que j'y prenois, je fis faire l'offre par *Le Tellier*, comme si de son chef il se fût porté à rendre ce service à ces deux Etats.

Mais il arriva dans le même temps, que la flotte des Hollandois entra dans la Tamise, et qu'ayant pris ou brûlé plusieurs vaisseaux, elle jetta dans toute l'île une si furieuse consternation, que les Anglois se résolurent à conclure aussitôt le traité, sans qu'il fût besoin de la somme que j'avois offerte (6).

Cet accord sembloit d'une part me donner plus de jour à les attirer dans mon parti; mais d'ailleurs, comme ils n'avoient été portés à se relâcher de leurs demandes que par l'insulte qu'ils avoient soufferte, et que d'ailleurs ce malheur ne leur étoit arrivé que parce qu'ils n'avoient osé mettre leur flotte en mer, de peur que je ne joignisse la mienne aux Hollandois, il y avoit apparence qu'ils en garderoient du ressentiment contre moi.

Et je savois de plus que le roi de la Grande-Bretagne étoit sollicité par les Espagnols et par les Etats même de Hollande, lesquels, quoique je les eusse même secourus récemment, travailloient pourtant à former contre moi une ligue de toute l'Europe.

Ainsi je crus qu'il seroit bon de lui envoyer *Ruvigny* (a) pour faire, ou qu'il se déclarât en ma faveur, ou que du moins il demeurât

---

(a) Le même qui, à la révocation de l'édit de Nantes, passa en Angleterre, où il prit le titre de Comte de Galloway, qu'il porta toujours depuis.

neutre, comme il sembloit naturellement devoir faire, vu les fâcheuses nouveautés qui renaissoient sans cesse dans son Etat.

Car il venoit encore tout récemment d'être forcé à bannir son chancelier de son conseil, et bien qu'il fût vrai que le ministre, pour avoir voulu prendre trop d'élévation, se fût lui-même attiré beaucoup d'envie, il y a pourtant lieu de penser que la mauvaise volonté des Anglois ne se bornoit pas tout-à-fait à sa personne, puisque ni son entière dépossession, ni son exil volontaire ne furent pas suffisans pour les contenter, mais qu'ils voulurent lui faire son procès sur des crimes qui sembloient lui être communs avec son maître.

D'un si notable événement, les ministres des rois peuvent apprendre à modérer leur ambition, parce que plus ils s'élèvent au-dessus de leur sphère, plus ils sont en péril de tomber.

Mais les rois peuvent apprendre aussi à ne pas laisser trop agrandir leurs créatures, parce qu'il arrive presque toujours qu'après les avoir élevées avec emportement, ils sont obligés de les abandonner avec foiblesse ou de les soutenir avec danger ; car pour l'ordinaire, ce ne sont pas des princes fort autorisés ou fort habiles qui souffrent ces monstrueuses élévations.

Je ne dis pas que nous ne puissions par le propre intérêt de notre grandeur, permettre qu'il en paroisse quelqu'épanchement sur ceux qui ont part en nos bonnes grâces ; mais il faut prendre garde soigneusement que cela n'aille pas jusqu'à l'excès, et le conseil que je vous puis donner pour vous en garantir, consiste en trois observations principales.

La première est, que vous sachiez vos affaires à fonds, parce qu'un roi qui ne les sait pas, dépendant toujours de ceux qui le servent, ne peut bien souvent se défendre de consentir à ce qui leur plaît.

La seconde, que vous partagiez votre confiance entre plusieurs, d'autant que chacun de ceux auxquels vous en faites part, étant par une émulation naturelle, opposé à l'élévation de ses rivaux, la jalousie de l'un sert souvent de frein à l'ambition de l'autre.

Et la troisième, qu'encore que dans le secret de vos affaires ou dans vos entretiens de plaisir et de familiarité, vous ne puissiez admettre qu'un petit nombre de personnes, vous ne souffriez pourtant pas que l'on puisse imaginer que ceux qui auront cet avantage, soient en pouvoir de vous donner, à leur gré, bonne ou mauvaise impression des autres ; mais qu'au contraire vous entreteniez exprès une espèce de commerce avec tous ceux qui tiendront quelque poste important dans l'état ; que vous leur donniez à tous la liberté de vous proposer ce qu'ils croient être de votre service ; que pas un d'eux en ses besoins ne se croye obligé de s'adresser à d'autre qu'à vous ; qu'ils ne puissent avoir que vos bonnes grâces à ménager ; et qu'enfin, les plus éloignés comme les plus familiers, soient persuadés qu'ils ne dépendent en tout que de vous seul.

Car vous devez savoir que cette indépendance sur laquelle j'insiste si fort (étant bien établie entre les serviteurs), relève plus que toute autre chose l'autorité du maître, et que c'est elle seule qui fait voir qu'il les gouverne en effet, au lieu d'être gouverné par eux.

Comme au contraire, d'abord qu'elle cesse, on voit infailliblement les brigues, les liaisons et les engagemens particuliers, grossir la cour de ceux qui sont en crédit, et affoiblir la réputation du prince ; mais principalement s'il en est quelqu'un qui, par notre inclination ou par son industrie, vienne à se distinguer de ses pareils, on ne manque jamais de penser qu'il est maître absolu de notre esprit; on le regarde incontinent comme un favori déclaré, on lui attribue quelquefois des choses où il n'a pas eu la moindre participation, et le bruit de sa faveur est infiniment plus grand dans le monde, qu'elle ne l'est en effet dans notre cœur.

Et cependant ce n'est pas en cela, mon fils, qu'on doit mépriser les bruits populaires; au contraire, il faut y remédier sagement et promptement, parce que cette opinion, quoique de soi, vaine, peut en durant trop, nuire à notre réputation et augmenter effectivement le crédit de celui même qui l'a fait naître.

Car comme chacun s'empresse à devenir de ses amis, il trouve souvent moyen de faire par les autres, ce qu'il n'eût jamais entrepris de son chef; et par ce qu'on s'imagine qu'il peut tout, on veut lui plaire par toutes voies.

Ceux mêmes à qui nous donnons le plus de familiarité auprès de nous, cherchent à se fortifier par son appui. On prend avec lui des engagemens secrets qu'on couvre en certaines occasions d'une indifférence affectée, pendant que dans les choses qu'il affectionne, on l'informe de tout ce qu'on voit, on nous parle toujours dans ses sentimens, on approuve, on blâme ce qu'il veut, on éloigne ce qui lui déplaît, on facilite ce qu'il désire, en sorte que sans qu'il y paroisse contribuer, nous nous trouvons comme par merveille (mais merveille presqu'infaillible) portés dans tous ses sentimens.

Et cela, mon fils, est d'autant plus à remarquer, que c'est par où naît ou s'affoiblit d'ordinaire la puissance des favoris, et par où l'on parvient insensiblement à gouverner la plupart des princes.

Car enfin ce qu'on appelle être gouverné, n'est pas toujours d'avoir un premier ministre en titre, auquel on renvoie ouvertement la décision de toutes les choses. Chez les esprits éclairés, c'est assez pour cela d'avoir une ou plusieurs personnes, de quelque qualité qu'elles soient, qui, séparées ou jointes ensemble, puissent nous mettre dans l'esprit ce qu'elles veulent; qui sachent, selon leurs intérêts, avancer ou reculer les affaires, et qui puissent, sans que nous y fassions réflexion, approcher de nous les gens qu'elles favorisent, ou nous dégoûter de ceux qu'elles n'aiment pas.

Après avoir entretenu mon armée de mer jusqu'au mois d'octobre, je l'avois licenciée à la réserve d'une escadre à qui je fis passer le détroit pour incommoder les côtes d'Espagne.

en état de leur ôter une bonne partie de ce qui leur restoit.

Mon projet, en général, étoit de mettre le printemps suivant quatre armées en campagne, dont l'une, sous mon frère, devoit passer en Catalogne pour attaquer les Espagnols dans l'Espagne même. La seconde se devoit porter sur les bords du Rhin, afin d'arrêter ou de combattre ce qui viendroit d'Allemagne; et les deux autres devoient être dans la Flandres, sans autre général que moi et monsieur de *Turenne*; car je ne voulois demeurer aucun moment sans occupation, et je désirois trouver toujours une armée fraîche, quand l'autre auroit besoin de se reposer.

Suivant ces projets, je faisois faire de nouvelles levées, non-seulement dans mes états, mais en Allemagne, en Suisse, et en Angleterre, d'où je tirai même plusieurs cavaliers licenciés de la compagnie des gendarmes du roi, parce qu'ils étoient catholiques.

Monsieur de *Lorraine* vouloit, après la campagne, faire reprendre les troupes qui étoient alors à lui; mais je lui en fis parler de telle sorte, qu'il fut obligé de s'en désister, et de me les laisser autant que je voulus.

Pour faire subsister tant de forces, je pris soin

soin de faire remplir mes magasins que l'été passé avoit dégarnis, et je fis un état exact de la recette et de la dépense que j'avois à faire l'année prochaine. Mais durant tous ces préparatifs de guerre, on ne laissoit pas de parler de paix. Les Hollandois sollicités par leur propre appréhension, me pressoient sans cesse d'y consentir.

Dès le temps que j'étois à Amiens, *Van Beuning* (a) s'y étoit rendu pour cela, et demandoit même à me suivre en mon camp; mais je n'estimai pas que je le dusse permettre, parce que dans un si grand assemblage de gens, il est mal-aisé que toujours quelqu'un n'ait ou ne croie avoir sujet de se plaindre, et je ne voulus pas que cela fût observé de si près par un homme dont les pensées n'étoient pas conformes aux miennes.

Ainsi je l'envoyai à Paris pour traiter avec *Lionne*, et à mon retour reprenant moi-même cette négociation, je résolus enfin de faire voir à toute l'Europe la modération de mon esprit,

---

(a) Il s'appeloit *Josué*. La fameuse médaille de Josué arrêtant le soleil, frappée en Hollande, étoit une allusion à *Van Beuning* arrêtant Louis XIV, dans ses desseins.

en offrant de me contenter, pourvu qu'en échange des terres qui m'étoient échues, l'on me cédât seulement ce que j'avois pris, si l'on n'aimoit mieux me donner la Franche-Comté ou le Luxembourg avec Aire, St.-Omer, Douay, Cambray et Charleroy; consentant de plus que les Espagnols eussent trois mois pour en délibérer, durant lesquels je n'attaquerois aucune de leurs places où il fût besoin de canon.

Le pape travailloit aussi avec beaucoup de zèle à faire réussir cet accord; et sa médiation ayant été acceptée par moi, dès-lors que son neveu me vit à Compiègne, les Espagnols n'avoient pas osé la refuser : mais comme ils voyoient que l'affaire ne se termineroit pas sans qu'il leur en coutât quelque chose, ils avoient peine de venir à la conclusion, et affectoient diverses chicanes, tantôt sur le temps et tantôt sur le lieu de l'assemblée, pour voir si mes voisins, jaloux de mon agrandissement, ne se ligueroient point avec eux.

Cependant toute ma cour n'étoit pas aussi d'un même avis sur cette affaire, et plusieurs réglant leurs pensées sur leurs intérêts, trouvoient des raisons pour la paix ou la guerre, selon que l'une ou l'autre pouvoit augmenter ou leur fortune ou leur crédit.

Mais comme leurs motifs m'étoient connus, leurs raisonnemens ne faisoient d'impression sur mon esprit qu'autant qu'ils tendoient au bien de mes affaires, et ne me tiroient jamais de l'égalité que je m'étois proposé de garder en mon jugement, ou du moins si l'on me voyoit pencher quelquefois tant soit peu plus du côté des armes, ce n'étoit ni par la faveur, ni par l'adresse de ceux qui pouvoient y avoir intérêt, mais seulement par l'inclination que j'avois pour la gloire qui, sans doute, par cette voie, semble s'acquérir avec plus d'éclat.

A l'égard des princes d'Allemagne, je crois qu'il y en avoit qui désiroient la continuation de la guerre, comme il y en avoit qui demandoient la paix; mais à parler généralement, tous me traitoient sur ce sujet avec la plus grande honnêteté du monde.

J'envoyai vers ceux qui s'étoient nouvellement engagés à défendre le passage du Rhin contre les troupes impériales, pour leur persuader de joindre leurs forces à celles du prince de *Condé*, que j'envoyois à même dessein.

Pour l'Empereur, je lui avois fait donner avis du voyage que je faisois en Flandres, et il l'avoit reçu avec moins de chaleur que je ne m'étois figuré, me répondant seulement qu'il me prioit de me contenter de choses raisonnables, et même, le comte de *Furstemberg* lui ayant fait quelque proposition touchant le traité éventuel, il témoigna ne s'en éloigner que par la peine qu'il avoit d'en faire l'ouverture aux ministres d'Espagne avant que le cas fût arrivé; mais cela ne m'empêchoit pas de prévoir que ma querelle continuant avec les Espagnols, ce prince les assisteroit sans doute, et faisant mon compte là-dessus, je recherchois tous les expédiens qui pourroient divertir ses forces ailleurs.

Le dessein que j'avois eu de donner à la Pologne un prince de ma maison, ayant été traversé par la mort de la reine sur laquelle principalement il étoit fondé, le duc de *Neubourg* me fit prier de favoriser sa prétention, et le prince de *Condé* auquel j'en fis parler, m'ayant répondu avec toute l'honnêteté et toute la soumission possibles, je promis au duc ce qu'il me demandoit : même pour le servir suivant ses intentions, je fis proposer le mariage de sa fille avec le roi nouvellement veuf, lequel je tâchai de dissuader de l'abdication qu'il avoit projetée.

Mais depuis, ayant entendu qu'il n'avoit nulle inclination pour ce mariage, et voyant que le duc de *Neubourg* ne viendroit pas aisément à bout de son projet, je m'avisai de tirer un autre fruit de cette conjoncture.

J'accommodai aussitôt ma conduite à ce nouveau dessein, et je résolus de favoriser moi-même l'abdication que j'avois auparavant retardée, afin que les contestations qu'elle produiroit attirassent les armes des Allemands pendant que je m'établirois en Flandres.

Quant aux Suédois (*a*), j'eusse bien desiré m'en assurer auparavant que la guerre fût déclarée ; mais en voyant que plus on les pressoit, plus ils reculoient, je voulus tenter, si en leur témoignant plus de froideur, ils ne s'avanceroient point davantage ; et depuis encore, voyant que ce remède n'opéroit pas, et ne voulant pas épargner des démarches de cérémonie pour venir à de plus solides fins, je leur fis parler de nouveau, mais ce fut toujours inutilement.

Je reçus du roi de Danemarck des offres fort civiles ; mais parce qu'il ne me sembloit pas en état de rien faire d'important pour moi, je me contentai de lui répondre avec une honnêteté réciproque.

J'entretenois avec plus de soin les bonnes intentions du duc de Savoye auquel j'avois d'abord donné part de mon dessein ; et parce

---

(*a*) Voyez la variante page 63.

qu'il pouvoit m'être utile en Italie, je tâchois de l'attacher à mes intérêts, en lui faisant toutes les propositions que je croyois capables de lui plaire.

Les Hollandois qui ne croyoient peut-être pas que je connusse les brigues qu'ils faisoient contre moi, me parloient toujours avec la même liberté de ce qui regardoit leurs avantages, et s'efforcèrent de m'engager à ne rien conquérir près de leurs frontières ; mais je leur refusai précisément ce point, et même les trois mois de surséance que par leur entremise j'avois donnés aux Espagnols, étant expirés vers la fin de décembre, je déclarai que je ne prétendois plus la continuer ; et en effet, m'ennuyant déjà de demeurer en repos, je fis observer de divers côtés s'il n'y auroit rien que l'on pût exécuter brusquement, et entr'autres, lorsque le prince de *Condé* alla tenir les états en Bourgogne, je le chargeai de reconnoître ce qui se pourroit faire dans la Franche-Comté.

J'avois depuis peu conclu un nouveau traité avec le roi de Portugal, par lequel il s'obligeoit à ne faire ni paix, ni trève sans mon exprès consentement, et je lui promettois aussi de ne me point accommoder avec l'Espagne, sans lui faire accorder le titre de roi qu'on lui avoit jusques-là refusé ; mais vers la fin de cette année, il arriva une révolution dans cet éta qui rompit absolument mes mesures (7).

Car le roi qui, de sa personne, étoit déjà fort incommodé, s'étant encore rendu plus insupportable par ses mœurs, fut dépossédé et fait prisonnier dans son propre palais, sans que, de tout ce qu'il y avoit de sujets ou de domestiques, aucun se mît en devoir d'empêcher un si détestable attentat, aventure tellement singulière, que l'histoire des siècles passés ne nous peut fournir rien de pareil.

Mais, tandis que tout le reste des hommes se contente d'admirer cet événement, il est bon que vous tâchiez d'en profiter, en observant qu'elles en ont été les causes.

Il faut assurément demeurer d'accord, que pour mauvais que soit un prince, la révolte de ses sujets est toujours infiniment criminelle.

Celui qui a donné des rois aux hommes a voulu qu'on les respectât comme ses lieutenans, se réservant à lui seul le droit d'examiner leur conduite. Sa volonté est que quiconque est né sujet, obéisse sans discernement; et cette loi si expresse et si universelle, n'est pas faite en faveur des princes seuls, mais est salutaire aux peuples mêmes auxquels elle est imposée, et qui ne la peuvent jamais violer sans s'exposer à des maux beaucoup plus terribles que ceux dont ils prétendent se garantir.

Il n'est point de maxime plus établie par le christianisme, que cette humble soumission des sujets envers ceux qui leur sont préposés. Et en effet, ceux qui jetteront la vue sur les temps passés, reconnoîtront aisément combien ont été rares, depuis la venue du Christ, ces funestes révolutions d'état qui arrivoient si souvent dans le paganisme.

Mais il n'est pas juste que les souverains qui font profession de cette sainte doctrine, se fondent sur l'innocence qu'elle inspire à leurs peuples, pour vivre de leur part avec plus de déréglement.

Il faut qu'ils soutiennent par leurs propres exemples la religion dont ils veulent être appuyés, et qu'ils considèrent que leurs sujets les voyant plongés dans le vice et dans le sang, ne peuvent presque rendre à leur personne le respect dû à leur dignité, ni les reconnoître pour les vivantes images de celui qui est tout saint aussi bien que tout puissant.

Je sais bien que ceux qui sont nés comme nous avec des inclinations vertueuses, ne s'emportent jamais à ces scandaleuses extrémités qui blessent ouvertement la vue des peuples ; mais il est bon pourtant que vous sachiez que dans le haut rang que nous tenons, les moindres fautes ont toujours de fâcheuses suites. Celui qui les fait, a ce malheur qu'il n'en connoît presque jamais la conséquence que quand il n'est plus temps d'y remédier. L'habitude qu'il prend au mal, le lui fait croire de jour en jour plus excusable, moins connu, tandis qu'il paroît aux yeux du public plus honteux et plus manifeste. Car c'est une des plus grandes erreurs où puisse tomber un prince, de penser que ses défauts demeurent cachés, ni qu'on se porte à les excuser.

Les rois qui sont les arbitres souverains de la fortune et de la conduite des hommes, sont toujours eux-mêmes les plus sévèrement jugés et les plus curieusement observés. Dans le grand nombre des gens qui les environnent ce qui échappe aux yeux de l'un, est presque toujours découvert par un autre. Le moindre soupçon que l'on conçoit d'eux, passe aussitôt d'oreille en oreille comme une nouvelle agréable à débiter : celui qui parle, faisant toujours vanité de savoir plus que les autres, augmente les choses au lieu de les affoiblir ; et celui qui entend, prenant un plaisir malin de voir abaisser ce qu'il croit trop au-dessus de lui, apporte toute la facilité possible à se persuader de ce qu'on lui dit.

Plus le prince dont on s'entretient a d'ailleurs de mérite et de vertu, plus l'envie prend à tâche d'en obscurcir l'éclat; en sorte que bien loin de dissimuler ses fautes, on lui en suppose même quelquefois dont il est absolument innocent : d'où vous devez conclure, mon fils, qu'un souverain ne sauroit mener une vie trop sage et trop innocente; que pour régner heureusement et glorieusement, ce n'est pas assez de donner nos soins aux affaires générales, si nous ne réglons nos propres mœurs, et que le seul moyen d'être vraiment indépendant et au-dessus du reste des hommes, est de ne rien faire ni en public, ni en secret, qu'ils puissent légitimement censurer.

VARIANTES.

(8) Avant que de partir, j'envoyai un édit au parlement, par lequel j'érigeois en duché la terre de Veaujours en faveur de M... L., et reconnoissois une fille que j'avois eue d'elle; car n'étant pas résolu d'aller à l'armée pour y demeurer éloigné de tous les périls, je crus qu'il étoit juste d'assurer à cet enfant l'honneur de sa naissance, et de donner à la mère un établissement convenable à l'affection que j'avois eue pour elle depuis six ans.

J'aurois pu, sans doute, me passer de vous entretenir de cet attachement dont l'exemple n'est pas bon à suivre; mais après vous avoir tiré plusieurs instructions des manquemens que j'ai remarqués dans les autres, je n'ai pas voulu vous priver de celles que vous pouvez tirer des miens propres.

Je vous dirai donc, premièrement, que

comme le prince devroit toujours être un parfait modèle de vertu, il seroit bon qu'il se garantît absolument des foiblesses communes au reste des hommes, d'autant plus qu'il est assuré qu'elles ne sauroient demeurer cachées, du moins fort peu de temps.

Et néanmoins s'il arrive que nous tombions malgré nous dans quelques-uns de ces égaremens, il faut du moins, pour en diminuer la conséquence, deux précautions que j'ai toujours pratiquées, et dont je me suis fort bien trouvé.

La première, est que le temps que nous donnons à notre amour ne soit jamais pris au préjudice de nos affaires, parce que notre premier objet doit toujours être la conservation de notre gloire et de notre autorité, lesquelles ne se peuvent absolument maintenir que par un travail assidu.

Car, dans quelques transports que nous puissions être, nous devons (pour le propre intérêt de notre passion) considérer qu'en diminuant de crédit dans le public, nous diminuerions aussi d'estime dans l'esprit de la personne pour qui nous nous serions relâchés.

Mais la seconde considération, qui est la plus délicate et la plus difficile à pratiquer, c'est qu'en abandonnant notre cœur ; nous demeurions maîtres de notre esprit ; que nous séparions les tendresses d'amant d'avec les résolutions du souverain, et que la beauté qui fait nos plaisirs n'ait jamais la liberté de nous parler de nos affaires ni des gens qui nous y servent.

On attaque le cœur d'un prince comme une place. Le premier soin est de s'emparer de tous les postes par où on y peut approcher. Une femme adroite s'attache d'abord à éloigner tout ce qui n'est pas dans ses intérêts; elle donne du soupçon des uns et du dégoût des autres, afin qu'elle seule et ses amis soient favorablement écoutés ; et si nous ne sommes en garde contre cet usage, il faut, pour la contenter elle seule, mécontenter tout le reste du monde.

Dès-lors que vous donnez à une femme la liberté de vous parler de choses importantes, il est impossible qu'elle ne vous fasse faillir.

La tendresse que nous avons pour elle, nous faisant goûter ses plus mauvaises raisons, nous fait tomber insensiblement du côté où elle penche, et la foiblesse qu'elle a naturellement, lui faisant souvent préférer des intérêts de bagatelles aux plus solides considérations, lui font presque toujours prendre le mauvais parti.

Elles sont éloquentes dans leurs expressions, pressantes dans leurs prières, opiniâtres dans leurs sentimens; et tout cela n'est souvent fondé que sur une aversion qu'elles auront pour quelqu'un, sur le dessein d'en avancer un autre, ou sur une promesse qu'elles auront faite légèrement.

Le secret ne peut être chez elles dans aucune sûreté ; car si elles manquent de lumières, elles peuvent, par simplicité, découvrir ce qu'il faut le plus cacher; et si elles ont de l'esprit, elles ne manquent jamais d'intrigues et de liaisons secrètes ; elles ont toujours quelque conseil particulier pour leur élévation ou pour leur conservation; elles ne manquent point d'y étaler tout ce qu'elles savent autant de fois qu'elles en croient tirer quelque raisonnement pour leurs intérêts.

C'est dans ces conseils qu'elles concertent, dans chaque affaire, quel parti elles doivent prendre, de quels moyens elles doivent se servir pour faire réussir ce qu'elles ont entrepris, comment elles se déferont de ceux qui leur nuisent, comment elles établiront leurs amis, par quelle adresse elles nous pourront engager davantage et nous retenir plus long-temps, sans que nous nous puissions garantir que par un seul moyen, qui est de ne leur donner la liberté de parler dans aucune chose, que de celles qui sont de plaisir, et nous préparer avec étude à ne les croire en rien de ce qui peut concerner nos affaires ou les personnes de ceux qui nous servent.

Je vous avouerai bien qu'un prince dont le cœur est fortement touché par l'amour, étant aussi toujours prévenu d'une forte estime pour ce qu'il aime, a peine de goûter toutes ces précautions; mais c'est dans les choses difficiles que nous faisons paroître notre vertu; et d'ailleurs il est certain qu'elles sont d'une nécessité absolue, et c'est faute de les avoir observées, que nous voyons dans l'histoire tant de funestes exemples de maisons éteintes, de trônes renversés, de provinces ruinées, d'empires détruits.

Vous savez ce que je vous ai dit en diverses occasions contre le crédit des favoris; celui d'une maîtresse est bien plus dangereux.

. . . .

(*a*) D'être assuré des Suédois. Mais de l'autre, voyant que plus on les pressoit plus ils affectoient de lenteur et de remise, je crus que le meilleur moyen de les obliger à conclure,

---

(*a*) Lacune existante à l'original.

étoit de n'en point témoigner d'empressement, étant certain que comme de leur part ils pouvoient être utiles à mes desseins, mon alliance leur apportoit aussi des avantages qui ne devoient pas être négligés. C'est pourquoi j'envoyai de nouveaux ordres à mon ambassadeur touchant cette négociation, lui commandant de s'y porter en apparence avec toute la froideur qu'il pourroit affecter, sans nuire absolument au succès de l'affaire.

Car ce n'est pas en matière de traités, qu'il faut se piquer de diligence. Celui qui veut y aller trop vîte est sujet à faire bien des faux pas; il n'importe point en quel tems, mais à quelles conditions une négociation se termine. Il vaut bien mieux achever plus tard ses affaires, que de les ruiner par trop de précipitation. Nous retardons par notre impatience ce que nous avions voulu trop avancer.

La trop grande passion que nous témoignons de conclure donne toujours à ceux avec qui nous traitons, ou la crainte d'être surpris, ou le désir de se prévaloir de notre envie. Comme il est certain que dans les négociations chacune des parties est attentive à ménager ses propres intérêts et à profiter aux dépens des autres, nous n'y saurions faire paroître le

moindre

moindre empressement qui ne nous porte un notable préjudice.

C'est assez que nous semblions affecter une chose pour nous la faire acheter au-delà de son prix. On ne regarde plus combien elle vaut, mais combien nous l'estimons ; et après nous l'avoir long-temps fait souhaiter, on nous la cède à des conditions si rudes qu'elles nous ôtent le plaisir d'en jouir.

Ainsi, quelque juste que soit notre impatience, le plus sûr moyen de la contenter est de la tenir soigneusement cachée, et dans les choses que nous désirons avec le plus de raison, le seul secret de les obtenir, est de les poursuivre de telle manière que nous paroissions résolus à nous en passer dès-lors qu'on nous les voudra faire trop valoir.

J'ai cru, mon fils, vous devoir donner cet avertissement, parce que c'est un défaut attaché à la jeunesse, et principalement à ceux qui, comme vous, sont d'un tempérament plein de feu, de désirer trop âprement, et même de laisser trop ouvertement paroître leurs désirs.

C'est un vice du tempérament que la seule raison peut corriger, mais cette raison qui ne vient aux autres que par un long temps, ou après des expériences fâcheuses, je serois bien aise, mon fils, que vous la trouviez dans les enseignemens que je vous aurai donnés.

Après le siége de Douay, mon sentiment étoit d'aller en personne assiéger Courtray pour ne laisser échapper aucune des occasions où il y avoit quelque travail à prendre, ou quelque honneur à s'acquérir. Mais monsieur *de Turenne* m'allégua tant de raisons contre ce dessein, que je résolus, suivant son avis, de donner du repos à mon armée. Persuadé que, quelque passion qu'on ait de se signaler, le plus sûr chemin de la gloire est de suivre toujours la raison.

II. L'application que j'ai eue durant cette campagne à m'acquitter d'un emploi qui m'étoit nouveau, et le grand nombre d'affaires différentes que j'ai trouvées à mon retour, m'ont ôté le loisir de rapporter ici les circonstances particulières que j'avois coutume de vous expliquer.

III. Qu'après avoir en si peu de temps exécuté heureusement tant de choses, il n'y avoit pas de merveilleux qu'une seule réussît contre mon intention ; qu'au fond, on ne pouvoit envisager celle-ci que comme une résolution de sage capitaine qui n'avoit pas voulu perdre des hommes et du temps qu'il pouvoit mieux employer ailleurs ; et si, me trouvant à la tête d'une puissante armée, avec liberté de choisir entre les meilleures villes du pays, je passois l'été dans un siége dont l'événement étoit si peu certain. D'où vous pouvez conclure, mon fils, qu'il ne se faut pas toujours mettre en peine de ce que le public dira.

Et, à vous dire vrai, il est bien plus difficile aux ames nobles de résister à ces sortes d'assauts qui semblent attaquer leur gloire, et de surmonter en cela les propres mouvemens de leur générosité, que de s'engager dans les occasions les plus périlleuses, desquelles il leur reste toujours une forte espérance de sortir avec accroissement de leur réputation.

IV. Vous avez toujours vu comme depuis la mort de *Philippe IV*, roi d'Espagne, mon principal dessein avoit toujours été de me mettre en possession des états qui, suivant leurs propres coutumes appartenoient légitimement à la reine, et que le seul obstacle qui, jusqu'ici, m'avoit empêché d'y travailler, étoit la guerre qui m'étoit survenue contre le roi d'Angleterre. Pour faire cesser cet empêchement, j'avois fait commencer la négociation de Breda. Mais, voyant combien elle tiroit en longueur, par les contestations nouvelles qui la traversoient de jour en jour, et combien pourtant m'étoit précieux le temps qu'elle me faisoit perdre; je crus que ce me seroit un grand avantage, si en attendant la fin du traité général, je pouvois du moins convenir avec l'Angleterre de certaines conditions par lesquelles je pusse être pleinement assuré qu'ils ne traverseroient point mon entreprise. Mais comme ce projet extraordinaire n'étoit pas facile à exécuter, sans donner ensemble beaucoup d'ombrage aux états de Hollande et beaucoup d'avantage aux Anglois, je fus obligé d'y travailler avec une circonspection particulière.

Pour ce qui concernoit les Anglois, ayant remarqué le désir extrême qu'ils avoient d'être rétablis dans les îles occidentales dont mes sujets les avoient chassés, je me servis de cette occasion pour les engager au traité que je voulois faire avec eux, et l'affaire me réussit en sorte que, leur donnant seulement assurance de leur accorder par le traité général la restitution qu'ils demandèrent, ils me promirent dès-lors que, quoiqu'il pût arriver, ils ne prendroient d'un an aucun parti contre moi.

V. Et même, afin que chacun d'eux pût retourner plutôt à son emploi, je résolus que peu de jours après leurs placets présentés, ils leur seroient rendus avec ma réponse, laquelle je faisois toujours le plus favorable que je pouvois, estimant qu'il n'y avoit rien de plus satisfaisant que de pouvoir faire du bien avec justice.

Ce fut dans ce même esprit que prenant sujet des diverses augmentations que j'avois faites dans les compagnies de mes gardes-du-corps, j'y créai de nouvelles charges de lieutenans, d'enseignes, d'exempts en faveur de plusieurs gentilshommes de mérite, lesquels je crus ne pouvoir mieux gratifier qu'en les approchant plus près de moi.

Tous ceux que je pris pour lieutenans avoient été long-temps capitaines de chevaux-légers, avoient même commandé divers corps dans lesquels ils s'étoient fait remarquer par des actions fort singulières : comme *Chaseron*, à la défense d'Ypres et au siége d'Arras (*a*) où il avoit perdu un œil; *Brissac* à Dunkerque et dans la révolte de la garnison de Menin, et ensuite près de Paris où il passa la Seine à la nage à la vue d'une armée ennemie.

Ceux que je choisis pour enseignes étoient *Neuchelle*, *du Pas*, d'*Amblis* et *Bresai*, dont quelques-uns n'étoient guère moins dignes de recommandation que les lieutenans, et ne furent par moi mis en cette place, que parce que je n'en avois point alors de plus importantes à leur donner. *Saint-Germain* fut le seul que je pris sans avoir encore servi, et la raison qui m'y porta fut qu'il étoit homme de qualité, et qu'il m'avoit fait paroître une extrême passion de servir auprès de ma personne.

Pour la place de major, je l'avois donnée, dès l'année précédente, au chevalier *de Fourbin*, homme dont la sagesse et la valeur étoient également singulières, comme il l'avoit fait voir principalement et dans les deux voyages de Naples et dans le siége d'Alexandrie.

Quant aux places d'exempts, elles furent par moi distribuées, partie à d'anciens et braves

---

(*a*) Cette lacune existe à l'original.

officiers, et partie à de jeunes gentilshommes que je prétendois par cette grâce exciter plus fortement à la vertu.

Je gratifiai aussi presqu'en même temps *Artagnan* de la charge de capitaine-lieutenant d'une de mes deux compagnies de mousquetaires qu'il avoit méritée par beaucoup de services importans, et je lui donnai pour sous-lieutenant *Jouel*, homme d'une valeur extraordinaire, et qui, l'ayant autrefois employée contre mon service, m'en avoit depuis fait paroître un très-sensible repentir.

Environ le mois de mars, s'étant présenté pour *Lafeuillade* un mariage par lequel on lui cédoit une terre érigée en duché, je lui voulus bien donner des lettres pour faire passer cette dignité dans sa personne, et lui fis même présent de quelque somme de deniers dont il avoit besoin pour accomplir son traité, étant bien aise de trouver une pareille occasion de récompenser ce qu'il avoit fait en Hongrie pour la gloire du nom françois.

Mais ce n'étoit pas seulement les gens de guerre que je tâchai de gratifier. Ayant appris que par la diminution qui étoit arrivée dans le commerce depuis la guerre commencée par mer, il étoit arrivé quelques banqueroutes dans Paris, je fis tout ce qui étoit en ma puissance pour en détourner le mal ; ne me contentant pas d'employer à cela mon application et mon autorité, je voulus encore aider de mes finances ceux qui me parurent dans la bonne foi. Je permis à mon procureur-général du parlement, de résigner à son fils cette charge qui n'avoit pas coutume de passer de père en fils.

J'étendis mes soins bienfaisans jusques dans les communautés religieuses, et se trouvant plusieurs couvens de Carmélites dans Paris qui avoient entre elles des contestations fort opiniâtres, je voulus travailler à les mettre d'accord ; d'autant plus que j'avois appris qu'outre les procédures ordinaires qu'elles avoient faites réciproquement tantôt à Rome et tantôt ailleurs, il y avoit eu quelques invectives publiques qui ne convenoient pas à la sainteté de leur profession.

C'est pourquoi, ayant nommé des commissaires pour prendre connoissance de leurs différends, je m'en fis faire le rapport et réglai les choses de telle manière que toutes les parties y trouvèrent leur satisfaction. Mais il faut avouer en cet endroit, comme j'ai déjà fait ailleurs, que si de ma part je travaillois avec ardeur, soit pour le bien général de mon royaume, soit pour l'avantage des particuliers, la plupart de mes sujets témoignoient aussi une passion toute extraordinaire dans l'exécution des choses que je désirois. Et depuis le premier bruit de la guerre de Flandres, je vis en un instant grossir ma cour d'une infinité de gentilshommes qui me demandoient de l'emploi. Les capitaines de tous les corps d'infanterie eurent tant de passion de les mettre en bon état, qu'ils me demandèrent la liberté de faire des recrues à leurs propres frais; plusieurs autres se présentèrent pour lever des compagnies entières sans me rien demander, et elles se trouvèrent monter pour quelques régimens à trois et quatre cents hommes, sans que je leur fournisse rien qu'une route pour se rendre à leurs garnisons. Tous, d'une commune ardeur, ne désiroient que l'occasion de servir, et se confioient de telle sorte en ma conduite, qu'ils ne doutèrent pas seulement de l'heureux succès de mes armes.

Une des choses que j'avois estimée le plus difficile pour mon armement de mer, avoit été de lever tous les matelots nécessaires pour équiper la quantité de vaisseaux dont je voulois grossir ma flotte. Car la négligence qu'on avoit eue jusqu'ici pour la marine, avoit fait que fort peu de gens s'étoient adonnés à ce métier, ou que ceux même qui s'y étoient appliqués, étoient passés dans les provinces étrangères. Et néanmoins, au moindre témoignage que je donnai de ma volonté, il s'en trouva une si grande abondance, qu'au lieu de soixante vaisseaux que j'équipois, j'en aurois pu armer plus de cent. Des provinces presqu'entières s'étoient aussitôt offertes à me servir; avec protestations que si je voulois (pour se rendre en plus grand nombre sur ma flotte) ils ne laisseroient dans leurs maisons que les femmes et les enfans.

Il est agréable, sans doute, de recevoir des marques de l'affection et de l'estime de ses sujets; mais en considérant le plaisir sensible qu'un prince vertueux peut avoir dans la possession d'un bien si doux, il se faut de bonne heure exciter à faire effort pour l'acquérir, parce que, comme il n'est rien de plus précieux, il n'est rien qui demande une plus grande application.

Il faut diriger à cette seule fin toutes nos actions et toutes nos pensées. Quoique vous vous proposiez de faire ou de commander, vous ne devez pas considérer seulement si la chose vous est agréable, ou si elle doit être utile, mais vous devez examiner quel effet elle pourra produire dans le monde pour ou contre votre réputation, et vous souvenir qu'en quelqu'établissement que vous puissiez être, vous ne trouverez jamais rien qui contribue efficacement ni au progrès de vos affaires, ni à votre propre satisfaction, que la bienveillance publique et l'estime générale des honnêtes gens.

Elles seules faciliteront le succès de tous vos desseins, et détourneront tous les inconvéniens qui vous pourroient nuire. Il n'est point de base sur laquelle votre autorité puisse être, ni plus sûrement, ni plus agréablement appuyée. Quelque puissant que fût un prince, il seroit sans doute fort embarrassé s'il étoit obligé d'user à toute heure de tout son pouvoir pour maintenir ses peuples dans l'obéissance, et ses voisins dans la considération qu'ils doivent avoir pour lui,

Année 1668.

FRAGMENS.

Les médiateurs voyant finir au commencement de cette année les trois mois que je leur avois accordés pour faire déterminer la reine d'Espagne à l'une des deux propositions de paix auxquelles je m'étois fixé, me demandèrent encore les trois mois suivans, et malgré toute ma répugnance, je ne pus m'empêcher de les donner, principalement aux instances du pape.

L'on me pressoit fort aussi d'accorder une suspension d'armes pour le même temps; mais dans la résistance que j'y faisois, je fus heureusement secondé par la fausse bravoure de *Castel Rodrigue* qui recevant avec froideur cette proposition, me donna prétexte à faire observer de tous côtés ce qui se pouvoit exécuter avec diligence. Je faisois mon compte que ce que je prendrois serviroit toujours ou à me rendre ma condition meilleure si la guerre duroit, ou à faire éclater davantage ma bonne foi si je le rendois par la paix.

L'on me proposa quelques entreprises sur Ypres, sur Namur et sur quelques autres places ; mais je ne trouvai rien de si faisable et de si avantageux que ce que j'avois moi-même pensé touchant le comté de Bourgogne, principalement depuis que le prince de *Condé* l'ayant observé de plus près, m'eut rendu compte de l'état où il étoit.

Car je considérois que c'étoit une province grande, fertile et importante ; qui par sa situation, par sa langue et par des droits aussi justes qu'anciens, devoit faire partie de ce royaume, et par qui, m'ouvrant un nouveau passage en Allemagne, je le fermois en même temps à mes ennemis.

Je voyois de plus, que moi-même l'attaquant en cette saison, elle pourroit être mal aisément secourue ; que le gouvernement général des Pays-Bas avoit peu de forces et en étoit fort éloigné ; que le marquis *de Jene* qui en avoit le gouvernement particulier, étoit homme de médiocre crédit ; que toutes les forces du pays consistoient en certaines milices dont il ne falloit pas craindre grand effet, et que toute l'autorité se trouvoit alors entre les mains du seul parlement, qui comme une assemblée de simples bourgeois, seroit facile à tromper et à intimider.

La plus grande difficulté de l'entreprise étoit d'en conserver le secret parmi tous les préparatifs qu'il falloit faire ; car M. le prince ne demandoit pas moins de quatorze mille hommes pour l'exécuter avec de l'artillerie et toutes les autres choses nécessaires pour les campemens et pour l'attaque des places.

Mais après y avoir pensé, je trouvai moyen de faire assembler dix-huit mille hommes sans qu'eux-mêmes se pussent apercevoir de mon dessein. Car les uns étoient commandés pour aller en Catalogne avec mon frère, les autres pour se rendre à la Marche, où s'étoit fait une mutinerie de peu d'importance, les autres pour m'attendre à Metz, où je feignis d'aller moi-même ; et leurs routes étoient tellement assujetties, qu'à considérer le lieu dont ils partoient et celui où ils avoient ordre d'aller, la Bourgogne se trouvoit naturellement dans leur passage ; je sentois même qu'ils étoient arrêtés par M. le prince sous prétexte d'un défaut de formalité ; car comme il étoit gouverneur de la province, il leur refusoit son attache pour passer outre, feignant qu'il n'avoit point eu avis de leur route.

Il n'y eut que les troupes de ma maison avec lesquelles il fallut en user autrement ; car je leur donnai d'abord une première route jusqu'à Troyes ; je leur fis partir un second ordre pour se joindre aux autres ; mais cela ne se fit que dans le temps où il n'y avoit plus rien à ménager.

Cependant le canon et les munitions, tant de bouche que d'artillerie, se portoient ou se préparoient dans la même province sous des noms supposés, et des raisons apparentes, tandis que j'amusois ceux qui pouvoient y avoir le plus d'intérêt, par des propositions fort éloignées de mon dessein.

Il se rencontra par bonheur que les Francs-Comtois allarmés de la campagne passée avoient depuis fait demander qu'on renouvellât la neutralité qu'ils avoient souvent obtenue, et je crus que cette négociation seroit bonne à occuper leurs esprits pendant que je fesois mes préparatifs.

Mais pour en tirer à-la-fois tout le fruit qui s'en pouvoit raisonnablement espérer, je la fis passer des mains de *Mouillé*, mon résident en Suisse (par qui elle avoit été commencée) dans celles du prince de *Condé*, qui par ce moyen pouvoit sans soupçon envoyer et renvoyer dans le pays autant de fois qu'il en seroit besoin pour prendre toutes nos mesures.

Ce qui fut si bien ménagé par lui que les Francs-Comtois venant le trouver, il apprit à régler tout ce qui étoit nécessaire, les entretenant toujours, en tel état qu'il sembloit ne tenir plus qu'à eux que la neutralité ne se conclût ; d'où il arriva que non-seulement ils ne prirent aucune sorte d'allarmes, mais qu'entendant même la vérité par ces bruits incertains qu'on ne peut empêcher de courir devant les choses les plus secrètes, ils les prirent pour un artifice étudié à dessein de leur faire augmenter leurs offres.

Leur assurance fut si grande que les Suisses qui avoient déjà conçu quelques soupçons des démarches qui se faisoient, se rassurèrent par la tranquillité de ceux qui avoient le premier intérêt dans l'affaire.

Castel-Rodrigue même, auxquels ils donnoient part de ce qu'ils négocioient, en fut long-temps abusé comme eux, et avec lui tous mes autres voisins, quoique par les ministres qu'ils avoient à ma cour, ils observassent de plus près ma conduite ; car encore qu'il ne fût pas

pas possible d'empêcher que quelqu'un ne s'imaginât ce qui étoit, je faisois voir, d'ailleurs, tant d'apparences du contraire, que ceux mêmes qui l'avoient cru les premiers, cessoient quelquefois de le penser, et ceux auxquels on l'avoit dit n'y pouvoient ajouter aucune foi.

Mais enfin, étant près de partir, je voulus donner moi-même avis à tous les états de l'Europe d'une chose que je ne pouvois plus leur cacher, et de peur que les plus mal-intentionnés ne tirassent avantage de cette entreprise pour amener les autres dans leurs sentimens, je déclarai que quelque en pût être le succès, il ne m'empêcheroit point de garder les paroles que j'avois données.

Je partis accompagné de tout ce qui étoit de noblesse à ma cour, excepté mon frère à qui j'en refusai la permission, parce qu'alors j'avois le dessein qu'il se préparât pour aller commander en Catalogne; et enfin les Francs-Comtois furent tirés de leur assoupissement, soit par le bruit de mon voyage, soit par les avis de *Castel-Rodrigue*, ou même par la déclaration du prince *de Condé*, qui prenant occasion de quelques difficultés qu'ils faisoient, rompit brusquement avec eux.

Aussitôt ils demandèrent des secours en

Flandres, envoyant offrir de grandes sommes aux Suisses pour en tirer des troupes, et convoquant leurs propres voisins pour le 8 de février; mais tout cela se faisoit trop tard; car j'avois donné mes ordres au prince de *Condé* pour entrer dès le quatrième du même mois dans le pays, et pour se saisir de certains postes qui empêchoient à-la-fois et la jonction des milices et la communication des principales villes.

J'avois même résolu que l'on attaqueroit en même-temps Besançon et Salins, afin que l'une et l'autre fût prise avant qu'il leur pût venir aucun secours, et ne me souciai pas que l'on attendît pour cela mon arrivée, préférant le solide avantage que cette diligence me donnoit, à la vaine satisfaction qu'un autre eût peut-être trouvé à faire dire qu'il se fût lui-même rencontré à ces deux attaques. Ce n'est pas que ce ne fût en effet deux places de réputation; car Besançon se prétendant ville impériale, ne reconnoissoit le roi d'Espagne que pour protecteur, et passoit pour la plus peuplée du pays; comme aussi Salins étoit sans difficulté la plus riche pour les fontaines qui lui fournissent le sel. Mais après tout, en l'état qu'étoient alors l'une et l'autre de ces places, il étoit mal-aisé qu'elle se défendît long-temps.

Le prince de Condé marcha lui-même vers Besançon, n'ayant plus que deux mille hommes, et la somma néanmoins si fièrement de se rendre, que les habitans persuadés qu'il étoit suivi de toute mon armée, capitulèrent dès le même jour, tandis qu'il envoyoit le duc de Luxembourg à Salins, où la consternation se trouvant pareille, on lui rendit sans combat la ville et les deux forts.

Ces deux nouvelles m'arrivèrent dans le même jour à Auxerre, d'où je partis lendemain pour attaquer Dole; quoiqu'à dire le vrai la chose ne fût pas sans difficulté; car le plan de la place m'apprenoit qu'elle étoit garnie de sept grands Bastions, la plupart bâtis sur le roc. L'histoire me faisoit voir qu'elle avoit deux fois résisté à de puissantes armées, et la saison où nous étions m'avertissoit qu'il n'étoit pas possible de camper long-temps.

Mais, d'autre part, je voyois aussi le peu de monde qui étoit dans la place, la consternation générale dont tout le pays étoit saisi, l'ardeur que mes gens témoignoient pour cette entreprise, et le bonheur qui m'avoit suivi dans toutes les autres. Ainsi, j'envoyai mes ordres à M. le prince pour la venir investir du côté

de Besançon ; j'y fis marcher (a)
et je marchai moi-même du lieu où j'étois.

J'employai presque un jour et demi à reconnoître la place en personne, persuadé que ce temps n'étoit pas perdu, parce que du bon ou du mauvais choix des attaques, dépendoit presque toujours le succès du siége.

Enfin, je résolus que l'on en feroit trois, et que pour ménager le temps on marcheroit droit à la contrescarpe. Les deux attaques des gardes et de Picardie firent ce qui leur étoit commandé; mais celle de Lionnois passant au-delà de mes ordres, après avoir gagné le chemin couvert, entreprit de monter à la demi-lune, la força et s'y logea.

Ce fut une terreur inconcevable aux habitans de nous voir ainsi, dès le premier jour, postés au pied de leurs murailles, et cela fit que le comte *de Grammont* s'étant offert à leur aller proposer de se rendre, je crus qu'il pourroit réussir dans son dessein.

Il eut quelque peine à parvenir jusqu'à la ville, mais il en eut peu à persuader les bourgeois, de la part desquels il m'amena des ôtages, ensuite de quoi l'on capitula.

___

(a) Cette lacune existe à l'original.

Cependant pour ne rien laisser dans la province qui pût redonner entrée aux Espagnols, je voulus m'assurer de plusieurs villes et châteaux qui tenoient encore pour eux. J'envoyai pour cela mes ordres à *Noisi*, gouverneur de Salins, lequel sut si bien se prévaloir de l'autorité de mon nom et de la frayeur des ennemis, qu'avec six vingts hommes ou peu plus il réduisit en deux jours six places dont quelques-unes avoient souffert des siéges réguliers; surtout les châteaux de Sainte-Anne et de Joux passoient pour imprenables dans le pays, et le marquis *de Jene*, retiré dans ce dernier, sembloit le fortifier encore par sa présence; mais, soit par le mécontentement qu'il avoit d'Espagne, soit pour le peu d'espoir d'en être secouru, ou même pour la crainte d'y être quelque jour châtié d'avoir si mal gardé cette province; il se laissa persuader de se rendre à moi et de me venir trouver devant Gray où j'avois marché dès-lors que j'eus pris Dôle.

Je reçus avec joie ce présent de ma bonne fortune, et pour m'en servir sur l'heure même aussi utilement qu'il se pouvoit, je désirai que le marquis *de Jene* s'employât lui-même à moyenner la reddition de Gray.

Les députés du parlement de Dole, que

j'avois déjà fait agir pour cela y avoient été fort mal reçus, et la ville paroissant résolue à se défendre, j'avois aussi de ma part pris mes quartiers, reconnu la place en personne, et disposé toutes choses à faire les attaques le lendemain; mais pour n'épargner aucune chose qui pût ménager la vie de mes gens, je m'avisai de faire encore entrer le marquis *de Jeue* dans la place, et crus que ses habitans seroient peut-être bien aises d'être autorisés par les ordres du gouverneur de la province à faire une chose qui étoit de leurs intérêts, et en effet dès le jour même l'on me fit prier de surseoir les attaques, et la capitulation s'étant faite dès le lendemain, j'entrai dans Gray, le 19 février, achevant ainsi dans quinze jours d'hiver une conquête qui, étant entreprise avec moins de précaution, pouvoit m'arrêter plus d'une campagne.

Sans m'amuser à visiter les villes qui s'étoient rendues en mon absence, je revins le plus vîte que je pus à Saint-Germain où j'avois des affaires importantes à régler, mais je laissai la liberté à ceux qui étoient avec moi de me suivre ou de revenir à leur commodité.

Dans le temps de cette expédition comme la saison étoit très-fâcheuse, j'avois tâché d'en adoucir la rigueur aux gens de qualité par la bonne chère que je leur faisois, parce qu'étant à la campagne, on ne peut pas ménager tant de temps pour les affaires du cabinet. Je m'entretenois plus librement avec tout le monde, tant en conversation générale qu'en particulier; mais je cherchois néanmoins, autant qu'il se pouvoit, à tirer profit de ces entretiens, ou pour avencer l'ouvrage auquel j'étois appliqué, ou pour connoître plus à fond les gens même à qui je parlois, ou pour tirer quelques éclaircissemens sur diverses autres choses.

Les uns disent qu'un roi qui doit savoir tout, doit se communiquer à tout le monde; d'autres prétendent qu'en partageant l'exécution de ses affaires entre un petit nombre de conseillers, il en reçoit plus de soulagement dans son travail et moins d'incertitude dans ses conseils. Et il s'en est même trouvé qui ont osé soutenir qu'un monarque, soit pour la tranquillité de son esprit, soit pour la solidité de ses résolutions ne se devoit ouvrir qu'à un seul ministre.

Mais pour moi, mon fils, je vois qu'on peut accorder tous ces avis en distinguant le temps et les personnes auxquelles ils seroient donnés. Car, pour commencer par celui qui paroît le plus dangereux, je croirois que s'agissant d'un prince qui, par la foiblesse de son âge, ne seroit point capable de gouverner ; on pourroit avec plus de raison lui conseiller de se confier entièrement à un seul ministre, que d'en tenir plusieurs à-la-fois, parce qu'en ayant plusieurs et ne pouvant ni limiter leurs fonctions, ni régler leurs contestations, il les verroit bien plus appliqués à s'élever l'un au-dessus de l'autre qu'à maintenir la grandeur de son état, au lieu que remettant tout en la main d'un seul, il n'auroit de difficulté qu'à le choisir tel qu'il fût en effet capable d'un si grand emploi, et par sa naissance hors d'état d'aspirer à rien davantage.

Il en seroit autrement d'un roi qui, pourvu naturellement de lumières et de vigueur, manqueroit seulement d'expérience ; car, en ce cas, il feroit sans doute et plus honnêtement et plus sûrement de partager sa créance entre un certain nombre de gens habiles, mais il faudroit que ce nombre fût petit, car n'étant pas encore accoutumé aux malicieux artifices des hommes il ne pourroit (entre un grand nombre de rapports différens) distinguer toujours le vrai du vraisemblable ; d'où il naîtroit continuellement de la perplexité dans ses pensées, de l'inconstance dans ses résolutions, et de l'inquiétude dans l'esprit de ceux même qui le serviroient avec plus de fidélité, lesquels craindroient toujours que la malignité de la cour ne ruinât le mérite de leurs services.

Mais enfin quand il se pourra trouver un prince qui par la beauté naturelle de son esprit, par la solide fermeté de son ame, et par l'habitude prise aux grandes affaires, saura se défendre de la surprise aussi bien que les plus habiles conseillers ; qui entendra aussi bien et mieux qu'eux les plus délicats intérêts, et qui prenant leur avis parce qu'il lui plaît, pourroit néanmoins, quand il sera besoin, se déterminer sagement par lui-même ; qui auroit assez de retenue pour ne résoudre rien sur-le-champ de ce qui mériteroit réflexion, et qui seroit assez maître de son visage et de ses paroles pour apprendre les sentimens de tous sans découvrir les siens qu'à ceux qu'il voudroit, ou peut-être même à personne entièrement, je lui donnerois volontiers un conseil différent des autres ; car je désirerois qu'il n'évitât pas (hors du temps de son travail accoutumé) les occasions qui se pourroient naturellement offrir d'entendre parler diverses personnes sur toutes sortes de sujets, sous prétexte de jeu, de promenade, de chasse, de conversation ou même d'audience particulière.

L'un des plus grands hommes de l'antiquité, Cicéron, prévenu de cette pensée, disoit que celui qui gouverne un état doit se résoudre même fort souvent à écouter des sottises, et sa raison, à mon avis, étoit que ce même homme qui nous dit une chose inutile aujourd'hui, peut en dire demain une très-importante, et que ceux même qui ne disent rien de sérieux, ne laissent pas de faire que les autres qui traitent les plus importantes affaires auront plus de retenue à mentir, sachant par combien de voies différentes nous pouvons apprendre la vérité.

Mais un autre profit que le prince tirera sans doute de ces différens entretiens, c'est qu'insensiblement il y connoîtra par lui-même les plus honnêtes gens de son Etat, avantage d'autant plus grand que la principale fonction de monarque est de mettre chacun des particuliers dans le poste où il peut être utile au public. On sait bien que nous ne pouvons pas faire tout, mais nous devons donner ordre que tout soit bien fait, et ce choix dépend principalement du choix de ceux que nous employons. Dans un grand état, il y a toujours des gens propres à toutes choses, et la seule question est de les connoître et de les mettre en leur place. Cette maxime qui dit que pour être sage, il suffit de se bien connoître soi-même, est bonne pour les particuliers ; mais le souverain, pour être habile et bien servi, est obligé de connoître tous ceux qui peuvent être à la portée de sa vue.

Car enfin ceux de qui nous prenons conseil en toute autre chose, nous peuvent raisonnablement être suspects en celle-ci, parce que plus les places qu'il faut remplir sont importantes, plus l'envie qu'ils ont d'y porter des hommes dépendans d'eux, peut, ou les abuser eux-mêmes, ou les tenter de nous abuser.

Je sais bien, mon fils, que ces observations sont un peu scrupuleuses, et qu'il y a peu de souverains qui se donnent la peine d'y prendre garde; mais aussi s'en trouve-t-il bien peu qui s'acquittent pleinement de leur devoir.

Si vous ne voulez vivre qu'en prince du commun, content de vous conduire ou de vous laisser conduire comme les autres, vous n'avez pas besoin de ces leçons; mais si vous avez un jour, comme je l'espère, la noble ambition de vous signaler, si vous voulez éviter la honte, non-seulement d'être gouverné, mais même d'en être soupçonné, vous ne sauriez observer avec trop d'exactitude les préceptes que je vous donne ici et que vous trouverez continuellement dans la suite de cet ouvrage.

Durant ce voyage, j'avois appris que les Hollandois, après de longues poursuites, avoient enfin fait résoudre les Anglois à s'unir avec eux, par un traité fait à Bruxelles, le   janvier, dont le principal article étoit, qu'eux et les autres états qui entreroient dans cette ligue travailleroient jusqu'au mois de mai, par toutes sortes d'offices et de persuasions, à faire conclure la paix entre la France et l'Espagne, et que ce terme étant passé, ils y emploieroient des remèdes plus efficaces, et je compris bien que cette convention, quoiqu'elle semblât regarder également les deux couronnes, étoit néanmoins faite contre moi seul, tant parce qu'elle s'étoit résolue chez mes ennemis, que parce qu'en l'état où étoient les affaires, la paix ne devoit apparemment dépendre que de moi. Les Suédois n'avoient pas encore signé le traité, mais on les y croyoit résolus, et moyennant sept cent mille livres de pension, que leur payoit la république de Hollande, ils s'engageoient à lui fournir dix mille hommes de pied.

De la part des princes d'Allemagne, je n'avois pas nouvelle qu'aucun fût encore entré dans ce complot ; mais ceux qui avoient traité avec moi pour défendre le passage du Rhin, sommés de se joindre à M. le Prince, ne m'avoient pas encore fait de réponse positive. Le duc de *Lunebourg* donnoit ses troupes aux états de Hollande ; l'évêque de Munster, sollicité par moi de faire quelqu'entreprise sur les Etats-Généraux, m'avoit témoigné qu'il manquoit de forces ; et en effet, je savois qu'alors même il craignoit le ressentiment de l'électeur de Cologne, lequel ayant prétendu être nommé coadjuteur à cet évêché, s'en trouvoit exclus par l'évêque de

Le roi de Danemarck me faisoit parler fort honnêtement, mais il avoit une étroite liaison avec les Hollandois, et il armoit alors un bon nombre de vaisseaux.

La Pologne, toujours agitée de ses troubles intestins, ne me pouvoit assurément par elle-même donner sujet de rien appréhender, mais j'apprenois aussi que je n'en devois pas attendre le sujet de diversion que j'avois prétendu faire naître de ce côté-là, parce que ce roi témoignoit encore de l'incertitude sur le sujet de son abdication, et la république n'étoit pas résolue d'y consentir. L'Empereur paroissoit assez tranquille; mais il avoit toujours sur pied d'anciennes troupes ; et de la part de l'Espagne, on le pressoit de se déclarer avec toute l'impatience possible.

Les électeurs avoient député vers moi, comme simples médiateurs; mais tous n'étoient pas en effet dans les mêmes sentimens, et l'électeur de Brandebourg avoit un corps considérable de troupes qu'il pouvoit donner à mes ennemis.

Du côté de l'Italie, je n'entendois que des exhortations à la paix, soit de la part du pape, comme père commun de tous les princes catholiques, soit de la part des Vénitiens qui se promettoient quelque secours pour Candie; et le duc de Savoie, que j'avois excité, par diverses propositions, à tenter de son chef quelque chose, n'avoit pu se résoudre à rien. Pour les Suisses qu'ils avoient appris, avec tout le chagrin possible, mon entreprise sur la Franche-Comté, laquelle se vantoit d'être sous leur protection. Jusque-là ils avoient confisqué les biens des officiers de leur pays dont je m'étois servi dans cette conquête.

D'Espagne, l'on disoit depuis long-temps que don *Juan* devoit passer, avec six ou sept mille hommes, pour prendre le gouvernement des Pays-Bas; mais j'avois nouvelle qu'il n'étoit pas encore parti, et le duc de *Beaufort*, par qui je le faisois observer, étoit en état de lui disputer le passage.

Touchant les propositions de paix, le roi catholique avoit envoyé pouvoir à *Castel Rodrigue*, pour choisir l'un des deux partis que j'avois proposés; mais après les divers artifices que l'on avoit déjà pratiqués pour m'amuser, j'étois en droit de douter de tout, et je me préparois en effet pour aller au plutôt en Flandres; car enfin c'étoit-là que je prétendois porter mon principal effort; j'avois même changé la résolution d'envoyer mon frère en Catalogne, me contentant d'y laisser seulement (*a*)

avec un corps d'environ hommes, et afin de mener trois grosses armées vers les Pays-Bas, l'une devoit aller sur les bords du Rhin commandée par le prince de *Condé*, l'autre vers la mer conduite par mon frère, et la troisième, où j'allois en personne, dans le milieu du pays, pour me trouver plus aisément par-tout où ma présence pouvoit être utile. Mais, sitôt que la fin de mars approcha, les Hollandois vinrent, appuyés d'une députation célèbre du collége électoral, du suffrage

---

(*a*) Cette lacune existe à l'original.

du pape et du roi d'Angleterre, pour me demander une nouvelle suspension jusqu'à la fin du mois de mai.

Ils disoient pour raison, que le roi d'Espagne avoit fait dès-lors de sa part tout ce que l'on devoit attendre de lui. Que les choses que j'avois prescrites étoient accordées, et que ne restant plus qu'à les revêtir des formes ordinaires, je ne devois pas refuser le temps qui seroit absolument nécessaire pour cela. J'avois sans doute de ma part de quoi répondre à ces remontrances; mais dans le fond, il s'agissoit de voir lequel m'étoit le plus avantageux et le plus honnête, ou de consentir à la paix aux conditions que j'avois moi-même réglées, ou de continuer la guerre contre les Espagnols et contre ceux qui prendroient leur parti.

La délibération étoit difficile assurément d'elle-même par le nombre et par le poids des raisons qui se rencontroient des deux côtés, mais l'embarras particulier que j'y trouvois encore, étoit que je me voyois obligé de prendre ma résolution purement de moi, n'ayant personne que je pusse consulter avec une pleine confiance.

Car d'une part, je ne doutois point que ceux qui avoient emploi dans la guerre ne
s'attachassent

s'attachassent insensiblement aux raisons qui me portoient à la continuer ; et d'ailleurs il étoit aisé de connoître que les gens dont je me servois en mes autres conseils (ne pouvant ni me suivre à l'armée sans incommodité, ni s'éloigner de moi sans jalousie pour ceux qui me suivroient) se trouveroient naturellement d'accord entr'eux à faire valoir dans leurs avis tout ce qui pouvoit tendre à la paix.

Je ne laissai pas néanmoins d'entendre les uns et les autres pour pouvoir du moins comparer leurs raisons et en juger décisivement moi seul.

D'un côté l'on me représenta le nombre et la vigueur des troupes dont j'avois résolu de de me servir, la foiblesse où étoient les Espagnols et l'indifférence où toute l'Allemagne sembloit demeurer. L'on me représenta que toutes mes mesures étoient déjà prises pour la campagne prochaine, mes recrues levées ou ordonnées, mes magasins remplis, et une bonne partie de la dépense faite ; que les Hollandois qui faisoient tant de bruit avoient plus de mauvaise volonté que de puissance ; que les Anglois qui s'unissoient à eux n'avoient ni troupes ni finances prêtes pour faire un effort important ; que les Suédois n'étant pas encore absolument déclarés, balanceroient auparavant plus d'une fois avant de quitter l'ancienne alliance de la France pour se joindre aux états naguère leurs ennemis, outre que leur pays étant fort éloigné de nous, leurs forces ne pourroient arriver que fort tard ; mais qu'enfin toutes ces puissances jointes ensemble n'iroient pas encore à la moitié de mes forces, sans compter, disoit-on, ma présence, ma vigueur et mon application que l'on ne manquoit pas de faire valoir beaucoup ; en sorte, qu'avant la fin de la campagne, on me promettoit infailliblement la conquête des Pays-Bas.

Mais, quoique ces raisons fussent en effet spécieuses, et capables de toucher un cœur ambitieux, j'en voyois à regret de l'autre côté de plus pressantes et de plus solides ; car ceux qui étoient d'avis de la paix ne contestoient pas que je ne fusse plus fort que les Espagnols, mais ils disoient qu'il falloit bien moins de force pour se défendre que pour attaquer ; que plus je ferois de progrès, plus mes armées seroient affoiblies par les grosses garnisons qu'il faudroit laisser chez des peuples nouvellement domptés ; qu'au contraire mes ennemis s'augmenteroient tous les jours en nombre par la jalousie qu'on avoit de moi.

Que quand bien d'abord je ferois quelque conquête importante, il faudroit se résoudre enfin, ou à rendre par la paix une bonne partie de ce que j'aurois pris, ou bien à soutenir moi seul une guerre éternelle contre mes voisins.

Qu'ayant publiquement déclaré, dès le premier jour de cette querelle, que je ne demandois que la valeur de ce qui m'étoit justement échu, il n'étoit pas possible que je refusasse de me contenter de ce à quoi je l'avois moi-même estimée, sans attirer contre moi tous les Etats qui avoient été dépositaires de mes paroles.

Que l'Empereur, qui paroissoit encore indifférent, ne laisseroit pas perdre un si beau prétexte d'empêcher l'affoiblissement de sa maison, et d'engager, s'il pouvoit, dans son parti, tous les Etats et princes d'Allemagne.

Que les Suisses, même déjà fort irrités par la conquête de la Bourgogne, me voyant tenter de nouveaux projets, pourroient, ou faire quelque chose de leur chef, ou favoriser les desseins de mes ennemis.

Que le Pape et toute la chrétienté me reprocheroient d'avoir, pour mon intérêt particulier, suspendu les forces de tous les princes chrétiens, pendant que Candie tomberoit, sans secours, entre les mains des infidèles, et qu'enfin mes peuples frustrés par les dépenses d'une si grande guerre, des soulagemens qu'ils attendoient de moi, me pourroient soupçonner d'avoir préféré les intérêts de ma gloire particulière, à ceux de leur avantage et de leur repos.

Mais outre ces raisons qui pouvoient être alléguées par tout le monde, il y en avoit d'autres qui dépendoient purement des vues secrettes que j'avois alors ; car à dire vrai, je ne regardois pas seulement à profiter de la conjoncture présente, mais encore à me mettre en état de me bien servir de celles qui raisonnablement pouvoient arriver.

Dans les grands accroissemens que ma fortune pouvoit recevoir, rien ne me paroissoit plus nécessaire que de m'établir chez mes plus petits voisins dans une estime de modération et de probité qui pût adoucir en eux ces mouvemens de frayeur que chacun conçoit naturellement à l'aspect d'une trop grande puissance.

Et je considérois que je ne pouvois faire paroître ces vertus avec plus d'éclat, qu'en me faisant voir ici les armes à la main, céder pourtant à l'intercession de mes alliés, et me contenter d'un dédommagement médiocre.

Je remarquai de plus que ce dédommagement, pour médiocre qu'il parût, à l'égard de ce que je pouvois acquérir par les armes, étoit néanmoins plus important qu'il ne sembloit, parce que m'étant cédé par un traité volontaire, il portoit un secret abandonnement des renonciations, par lesquelles seules les Espanols prétendoient exclure la Reine de toutes les successions de sa maison.

Que si je m'opiniâtrois maintenant à la guerre, la ligue qui s'alloit former pour la soutenir, demeureroit ensuite pour toujours comme une barrière opposée à mes plus légitimes prétentions, au lieu qu'en m'accommodant promptement, je la dissipois dès sa naissance et me donnois le temps de faire naître des affaires aux ligués, qui les empêcheroient de se mêler de celles que le temps me pouvoit fournir.

Que quand même il n'arriveroit rien de nouveau, je ne manquerois pas d'occasions de rompre quand je voudrois avec l'Espagne; que la Franche-Comté que je rendois, se pouvoit réduire en tel état que j'en serois le maître à toute heure, et que mes nouvelles conquêtes bien affermies m'ouvriroient une entrée plus sûre dans le reste des Pays-Bas.

Que la paix me donneroit le loisir de me fortifier chaque jour, de finances, de vaisseaux et d'intelligences, et en tout ce que peut ménager les soins d'un prince appliqué dans un Etat puissant et riche.

Et qu'enfin dans toute l'Europe je serois plus considéré et plus en pouvoir d'obtenir de chaque Etat en particulier, ce qui pourroit aller à mes fins; tandis que l'on me verroit sans adversaires que quand il y auroit un parti contre moi.

Et en effet, peu de temps après que j'eus déclaré la résolution que j'avois prise de faire la paix, l'Empereur convaincu de ma bonne foi, entra en négociation de ce traité éventuel qu'il avoit jusque-là rejeté; et l'affaire ayant été discutée par le *comte de Furstemberg* de ma part, par (*a*)
pour l'Empereur, fut enfin terminée le
à condition que le cas présupposé arrivant, l'Empereur auroit pour lui (*b*)

(*a*) Cette lacune existe à l'original.
(*b*) Lacune existante à l'original.

et moi le (a)
Espagne à partager.

Ce qui fut encore une merveilleuse confirmation des droits de la Reine, et un aveu fort exprès de la nullité des renonciations, acte d'autant plus important qu'il étoit fait par la partie même qui seule alors avoit intérêt de les soutenir.

(a) Cette lacune existe à l'original.

Fin des Mémoires adressés au Dauphin.

MÉMOIRES MILITAIRES

Année 1673.

Les troupes que j'avois laissées en Hollande désiroient ardemment de faire quelque action remarquable; les officiers généraux qui les commandoient en avoient encore plus d'envie; mais il falloit que le temps leur fût favorable, et pendant cet hiver il ne gela que peu de jours et le froid commença fort tard.

Le prince d'Orange voyant qu'on ne pouvoit aller à lui, assembla quelques gens et attaqua Vorden. *Le duc de Luxembourg* en fut averti aussitôt et marcha avec tant de promptitude qu'il trouva que les ennemis n'étoient pas encore bien établis; il les attaqua en arrivant avec tant de vigueur, qu'il força les postes les plus avancés et obligea les ennemis à se retirer en confusion, il les suivit dans leur désordre et emporta un grand avantage sur eux. Après avoir secouru la place et poussé les ennemis, il ramena les troupes à Utrecht. La gelée commença quelque temps après; les glaces portèrent en peu de jours, mais le froid dura si peu qu'il ne donna que le loisir au duc de *Luxembourg* d'aller aux ennemis pour les attaquer dans les postes qu'ils gardoient. Le dégel commençoit quand il partit, et il ne laissa pas cependant de continuer sa marche sur la glace et dans la neige, et quoiqu'il fût périlleux d'avancer, il suivit le dessein qu'il avoit avec une grande diligence.

Il trouva les ennemis postés derrière des canaux dont ils avoient rompu les glaces; ils croyoient qu'il fût impraticable de les passer après cette précaution; mais les François ne se rebutèrent ni ne retournèrent pour tant de difficultés, il les traversèrent malgré les ennemis qu'ils mirent en désordre et leur firent prendre la fuite avec une perte assez considérable. Cette action fut heureuse et hardie.

Le vicomte de Turenne avoit hiverné en Allemagne, il s'étoit rendu maître de quelques villes pour la commodité des troupes; il n'y eut que Wua qui se défendit, mais elle dura peu et fut brûlée par des bombes.

Les partis qui alloient dehors se rencontroient quelquefois, et quoiqu'en apparence on parut en repos, il ne laissoit pas d'y avoir de grands mouvemens en Allemagne.

Je pris un très-grand soin pendant l'hiver que mes troupes réparassent les pertes qu'elles avoient faites par les fatigues qu'elles avoient endurées dans le cours et par la longueur de la campagne; je désirois qu'elles fussent complettes en y rentrant, voulant dès le commencement faire quelques progrès et soutenir et augmenter la puissance et la réputation de la France.

En travaillant pour elle je travaillois pour moi, et il m'étoit bien doux de trouver ma gloire dans celle d'un état aussi puissant et aussi abondant qu'est ce royaume; mais pour jouir parfaitement de mon bonheur, il falloit former de grands desseins et qu'ils pussent réussir de tous côtés.

J'avois affaire aux Allemands et aux Hollandois. Les Espagnols étoient bien nos ennemis, mais ils étoient cachés; je dissimulai donc avec eux; car je voulois qu'ils commençassent les premiers à me faire la guerre.

J'avois porté mes conquêtes si loin l'année 1672, que j'appréhendois de n'en pouvoir faire en 1673 qui pussent y répondre; de plus elles étoient éloignées de mon royaume et je n'avois pas de chemin assuré pour les soutenir.

Il n'y avoit que Maëstricht qui pût servir à mon dessein ; mais comme les ennemis le voyoient aussi bien que moi, ils avoient le même intérêt de le garder que j'avois de le prendre.

La place étoit pourvue de tout ce qu'il falloit pour soutenir un siége ; une entreprise de cette conséquence ne se pouvoit faire sans avoir une grosse armée et de grands préparatifs.

Mes bonnes troupes étoient en Allemagne et en Hollande, je n'en avois que très-peu en Flandres et sur mes frontières : la guerre durant et s'allumant de plus en plus, je fus obligé d'en mettre sur pied.

Je ne manquois point de monde, mais il n'étoit pas de la qualité qu'il faut pour prendre des places qui sont en état de se bien défendre ; je résolus néanmoins d'attaquer Maëstricht malgré les difficultés que j'y voyois.

La guerre étoit échauffée de tous côtés, plusieurs princes paroissoient avoir envie de me la déclarer, je devois prendre de grandes précautions pour réussir dans les projets ou plutôt dans le seul auquel je pouvois penser au commencement de cette campagne.

Il falloit diviser mes forces dans les lieux où je les croyois nécessaires ; je composois trois corps d'armée, l'un que je commandois, l'autre sous le *prince de Condé* et le troisième étoit conduit par le *vicomte de Turenne*. Il étoit du côté d'Allemagne pour observer ce qui pouvoit venir des troupes de l'Empereur et de ses alliés. J'envoyai le *prince de Condé* en Hollande afin qu'il n'arrivât rien qui pût donner courage à mes ennemis, et je résolus d'agir avec mon armée quoiqu'elle ne fût composée en partie que de nouvelles troupes. J'en envoyai le reste en Roussillon, Lorraine, Flandres et dans les places du royaume.

L'armée que je commandois n'étoit que de vingt mille hommes de pied, et de douze mille chevaux ; quoiqu'elle fût si foible, je résolus d'attaquer Maëstricht et de tromper les Hollandois pour les empêcher, par la crainte de perdre quelques-unes de leurs places de jetter un secours considérable dans celle que je voulois assiéger.

Connoissant l'importance de mon entreprise, j'avois fait des magasins de vivres et de munitions de guerre à Liége, qui faisoient juger que mes desseins pouvoient tourner de ce côté-là ; quoique par des contr'ordres rendus publics et donnés de manière à ne pouvoir être exécutés, je détournai pour quelque temps les soupçons que l'on pouvoit avoir.

On prépara un équipage d'artillerie en Flandres. Son rendez-vous étoit à Tournay, je le fis marcher à Oudenarde, lieu duquel les Espagnols pouvoient croire que je le tirerois pour aller à quelqu'une de leurs grandes places.

J'assemblois en même-temps l'armée sous Courtray pour leur ôter l'idée que je pusse songer à Maestricht, n'y ayant de bon chemin pour y aller que la grande chaussée qui passe auprès de Charleroy, dont je ne pouvois partir sans qu'on ne connût le dessein que j'avois.

Toutes choses étant prêtes, il ne me restoit plus pour commencer mon entreprise que d'obliger les Espagnols à jetter dans leurs villes toutes leurs troupes. L'assemblée de mon armée les forçoit de mettre du monde dans Ypres, Aire, St.-Omer, Nieuport, Ostende, Bruges et Gand.

Voyant que ma première feinte avoit réussi de ce côté-là, je marchai avec mon armée, et j'allai camper à la porte de Gand. Je m'avançai aussitôt sur le canal de Bruges, où j'avois fait marcher devant moi un corps de 1500 chevaux commandés par *la Feuillade*, afin qu'il parût que c'étoit la tête de l'armée. Je lui avois même ordonné de passer le canal à la nage, d'entrer dans l'isle de Cassente par des endroits qu'on m'avoit assuré qui étoient guéables quand la mer étoit retirée pour tailler en pièces quelques troupes qui y étoient logées, et pour donner l'alarme à toute cette contrée.

Il ne fut pas possible de faire passer ce parti à la nage comme je l'avois commandé, ceux qui se mirent dans l'eau pensèrent périr. *La Feuillade* s'y jetta lui-même, et passa avec les principaux officiers qui étoient avec lui ; mais il crut, par la peine qu'il y trouva, qu'il valoit mieux se hasarder pour repasser et rejoindre les troupes qu'il commandoit, que de les faire avancer suivant mes ordres, croyant bien que je serois fâché de perdre la quantité de gens qui y seroient demeurés.

Je le trouvai sur le bord du canal ; et pour persuader à tout le monde, même à ceux de mon armée, que mon dessein étoit de le passer et d'entreprendre quelque chose de considérable de ce côté-là, je résolus de faire construire deux ponts sur ledit canal ; je fis avancer le lendemain des bateaux de cuivre, mais lentement afin que les ponts ne fussent achevés que sur le soir, pour gagner le temps qui étoit nécessaire aux troupes que j'avois mandé au vicomte *de Turenne* d'envoyer en Allemagne pour investir Maëstricht du côté de Vic.

Je laissai *la Feuillade* sur le bord du canal, et je lui ordonnai de faire achever les ponts de manière qu'on ne pût s'en servir que vers le soir. Je lui dis que mon intention n'étoit que de passer le jour d'après; mais je ne voulois pas qu'on le connût, et que je désirois qu'il parût que j'avois impatience d'avancer.

Après que je lui eus donné tous les ordres que je crus nécessaires, je retournai à mon camp qui étoit fort près de Gand, je posai mes gardes à la vue de cette place; et j'obligeai par-là le comte *de Monterey* qui étoit à Dendermonde avec un corps, d'y jetter plus de troupes, et par conséquent d'éloigner ses forces du lieu où j'avois résolu de marcher.

Je voyois tous ces mouvemens avec plaisir, et les Espagnols donnèrent aussitôt dans le panneau que je leur préparois. On travailla en même temps à des ponts sur la Lys; j'envoyai ordre à mon artillerie de me venir joindre; elle passa sur les ponts, et arriva près de Gand deux jours après moi.

Pendant que je fus en ces quartiers, je visitois tous les postes, et m'approchois si près de Gand, qu'on avoit lieu de croire que j'avois quelques desseins sur cette ville, la reconnoissant avec tant d'application; après que les ponts du canal furent achevés, *la Feuillade* passa, et comme le temps s'avançoit je lui commandai de ne s'éloigner que de quatre lieues dudit canal, je lui dis que je ne pensois plus à l'isle de Cassente, et qu'après qu'il seroit au poste que je lui avois marqué, il détachât deux partis, l'un du côté du Sas-de-Gand, et l'autre vers Ardembourg, qu'ils poussassent et prissent tout ce qu'ils trouveroient pour donner l'épouvante. Celui qui alla vers le Sas trouva les ennemis, mais ils étoient en si petit nombre qu'ils se retirèrent d'abord, et on ne prit que ceux qui n'étoient pas assez bien montés pour se sauver.

En faisant marcher *la Feuillade* j'avois fait mon compte du temps qu'il pouvoit demeurer, et je lui avois donné ordre de se retirer à un tel jour (et même l'heure lui fut marquée) avec le butin que j'avois permis aux troupes de faire où elles iroient, et qu'après qu'il fût passé, il fît retirer ses ponts et les ramenât avec lui.

Je voulois faire encore davantage, pour empêcher qu'on ne connût ma pensée. La marche de l'artillerie avoit déjà persuadé que je voulois

agir

agir en ces quartiers. Mes ponts étòient à la vue de Gand, et comme je n'avois pas de rupture ouverte avec l'Espagne, ils envoyoient tous les jours voir de plus près l'état des choses.

Je fis marcher une brigade d'infanterie et deux de cavalerie avec leurs bagages, afin qu'on ne doutât pas que ce ne fût l'armée. J'envoyai même mon frère pour commander ce corps, et comme j'étois entre les ponts du canal et ceux de la Lys, j'allois à tout moment où je croyois ma présence plus nécessaire pour fortifier les soupçons.

Quelques jours se passèrent de cette sorte, qui firent croire avec beaucoup d'apparence que j'en voulois à Gand ou à quelques places des Hollandois, ou bien à celles que j'avois derrière moi; j'avois observé de ne détacher pas un homme des brigades que je destinois à ce que je dirai dans la suite.

Le temps étant arrivé de quitter les lieux où j'étois, je commandai à *Rochefort* de marcher avec cinq mille chevaux, mes mousquetaires et des dragons pour passer encore le canal de Bruges, et je menai ce corps jusqu'à une croisée des chemins, dont l'un alloit au canal, et l'autre à la Lys. Quand je fus arrivé avec la tête, je lui commandai d'exécuter ce que je lui avois ordonné en particulier, de passer les ponts que j'avois sur la Lys, sous prétexte d'y faire passer mes vivres, d'aller à Oudenarde, d'y passer l'Escaut, de marcher à Allost, d'y traverser la Dendre, et de s'aller poster devant Dendermonde, où le comte *de Monterey* étoit avec un corps pour observer ce que je ferois.

J'avois donné ordre à *Rochefort* de ne laisser sortir personne de ladite place, et que si quelqu'un vouloit passer par force, de l'en empêcher. Je fis partir aussitôt après un parti de 200 chevaux que j'envoyai se poster à la porte de Gand, entre la Lys et l'Escaut, pour empêcher qu'il n'y entrât personne ce jour-là, et que l'on n'eût pas avis du détachement qu'il conduisoit. Il réussit à merveille, et fit tant de diligence que le comte de *Monterey* n'apprit sa marche qu'en le voyant paroître. Il lui donna une si grande allarme qu'il l'obligea de se retirer précipitamment à Anvers.

En même temps je fis repasser mon frère avec l'infanterie, cavalerie et bagages qui étoient avec lui; je lui ordonnai de traverser le même jour le canal et la Lys; je fis partir aussi l'artillerie, et je l'envoyai droit à Oudenarde.

La Feuillade me vint rejoindre le soir;

et me ramena les pontons qui étoient sur le canal : tout fut exécuté jusque-là avec la plus grande justesse du monde.

Ce n'étoit pas assez d'avoir fait croire que je voulois aller du côté de la mer ; il falloit empêcher qu'on ne pensât à Maëstricht, et faire craindre que mon dessein ne se portât sur quelque place du Brabant.

Je fus bien aise que l'on crût que j'en voulois à Bruxelles ; la marche *de Rochefort* donnoit lieu de le penser.

Je marchai avec l'armée, je passai la Lys et l'Escaut ; le même jour je rejoignis mon frère et je campai auprès d'Oudenarde, je fis avancer une brigade de cavalerie, commandée par *la Trousse*, auprès de Gand, avec le même ordre que j'avois donné à *Rochefort* de ne laisser passer personne, et je m'avançai après avec l'armée dans le droit chemin de Bruxelles : comme le pays est fort incommode pour mener des armées, de l'artillerie, des vivres et du bagage, je fus obligé de séjourner sur la Dendre ; mais afin de tenir toujours le monde en inquiétude, je fis passer *Rochefort* avec le corps qu'il commandoit le canal de Villevorde, et j'envoyai *la Trousse* pour occuper son poste devant Dendremonde.

Toutes ces démarches faisoient croire que j'allois attaquer Bruxelles, et ôtoient *au comte de Monterey* le moyen de le secourir, ayant la plus grande partie de ses troupes sur le grand Escaut. *Rochefort* s'avança entre Malines et Villevorde, et vint camper sur le canal à la porte de Bruxelles le jour que je lui avois marqué.

J'arrivai aussi avec l'armée sur la rivière de Seine; je fis marcher *Fourilles* avec quelques troupes, *la Trousse* le joignit et il campa entre le canal de Villevorde et moi du côté de Dendremonde.

Les Espagnols avoient des troupes dans Mons, dans Louvain et quelques autres lieux qui étoient à portée de Maëstricht. Je n'envoyois personne de ce côté-là, je voulus leur laisser le moyen de venir à Bruxelles pour les éloigner de Maëstricht, étant bien aise qu'il n'y entrât rien de plus.

Je comptois que la garnison étoit de six à sept mille hommes cavalerie ou infanterie, et je désirois qu'il n'y en eût pas davantage; j'envoyai passer mon artillerie et un gros bagage par Halle pour traverser les bois de Joigny avec plus de facilité.

J'arrivai devant Bruxelles à sept heures du

matin. *Le chevalier de Lorraine*, qui étoit de jour, avoit posé mes gardes, ainsi que je lui avois marqué; comme il étoit arrivé devant moi avec les maréchaux-des-logis et fouriers de l'armée, il voulut passer un pont qui est fort près de Bruxelles pour poser une garde dans le village d'Endrelée, il en trouva une d'Espagnols qui étoit sur le pont; il envoya dire à l'officier qu'il avoit ordre de passer, qu'il lui conseilloit de se retirer et de lui céder le poste qu'il avoit, parce que je lui avois commandé d'avancer cette garde, et que rien ne l'en pouvoit empêcher.

Après quelques discours les troupes d'Espagne se retirèrent et laissèrent tous les chemins libres aux miennes, qui se mirent aussitôt aux lieux qu'on leur avoit marqués.

Voyant mes gardes postées, les Espagnols en mirent hors de la ville de ce côté-là; il vint un officier demander à parler à celui qui commandoit. *Le chevalier de Lorraine* envoya savoir ce qu'il vouloit; il dit, de la part du gouverneur de la ville, que s'ils s'avançoient jusqu'à la portée du canon il prendroit cela pour une rupture: mes gardes étoient pour lors à la demi-portée et ils y demeurèrent; après avoir vu toutes choses, je trouvai que la carte m'avait trompé et que le camp n'étoit pas marqué comme je me l'étois proposé, je résolus de le changer et cela fit peu d'embarras, car j'avois mis les troupes en bataille, pendant que j'allois voir la situation de mon camp.

J'avois résolu de demeurer à la vue de Bruxelles pour augmenter les soupçons des Espagnols et pour faire reposer ma cavalerie, afin qu'elle eût assez de force pour arriver devant Maëstricht dans le peu de temps que je croyois nécessaire qu'elle y fût pour investir la place.

Après avoir bien vu tous les postes que je pouvois prendre, je me campai sur une hauteur, qui est fort près de Bruxelles, l'armée étoit sur deux lignes faisant front à la ville ; ma droite alloit jusqu'à la Seine, et ma gauche sur un ruisseau qui tombe dans cette rivière ; j'étois vu des remparts, et de mes tentes on voyoit toute la ville comme un amphithéâtre.

On travailla le même jour à des ponts qui étoient nécessaires pour passer la Seine ; on pouvoit croire aussi qu'ils se faisoient pour la communication de mes quartiers. *Rochefort* étoit campé de son côté, et *Fourilles* avoit pris le poste que je lui avois marqué, de manière que *la comtesse de Monterey*, qui étoit demeurée dans la ville, fut assez surprise de se voir investie de tous côtés par les troupes de France.

Elle m'envoya faire un compliment assez galant sur ce qui la regardoit et les dames de Bruxelles. Celui qu'elle avoit envoyé me dit en même-temps que le gouverneur avoit été bien aise de savoir si je ne faisois que passer ou si je me voulois arrêter. Je répondis à la comtesse et aux dames avec beaucoup de civilité, et pour le gouverneur je le laissai très-incertain du parti que je voulois prendre, je fis un présent à l'envoyé et je le renvoyai : le reste du jour se passa dans les occupations ordinaires d'un camp.

Je séjournai un jour, et j'en employai une bonne partie à reconnoître les chemins que je devois tenir le lendemain.

Après avoir vu avec beaucoup d'exactitude, et de jour, les lieux où l'on pouvoit passer, les ponts étant achevés sur la rivière, j'envoyai ordre à *Rochefort* de marcher à la pointe du jour et de me venir joindre auprès de Treveuze où je devois aller camper ; je lui mandai de faire passer une brigade de cavalerie, mes mousquetaires et les dragons jusqu'au ruisseau de

Devossent, avec ordre de faire ce que *de Lorge*, qui se trouveroit au même rendez-vous, leur diroit.

Je mandai à *Fourilles*, qui étoit le plus reculé, de marcher toute la nuit, de me venir joindre, de faire mon arrière-garde et de rester après avoir passé les ponts qui étoient sur la rivière.

Je fis partir *de Lorges* avec un corps de cavalerie une heure devant le jour pour aller investir Maëstricht ; il prit les troupes que *Rochefort* avoit détachées et celles qui étoient à Tongres et il arriva devant la place en deux jours et demi.

J'avois envoyé en même-tems ordre à l'artillerie et aux bagages, qui étoient campés à Halle, de passer la Seine et de suivre un chemin que je leur marquois, qu'on m'avoit assuré qui étoit bon et le plus droit, pour me rejoindre dans la marche.

J'allai camper avec toute l'armée auprès de Treveuze, j'y séjournai deux jours, ce qui parut assez extraordinaire ; et on n'avoit guère eu coutume de pratiquer ce que je fis en cette rencontre : car après qu'on a détaché des troupes pour investir une place, l'armée suit à grandes journées pour y arriver.

Après avoir séjourné deux jours avec toute l'armée, je marchai vers Maëstricht ; j'avois quelque inquiétude, n'ayant point eu de nouvelles de *de Lorges*, et ne sachant ce qui s'étoit passé à son approche, ni même ce qu'il y avoit de gens dans la place.

Je ne pouvois aller si vîte que j'aurois voulu ; car je marchois avec mon infanterie, et je côtoyois mon canon, l'équipage des vivres et tout mon bagage, que je ne voulois pas quitter dans un pays comme celui où nous étions.

Dans toute la marche que je fis, qui fut assez grande et très-difficile, je portois avec moi mes vivres en pain et en farine, et des fours faits d'une manière qu'en un jour de séjour je faisois cuire ce qui m'étoit nécessaire pour plusieurs. Ils étoient montés en six heures, et si on s'étoit avisé plutôt de cette invention, j'aurois fait des choses l'année précédente en Hollande, que le manque de pain (qui ne pouvoit aller si vîte que moi) m'empêcha d'entreprendre.

J'arrivai, après quelques jours de marche, auprès de Saint-Tron, où je reçus des nouvelles de *de Lorges*, par lesquelles il me parut qu'il avoit peu de monde pour bien investir la place, et que les ennemis se montroient librement devant mes troupes: Ils avoient fait une sortie assez vigoureuse ; ils étoient venus jusques au camp, et il paroissoit qu'ils avoient envie d'entreprendre quelque action hardie: mes mousquetaires les repoussèrent fort rudement à une autre qu'ils voulurent faire ; mais cela ne les empêcha pas de tenir des gardes assez éloignées de leur place.

Je résolus, sur ces nouvelles, de m'avancer avec trois mille chevaux et deux mille mousquetaires commandés, de faire une grande marche pour arriver en un jour devant la place, en laissant ordre au reste de l'armée d'y venir en deux, dans les camps que je leur aurois destinés.

Je marchai donc à minuit, et j'arrivai sur le midi devant Maëstricht avec la gendarmerie qui composoit les 3000 chevaux. Je la laissai assez loin de la place, et je m'avançai pour voir le véritable état des choses. Comme le siége de Maëstricht étoit la principale action que je voulois entreprendre, et celle qui m'avoit obligé à me conduire comme j'avois fait, je le veux rapporter en détail pour faire connoître l'importance de cette place, et ce qui s'y passa de considérable : sa situation fait assez voir son utilité.

Je trouvai la cavalerie très-bien postée pour empêcher de petits secours, mais trop foible pour résister aux grands. Nos gardes contre la ville étoient fortes, mais éloignées, et celles des ennemis un peu trop hors de leur place : leurs vedettes étoient sur la hauteur.

Il est bon ici de faire voir la situation de cette place, qui a fait tant de bruit par les différens siéges qu'elle a soutenus.

Maëstricht est situé sur la Meuse, et est environné de prairies, de côteaux, de plaines et de bois. On ne sauroit en faire le siége sans en entreprendre deux ; car la rivière sépare Maëstricht de Vic, qui est en son particulier une place revêtue avec des bastions, demi-lunes et contrescarpes ; il n'y a qu'une courtine qui n'est pas revêtue, mais qui est très-escarpée avec une haie vive sur sa berme, un fossé plein d'eau, une palissade au pied du talus, et une fraise en haut, de manière que le défaut de revêtement de cette courtine ne rend pas la place plus foible ; elle est couverte d'une demi-lune, et d'une contre-escarpe en bon état, et très-bien palissadée ; du reste la place est petite, et quoi qu'elle soit vis-à-vis Maëstricht, elle tient un bien moindre front Il y a une isle entre deux au-dessous de la ville, où il y avoit un assez méchant travail pour essayer de voir à revers une attaque qu'on pouvoit conduire le long de la rivière.

Maëstricht est beaucoup plus grand et plus considérable ; il paroît dans un fond, quoiqu'il soit dans une plaine, petite à la vérité. Il y a des hauteurs qui en approchent assez, et qui voient même quelques dehors à revers. La ville n'est fermée que d'une vieille muraille, avec peu de terre en certains endroits, mal flanquée par des tours d'espace en espace, quelques petits bastions ; le fossé en est fort profond, et en quelques endroits plein d'eau ; mais les dehors réparent bien les défauts du corps de la place.

La possession de ce poste qui est au milieu du pays de Liége et du Brabant, donne un passage assuré pour aller dans la Gueldre, le pays de Clèves, Limbourg, Juliers, l'électorat de Cologne ; il mène sans difficulté jusqu'au Rhin ; tous ceux qui ont été dedans connoissant son importance, y ont travaillé avec application à mettre les dehors dans le meilleur état qu'il leur a été possible, et l'on peut dire qu'outre les ouvrages à creneaux, les demi-lunes qui sont toutes contreminées dans les contrescarpes et travaux avancés, on y a fait toutes les chicanes dont on s'est pu aviser. Tous les dehors sont en très-bon état, et ils avoient dans la place plus que ce qui leur étoit nécessaire pour la bien défendre. Ils se préparoient à soutenir un siége même devant que la guerre fût déclarée; de sorte qu'ils avoient toutes choses à souhait. Tous les dehors étoient pleins de fourneaux, et ils avoient des galeries à tous les angles saillans des contrescarpes, qui les mettoient en état, avec très-peu de travail, de faire sauter tous les logemens qu'on y pouvoit établir.

Il y avoit cinq mille hommes de pied effectifs, et onze cents chevaux, des mineurs plus qu'il n'en falloit, une compagnie nombreuse de 120 grenadiers, beaucoup d'officiers : le gouverneur souhaitoit d'être assiégé.

Les environs sont très-beaux depuis la Meuse, qui passe sous un château nommé Frekemberk jusqu'à la rivière de Saers; il y a une assez belle plaine sur la hauteur, qui tombe dans une prairie où la Saers serpente. Cette plaine étoit environnée de rochers, tant le long de la Meuse que du côté de la ville, qui nous servirent comme on verra dans la suite. Cette montagne est pleine de carrières qui ont des issues de tous côtés : de celui de la Meuse on n'y sauroit passer plus de deux de front, de sorte que par là les secours sont peu à craindre. Celui de la prairie tombe avec assez de rapidité, mais toutefois on peut descendre quasi partout. La prairie est fort humide, et si je n'avois eu soin d'y faire accommoder des chemins, il y a eu des temps où l'on n'y auroit quasi pu passer, quelque soin que l'on prît. L'on y a été obligé de faire passer le canon pour les battre du côté de la hauteur par les ponts qui sont à des villages qui étoient hors du camp. La Saers coule jusqu'à Maëstricht, toujours dans la prairie; il en entre une partie dans la ville, et l'autre forme une espèce de marais, quand on la retient par une digue qui rend la place inattaquable par cet endroit, parce que les eaux et la boue occupent tout le terrain qui est entre la Saers, la Meuse, la montagne et la ville; on ne sauroit avancer que par des digues enfilées et fort étroites. Après qu'on a passé la Saers, il y a un reste de prairie d'où l'on monte une côte assez grande qui mène à un fort que le prince d'Orange avoit fait quand il attaqua Maëstricht. Cette hauteur a peu de largeur, et va en finissant et devenant à rien du côté de la ville.

Le terrain depuis cette hauteur est assez

égal jusqu'à une autre éminence qui faisoit comme l'angle de la circonvallation ; elle servoit aussi de cavalier, d'où l'on voyoit des deux côtés les plaines qui étoient devant nos lignes. J'avois mis mon artillerie sur cette hauteur, et je l'avois fait pour trois raisons ; la première, que j'aurois pu y mettre toutes les pièces qui n'auroient point été aux batteries, si un ennemi se fût approché de moi ; elles auroient vu quasi tous les endroits par où ils pouvoient marcher ; la seconde, que le terrain étoit très-beau pour y établir le parc, qu'il étoit sûr, et qu'il n'y avoit rien à craindre pour les poudres qui y étoient en quantité ; et la troisième, qu'il étoit à une égale distance de toutes les attaques qu'on pourroit faire. Depuis cette hauteur jusqu'à la Meuse, il n'y a qu'une plaine fort unie qui va jusqu'au rideau, d'où l'on voit la Meuse ; mais néanmoins il y a une très-petite prairie jusqu'au bord de la rivière, où l'on ne peut venir du côté du dehors que par un village qui est dans le lieu le plus étroit, entre la montagne et la Meuse. J'avois mes dragons dans ce poste-là, qui étoient assez forts pour le garder depuis la rivière jusqu'à la hauteur du côté de mon quartier. Il y a beaucoup de ravins et de chemins creux qui sont très-incommodes à passer. Je parlerai ensuite des environs de Maëstricht.

J'arrivai, comme j'ai déjà dit, sur le midi, et après avoir vu la situation d'une partie des environs, et m'être promené à nos gardes et aux lieux que je crus nécessaire de voir aux environs de la place, j'allai voir le terrain que je croyois devoir occuper avec mes troupes. Je fis le tour avec assez de diligence, et je remarquai si juste le camp que je voulois faire, que je ne changeai rien depuis à la première destination que j'avois faite de la ligne et des camps, depuis le quartier des dragons, qui est au-dessous de la Meuse, jusqu'à Liktemberg qui est au-dessus.

Après avoir marqué en gros tout ce qu'il y avoit à faire, je fis resserrer la cavalerie du côté des dragons, et je fis avancer la gendarmerie que j'avois amenée avec moi pour remplir les postes que j'avois fait dégarnir en faisant serrer les troupes. Je mis une brigade du côté de la ville, derrière mon quartier, pour opposer aux forces des ennemis du dedans de la place. Je postai tout le monde de manière qu'il qu'il fût impossible aux assiégés de rien faire que de nous observer de leurs gardes et de leurs dehors qui étoient d'infanterie.

Ils tirèrent peu de canon dans le commencement, et cela faisoit dire qu'ils manquoient de poudre. Après que j'eus posé toutes mes gardes, et posté mes escadrons, je pris mon quartier à un lieu qui s'appelle Villere. Deux mille mousquetaires arrivèrent ; je les mis aux deux têtes de mon quartier, du côté du dehors et du côté de la ville. Toutes choses demeurèrent en cet état de mon côté, jusqu'à l'entrée de la nuit. Je ne pus passer ce jour-là la Meuse ; je me contentai (attendu qu'il n'y avoit pas à craindre qu'il y vînt un grand secours) de me faire rendre compte par *de Lorges* de l'état où il l'avoit laissé, et je lui ordonnai d'y passer la nuit.

J'envoyai au-devant de l'armée que *Fourille* conduisoit, les ordres de ce que chacun devoit faire, la distribution des troupes et les lieux par où ils devoient marcher pour arriver juste à leurs camps, sans se mêler ni s'embarrasser les uns avec les autres.

Le soleil étant couché, je fis monter le bivouac et travailler l'infanterie au-dehors à un simple fossé, pour arrêter la cavalerie qui voudroit entrer par mon quartier, et à la contrevallation du côté de la ville. La nuit se passa sans nulle allarme; les ennemis retirèrent leurs gardes dans leurs contrescarpes, et j'avançai les miennes à la faveur de deux petites redoutes où j'avois fait travailler de l'infanterie que je mis dans les bleds.

Je partageai mes officiers-généraux; je retins à mon quartier *la Feuillade* et *Rochefort*, lieutenans-généraux, et *Fourille*, maréchal de camp et mestre de camp général de la cavalerie qui la commandoit. Je donnai un corps à commander au *duc de Monmouth*, qui étoit lieutenant-général, et j'envoyois *Fourilles* passer les nuits auprès de lui. Je laissai *Montal*, maréchal de camp, au quartier où je l'avois trouvé, du côté de Licktemberg, et je fis passer le lendemain avec mon frère, du côté de Vic, *de Lorges*, lieutenant-général, *Vaubrun* et le *chevalier de Lorraine*, tous deux maréchaux de camp; mon frère ne garda à son quartier que le chevalier, et mit *Vaubrun* vers le haut de la Meuse et *de Lorges* vers Maëstricht. Les assiégés voulant mettre leurs gardes, à la pointe du jour, où ils les avoient la veille, en furent empêchés par le feu qu'on leur fit à coups de mousquets, et ils prirent le parti de répandre quelque infanterie dans des chemins creux et des ravins qui étoient hors de leurs dehors, pour escarmoucher avec les postes que j'avois avancés. Cela dura toute la journée, et les vedettes, de part et d'autre, furent assez inquiétées ; l'armée arriva sur les dix heures dans l'ordre que j'avois marqué. Mon frère étoit passé dès le matin de l'autre côté de la rivière ; je le chargeai de prendre bien soin qu'il n'entrât personne dans la place de son côté. Je fis passer les troupes que je lui destinois aussitôt qu'elles furent arrivées, et que les ponts furent achevés sur la Meuse ; l'un étoit au bout d'une isle qui est sous le château de Licktemberg, qui fut fait en arrivant, et l'autre au quartier des dragons, vis-à-vis du château de Hamen. J'en fis faire encore un après, entre celui-là et la ville. Je m'appliquai une partie de cette journée à voir si les troupes se campoient comme je l'avois ordonné ; je fis tracer la ligne de circonvallation, et je fis commencer dès le soir à y travailler ; je ne lui donnai d'abord que six pieds de large, pour empêcher que quelque secours n'entrât à toute bride ; elle fut fermée le lendemain. Je l'avois placée de manière qu'elle voyoit tous les fonds qui pouvoient conduire vers nous ; elle étoit assez éloignée de nos camps, et il y avoit un grand espace à pouvoir faire agir les troupes, si les ennemis avoient voulu, ou pu tenter de nous attaquer ; je pris de grandes précautions en arrivant, pour qu'il n'approchât aucunes troupes sans en être averti.

Je mis des gardes de cavalerie sur les passages qui couvroient une partie du camp. J'avois laissé des troupes à Tongres, pour en mettre une à une justice qui est sur une hauteur, d'où l'on voit tous les lieux par où l'on peut passer facilement. J'envoyois la nuit des partis fort loin pour avoir des nouvelles ; mes gardes détachoient des batteurs d'estrade qui marchoient et se croisoient à tout moment : outre cela, je faisois extraire de tous les escadrons une troupe de huit ou dix hommes qui se postoient à mille pas du camp ; ils détachoient des cavaliers sans cesse d'une troupe à l'autre. Tout ce que je croyois nécessaire et utile pour les secours, je le faisois : voilà pourquoi je faisois travailler à la contrevallation, en même-temps qu'on achevoit la circonvallation, et je ne la fis que de six pieds de large, craignant pour les sorties que les assiégés pourroient faire ; mais je ne voulois pas qu'ils pussent venir dans le derrière de nos camps: ils n'étoient pas fort près, car j'avois observé de les mettre dans des lieux où le canon ne les pût incommoder, et d'où ils fussent à une bonne distance des lignes de circonvallation et de contrevallation. J'avois mis cette dernière sur le commencement de la pente qui va vers la ville, hormis du côté de la tranchée qu'elle étoit plus éloignée; elle m'étoit aussi utile pour empêcher les secours : car quand même il en seroit entré dans la circonvallation, il eût été impossible qu'ils n'eussent pas été battus, sans pouvoir entrer dans la ville; prenant un lieu qui les auroit arrêtés, et qu'on ne pouvoit passer promptement que par les barrières ; et dehors des lignes on faisoit le bivouac avec la dernière régularité ; tous les dedans étoient garnis d'infanterie et toutes les barrières. L'on mettoit des sentinelles sur la ligne qui se voyoit, et dans les lieux où elles n'étoient pas assez près les unes des autres, il y avoit

J'avois campé mes troupes de manière que j'avois de la cavalerie et de l'infanterie partout ; entre deux escadrons il y avoit un bataillon, hormis quelques endroits où cela ne pouvoit pas être si juste, j'avois pris mon quartier sur l'avenue, où l'on pouvoit venir plus facilement, afin de me trouver mieux posté pour remédier aux accidens qui pouvoient arriver. Pendant les deux premiers jours que je fus devant la place, je reconnus, le mieux qu'il me fut possible, les lieux par où on pourroit l'attaquer, les commodités qu'on trouveroit par les rideaux et chemins creux pour avancer plus promptement. J'envoyois des ingénieurs à toute heure du jour et de la nuit pour bien voir ce que je ne pouvois reconnoître moi-même, qui me rendoient compte de ce qu'ils avoient remarqué : cela dura jusqu'à temps que j'eusse résolu par où l'on attaqueroit. Comme les ennemis n'étoient pas encore resserrés, ils empêchoient qu'on ne vît, le jour, d'aussi près, ce que j'aurois bien voulu savoir avant que de me déterminer.

Les avis des officiers-généraux et des ingénieurs furent d'abord fort partagés ; mais après qu'on eut resserré les ennemis, et qu'on eut vu commodément toutes choses, *Vauban* me proposa ce que j'avois cru le meilleur.

Il faut parler présentement du quartier de l'autre côté de la Meuse, que j'allai visiter le deuxième jour, et que je trouvai dans un état qui m'auroit donné de l'inquiétude, si je n'avois su qu'il n'y pourroit rien venir de considérable que je n'en fusse averti. Il étoit d'une grande étendue, et il y avoit peu de troupes, quoique j'y eusse laissé la cavalerie et l'infanterie qui étoit venue de l'armée de M de *Turenne*, que j'y eusse fait passer une brigade de cavalerie et une d'infanterie de celles que j'avois amenées moi-même. Le terrain aux environs de Vic est assez plat, plein de prés, de villages, de ruisseaux et de bois ; les terres labourées s'éloignent de la ville, et après qu'on a trouvé une plaine d'assez peu d'étendue, on monte des côteaux qui sont fort près du lieu où l'on peut faire la circonvallation et où étoit la mienne. Après avoir passé partout où je pouvois voir ce qu'il y avoit à faire, je montrai à mon frère comment je désirois qu'on fît les camps, les lieux où je croyois qu'il devoit y avoir plus de monde ; ceux par où on pouvoit se soutenir les uns les autres, qui étoient assez commodes ; quand on auroit vu un quartier attaqué, les autres pourroient marcher derrière les camps par la prairie pour couper ceux qui auroient passé. La circonvallation fut tracée, mais elle se fit avec assez de lenteur, y voyant peu de troupes pour travailler dans un si grand espace. La contrevallation avoit été commencée le matin, je n'eus pas le temps de m'arrêter davantage de ce côté-là, le gros des affaires étant à celui de mon quartier.

L'artillerie que j'avois menée avec moi étoit arrivée en même temps que les troupes et les vivres aussi. Plus je reconnoissois la place et plus j'avois envie de l'attaquer par où je l'ai prise, mais je voulois voir tous les endroits où je pourrois mener des attaques devant que de me résoudre.

Dans le temps de ces incertitudes, je faisois venir dans mon camp tout ce que j'avois fait préparer à Liége et autres lieux, tant de munitions de guerre que de vivres ; j'envoyai quérir du canon à Wesel et à Charleroy, ne voulant pas commencer un siége de cette conséquence que je n'eusse toutes les choses nécessaires en abondance de bonne heure ; ne sachant pas si les ennemis ne se mettroient point en lieu de pouvoir incommoder mes convois, j'avois mené avec moi vingt pièces de batteries et six de campagne ; j'en fis venir de Marsech six de seize qui battoient en une nécessité ; il en vint encore vingt de vingt-quatre de Wesel et six de Charleroy, de sorte que j'en eus dans les batteries ou dans le parc jusqu'à cinquante-huit. Je n'attendois pas qu'elles fussent toutes arrivées pour commencer l'attaque ; je faisois venir des munitions à proportion, de manière qu'il y a eu 500 milliers de poudre, plus 40,000 boulets ; autant de grenades, de mêches de plomb, et des outils en abondance, et de tout ce qui pouvoit être utile. Je fis conduire dans mes magasins des vivres pour deux mois ; m'étant si bien précautionné sur tout ce qui m'étoit nécessaire et ne voyant rien à craindre du dehors, je m'appliquai à ce qui regardoit l'attaque de la place, et pour avancer toujours et resserrer les ennemis, je fis pendant quelques nuits établir des postes qui les empêcholent de paroître comme ils avoient fait jusqu'alors. Ils témoignoient quelquefois avoir envie de venir, mais ils n'osoient avancer. Ils reconnurent un jour qu'une vingtaine de soldats que j'avois dans un chemin creux, manquoient de poudre, ne les voyant plus tirer ; nos gens ayant été assez négligens pour n'en pas envoyer quérir, où ils savoient que j'avois fait avancer des munitions de toutes sortes, les ennemis sortirent sur eux et les obligèrent de se retirer. J'entendis plus de bruit qu'à l'ordinaire, j'envoyai savoir ce que c'étoit, on m'en rendit compte; je commandai à *Rochefort* qui étoit de jour, de prendre quelques soldats de mes gardes et de mon régiment et de chasser avec eux les ennemis du poste que nos gens avoient quitté.

Je montai à cheval pour voir ce qui se passoit, mais aussitôt qu'on eut mis l'épée à la main, ils plièrent sans attendre qu'on fût jusques à eux; on tira quelques coups de part et d'autre, et il y eut quelques gens blessés: plusieurs personnes de qualité avoient poussé au bruit quand j'avois fait avancer mes gardes, de sorte que les ennemis voyant aller de la cavalerie tirèrent du canon et tuèrent et blessèrent peu d'hommes et quelques chevaux; car le poste étant regagné, et même ayant du monde logé plus avant que n'étoient ceux qui s'étoient retirés, je ne voulois pas faire retirer mes gardes de cavalerie, afin qu'ils les pussent soutenir plus aisément, si les ennemis y revenoient; ils y demeurèrent jusqu'à la nuit, et il y eut quelques cavaliers à portée du canon, car ils étoient tout à découvert; j'avois demandé 40000 fascines au pays de Liége, et j'en voulus faire tous les jours 4000 qu'on portoit au parc de l'artillerie. J'avois mandé 20000 paysans dans le pays de Liége et aux environs, pour venir perfectionner les lignes ; mais ils aimèrent mieux se racheter de cette cette corvée et payer les soldats qui y travailleroient ; je les fis donc achever par des soldats, et en peu de jours elles furent achevées de tous côtés comme je les avois ordonnées ; toutes choses étant prêtes pour commencer l'attaque, je me résolus enfin d'ouvrir la tranchée le long du fossé, en le laissant à main droite, parce que les lieux étoient commodes pour établir des batteries. Celles que je pouvois placer de l'autre côté de la rivière, et les chemins que je trouvois qui pouvoient faciliter les approches, et tout ce que j'avois pu voir et savoir des fortifications de ce côté-là par des ingénieurs qui y avoient été, et des rendez-vous qui disoient des nouvelles, me firent résoudre à choisir cette attaque ; et pour commencer par quelque chose qui étonnât les ennemis, je voulus faire tirer mon canon la première nuit que la tranchée fut ouverte. Je fis pendant deux jours travailler à des batteries et à des épaulemens ; je fis accommoder des chemins et faire des traverses, pour qu'ils ne fussent pas enfilés ; je fis voiturer une grande quantité de fascines et avancer le canon dans les lieux proches où il ne pouvoit être vu de la place ; j'avois, pendant les nuits qu'on ne faisoit que préparer, fait mettre en état deux batteries de tirer à la pointe du jour du côté de l'attaque, l'une de douze pièces et l'autre de six, et une du côté de St.-Pierre de huit ; je n'en pus mettre davantage pour la première nuit, les autres que j'avois envoyé chercher n'étant pas encore arrivées ; la garde de tranchée parut assez sûrement et monta d'une manière qu'il est bon qu'on sache.

Elle étoit composée de six bataillons et de huit escadrons ; j'observois de prendre toujours des troupes de différens quartiers, afin que la ligne ne fût jamais dégarnie, et on envoyoit tous les soirs des bataillons, qui n'étoient pas de garde, deux cents hommes qui formoient le bivouac à la place de ceux qui étoient à la tranchée ; cela se prenoit des plus voisins pour les escadrons ; il y en avoit assez pour qu'il n'y parût quasi pas le long des lignes. Toute la garde s'assembloit auprès de mon quartier, qui étoit derrière la tranchée ; et après que les détachemens étoient faits et la prière, on marchait tambour battant, avec les drapeaux et les bataillons formés, jusques sur une hauteur qui étoit à la queue de la tranchée (*a*).

Année 1678.

Les efforts que mes ennemis ligués ensemble, et les ennemis de ma prospérité vouloient faire contre moi, m'obligèrent de prendre de grandes précautions, et pour commencer je résolus, en finissant la campagne de 1677, de n'employer mes forces que dans les lieux où elles seroient absolument nécessaires.

Le maréchal *de Vivonne* m'avoit demandé son congé pour revenir de Messine; j'envoyai le maréchal de *la Feuillade* en sa place, avec ordre de ramener les troupes que j'y avois envoyées pour appuyer la révolte, et je lui ordonnai de s'y préparer avec tant de secret et de diligence que l'union de l'Angleterre avec mes ennemis ne rendît pas leur retour impossible.

J'avois impatience de commencer la campagne de 1678, et une grande envie de faire quel-

---
(*a*) L'éditeur n'a pas eu la fin de cette année.

canton de pays qui les rapprochoit de mon royaume. Gand étoit le plus important de tout ce que je pouvois attaquer, c'est pourquoi je me fixai d'en faire le siége. Pour Bruxelles, on ne peut guère y penser que pour achever la conquête du pays; car les Espagnols, sur les moindres mouvemens, y assemblent le plus de troupes qu'ils peuvent, et en composent le corps de leur armée; il en faudroit une aussi pour le garder.

Les Hollandois aussi bien que les Espagnols craignoient pour Gand : il est situé de manière qu'il doit leur donner de l'inquiétude, et l'importance de cette ville ne se peut quasi exprimer. Je ne puis la faire mieux comprendre, qu'en disant que sa prise a forcé mes ennemis à la paix, les mettant hors d'état de soutenir la guerre. La différence qu'il y a entre nous, est que leur foiblesse les a fait consentir malgré eux à la conclure, et que je l'ai signée dans un état si avantageux, que j'avois tout à espérer et rien à craindre. Ils ont agi bassement, et voulant me tromper; j'ai dit ce que je voulois, avec netteté et hauteur; ma volonté seule a conclu, depuis, cette paix tant désirée de ceux de qui elle ne dépendoit pas; car pour mes ennemis, ils la craignoient autant que le bien public me la faisoit désirer, qui l'emporta en cette occasion sur la gloire personnelle que je trouvois dans la continuation de la guerre.

Gand étoit trop voisin des Hollandois, trop à portée de Bruxelles, et trop important à mes ennemis, pour que je pusse croire que des marches ordinaires et des mouvemens de troupes les empêchassent d'en jeter un nombre considérable dans cette place; je résolus, pour l'éviter, de partir au mois de février avec la Reine et toute la cour, et d'aller à Nancy pour mieux persuader que mes desseins tournoient de ce côté-là.

Je donnai ordre à toutes mes troupes de se tenir prêtes, et en même temps que je partis de Saint-Germain, j'ordonnai au maréchal *de Créqui*, qui étoit en Lorraine, d'aller en Alsace assembler toutes celles qui y étoient en quartier d'hiver, de passer le Rhin, et de faire tout ce qu'il faudroit pour donner quelque jalousie en Allemagne.

Je fis assembler, en même temps que j'allois à Metz, des troupes qui marchèrent vers Luxembourg, pour obliger les ennemis à jeter de ce côté-là celles qu'ils avoient sur la Meuse et dans tout le pays.

Après que j'eus fait partir ce corps-là, je re-

II. *Partie.*

tournai à Verdun et à Stenay. J'avois ordonné au marquis *de Louvois* de s'y rendre pour être plus à portée d'envoyer tous les ordres dont il étoit chargé pour faire marcher les troupes qui étoient vers la Meuse à Namur et à Charlemont.

On avoit préparé du canon et des munitions de guerre à Mézières et à Charleville, et même chargé sur des bateaux ceux auxquels manda de descendre.

Tout cela, joint à mon retour de Metz, ne laissa pas douter que je n'en voulusse à quelque place de ce côté-là, et il n'y eut personne, même sur ma frontière, qui n'y fût trompé. Le maréchal d'*Humières*, qui commandoit en Flandres, savoit mon dessein; je l'avois averti de se tenir prêt à marcher avec des troupes que je destinois pour investir Gand, mais de ne rien faire qu'il n'eût reçu mes ordres par le marquis de *Louvois* qui étoit bien instruit, et avec lequel j'avois pris des mesures justes pour que toutes choses fussent exécutées ponctuellement.

Namur étant investi, les troupes qui étoient entre Sambre et Meuse en Hainault investirent Mons; le lendemain le marquis de Louvois alla en Flandres, Ypres fut investi; de manière qu'en trois jours consécutifs le gouverneur de Flandres apprit que Luxembourg, Namur, Charlemont, Mons et Ypres étoient investis.

Pour Gand on n'en parla point; car ce fut précisément dans le temps que le maréchal *d'Humières* y marcha avec les troupes qui étoient en Flandres qu'une partie de celles qui étoient devant Namur, Mons et Charlemont s'y joignirent; il n'y eut que celles d'Ypres qui demeurèrent devant cette place, pour empêcher qu'une partie de la garnison qui étoit considérable, n'allât se jeter dans Gand. Le maréchal *d'Humières* avoit ordre de ne s'y pas arrêter s'il y avoit plus de quatre mille hommes et d'aller sur Ypres. Le marquis *de Louvois* arriva auprès de lui, que j'avois chargé de m'apprendre des nouvelles à tout moment; il étoit informé du chemin que je tiendrois pour aller de la Meuse au lieu où seroit mon armée.

Je partis de Stenay et je m'avançai à grandes journées vers la Flandres, incertain et inquiet du parti que prendroit le maréchal *d'Humières*; car, à dire la vérité, j'aurois eu de la peine si pour la seule prise d'Ypres, j'avois fait tant de mouvement de troupes, préparé tant de munitions et fait un voyage moi-même; mais j'appris peu de jours après que Gand étoit investi, qu'il y avoit peu de monde dedans et que les ennemis avoient donné dans toutes les feintes que j'avois faites.

Pendant que j'y marchois, le maréchal *d'Humières* se fortifioit tous les jours de troupes: il prit tous les quartiers; les munitions de toute nature, et les fourrages qui étoient préparés à Tournay et à Courtray y arrivèrent.

La marche que je suivois donnoit quelque inquiétude aux Espagnols, car ils surent que j'étois sur la Meuse deux jours après que l'on m'avoit vu à Valenciennes, et ils n'apprirent que fort tard que j'étois arrivé devant Gand.

Je n'y perdis point de temps; je visitai d'abord les quartiers et mis à chacun le nombre des troupes que j'y crus nécessaire; je fis assembler un corps considérable à Oudenarde, que j'aurois fait venir dans le camp si j'avois jugé à propos.

On travailla avec application à une digue qui fut fort utile, les ennemis ayant retenu les eaux par des écluses; je n'oubliai rien de tout ce qui pouvoit avancer le siége en très-peu de jours, je mis mes quartiers en état de ne rien craindre, en rompant les chemins au sortir des lignes et en faisant des abattis de bois.

Dans ce temps-là je retirois les troupes que j'avois devant Ypres et je les fis venir dans mon camp. J'avois une application continuelle pour tout ce qui pouvoit assurer et avancer la prise de la place, ayant sujet de croire par l'importance dont elle étoit, que mes ennemis feroient les derniers efforts pour la secourir ; je fis ce qui dépendoit de moi pour les incommoder en cas qu'ils y vinssent. J'envoyai de gros partis brûler les fourrages sur la Dendre vers Alost ; j'en fis passer plus avant, et toute ma cavalerie alloit tous les jours fourrager dans les villages à quatre ou cinq lieues de mon camp ; on y en faisoit porter le plus qu'on pouvoit, et il y en avoit tant qu'il en restoit beaucoup quand je décampai après la prise de la place ; par ce moyen mes troupes vivoient aisément, j'ôtois aux ennemis la commodité d'approcher, et je conservois tous les fourrages que j'avois fait amasser pendant l'hiver pour m'en servir dans la suite si j'en avois besoin.

On ne sauroit prendre trop de précautions pour réussir dans les desseins où il y a de la gloire et de la réputation ; quand on a ces deux objets devant les yeux, on ne sent ni fatigues ni peines, et l'on travaille avec plaisir à tout ce qui est nécessaire : il faut aller plus loin pour se mettre à couvert des accidens imprévus.

Quelques jours se passèrent à préparer les canons, les outils et tout ce qu'il falloit pour les attaques ; toutes choses étant disposées, je fis ouvrir la tranchée du côté d'un fort que les ennemis avoient fait entre la Lys et l'Escaut ; on travailla beaucoup, et comme la garnison étoit foible et que le grand feu ne venoit que des bourgeois, on s'avança plus qu'on ne devoit faire la première nuit.

Les ennemis crurent qu'on vouloit attaquer le fort ; ils l'abandonnèrent, quelques soldats y entrèrent et n'y trouvèrent que des drapeaux qu'on y avoit laissés ; on s'en rendit maître, on y porta du monde et dès le lendemain je fis travailler à une batterie ; la journée se passa sans qu'il arrivât rien de considérable, les ennemis ne firent point de sortie et ne donnèrent aucune marque de vigueur.

Le lendemain à la pointe du jour le canon tira et fit beaucoup de bruit et de fracas aux murailles et aux remparts, mais il n'étoit pas assez près pour faire quelqu'apparence de brèche qui pût étonuer les bourgeois.

On continua les attaques avec grand soin, le travail s'avança, de manière qu'en deux jours l'on fut à portée d'attaquer la contrescarpe et de se rendre maître de quelque demi-lune. Les habitans me voyant maître d'une partie de leurs dehors, résolurent de se rendre; la capitulation fut bientôt faite, ils ne parloient que pour eux; car le gouverneur et la garnison se retirèrent dans la citadelle. Aussitôt que mes troupes furent dans la ville, je fis ouvrir le même jour deux tranchées.

Je n'apprenois rien des ennemis : leur armée s'assembloit derrière Bruxelles, mais ils ne faisoient aucun mouvement; cependant, quoiqu'il n'y eût guère d'apparence que la ville étant prise ils songeassent à secourir la citadelle, je ne laissai pas de me résoudre, s'ils s'approchoient de moi, de passer avec toutes mes troupes dans le seul quartier qu'ils pouvoient attaquer, qui étoit entre le grand Escaut et le canal du Sas. Je reconnus encore mieux le terrain, et je remarquai où je les porterois en cas qu'il fût nécessaire; mais cette précaution fut inutile, car le deuxième jour la citadelle se rendit, la garnison en sortit le lendemain, et je fus le maître absolu de Gand et de quelques forts que je fis prendre, qui le défendirent très-peu.

Dans ce moment je sentis de la joie d'avoir pris une place qu'on avoit crue inattaquable par la difficulté des quartiers, des communications, par sa grandeur, et par tout ce qui rend les siéges difficiles. L'heureux succès de celui-là, l'abattement de mes ennemis, le peu dé consommation de toutes les munitions qu'on avoit préparées, joint à l'ambition qui m'est assez naturelle, me porta à marcher à Ypres, que je crus pouvoir prendre en peu de temps.

J'en voulus diminuer la garnison de quelques hommes, et pour cela deux jours avant de marcher, j'envoyai le maréchal *de Lorges* avec un corps considérable de cavalerie et de dragons vers Bruges, je lui ordonnai de faire ce qu'il pourroit pour que l'on crût qu'il alloit l'investir.

Je lui dis d'avancer des troupes pour faire tirer du canon sur elles, de parler aux pasteurs des environs pour s'informer de ce qu'il y avoit de gens de guerre dans la ville, et de tous les passages sur les canaux par où mes troupes pourroient passer pour prendre les quartiers autour de la place, je lui recommandai surtout de n'en point mettre sur le chemin d'Ypres.

Il exécuta si bien ce que je lui avois ordonné, que le bruit du canon et l'épouvante du pays, obligèrent le gouverneur d'Ypres d'essayer de jetter un régiment dans Bruges : il lui fut aisé d'y réussir, car on en avoit plus d'envie que lui. J'envoyai ordre aussitôt au maréchal *de Lorges* de me venir rejoindre, et je marchai le long de la Lys avec les troupes qui étoient à mon quartier, la laissant à droite, et les maréchaux *de Schomberg* et *de Luxembourg*, de l'autre côté de la rivière avec celles qui étoient aux leurs.

Le maréchal *d'humières*, avec un corps considérable, demeura campé sous la ville. Je mis dedans une grosse garnison, et je lui donnai ordre, au cas que les ennemis marchassent pour le secours d'Ypres, de me venir joindre : je lui dis que je l'informerois du chemin qu'il devroit tenir, que je ne pouvois régler que sur la marche des ennemis.

J'arrivai en trois jours devant Ypres, et les maréchaux *de Schomberg* et *de Luxembourg* y furent en même temps. Je trouvai la place investie par *la Trousse*, que j'y avois envoyé pour cela, et je pris tous mes quartiers : comme le temps étoit fort mauvais, on eut quelque peine pour les communications, et pour faire marcher le canon et voiturer les munitions; on fit beaucoup de fascines tant pour accommoder les chemins que pour servir aux attaques ou travailler aux lignes, et on amassa du fourrage dans le camp.

Quelques jours se passèrent à ces préparatifs, pendant lesquels on reconnut la place. La garde étoit exacte toutes les nuits pour empêcher les petits secours, car pour les grands ils n'étoient pas à craindre; il falloit seulement éviter que le régiment qui étoit allé à Bruges ne rentrât dans Ypres.

Toutes choses étant bien disposées, on ouvrit la tranchée à la citadelle; j'aurois bien voulu faire une autre attaque à la ville, mais la difficulté que je voyois à faire venir ce qui est nécessaire, me fit craindre qu'on ne pût en servir deux comme je voulois qu'elles le fussent; et pour cette raison, je retardai quelques jours celle de la ville. Je n'apprenois rien des ennemis qui m'obligeât à me presser, et ils ne paroissoient pas avoir envie de rien entreprendre.

La première nuit de l'ouverture de la tranchée, on fit un très-grand travail; je commandai beaucoup de monde, et la cavalerie porta des fascines toute la nuit; on raccommoda le jour ce qui avoit été entrepris, et on commença une batterie pour essayer de ruiner celle des assiégés, qui tiroit beaucoup, et incommodoit assez nos travaux. Je souffrois avec peine la supériorité qu'ils eurent ce jour-là, elle ne dura pas long-temps. Le lendemain nous eûmes notre revanche, mes batteries tirèrent et mirent celles des ennemis en désordre. En avançant la tranchée, on plaça des mortiers qui firent des merveilles, car les bombes renversèrent plusieurs de leurs pièces, et firent des trous épouvantables sur les parapets et dans les remparts.

Quand on fut à portée d'aller aux contrescarpes, et que le canon et les munitions ne manquèrent plus, je fis ouvrir deux tranchées à la ville, qui furent fort avancées dès la première nuit.

Les choses étant en si bon état, on attaqua cette place d'après les dehors tant à la ville qu'à la citadelle. On ne put emporter que la contrescarpe des deux côtés, et il y eut un assez grand feu, et beaucoup de gens blessés. Les assiégés capitulèrent à la pointe du jour pour la ville et pour la citadelle : ils sortirent le lendemain ; et après que j'eus donné tous les ordres nécessaires pour la place et pour le logement de mes troupes jusqu'à la campagne, qui ne pouvoit commencer que deux mois après je revins à St.-Germain, assez content de ce que j'avois fait, et disposé à mieux faire à l'avenir, si la parole que j'avois donnée de ne rien entreprendre pendant deux mois, n'étoit suivie de la conclusion de la paix.

Il étoit arrivé à Bruges et à Ostende quelques troupes angloises, quoiqu'il n'y eût point de déclarations ; mais on les envoya avec tant de précipitation, que j'eus lieu de croire qu'on avoit envie de prendre parti contre moi. Cependant, comme il ne paroissoit rien de positif, je me contentai de faire connoître au roi d'Angleterre que cette démarche m'étonnoit, après les paroles qu'il m'avoit données.

Je n'oubliai rien dans ce temps-là pour me mettre en état de réduire mes ennemis à la paix, ou de faire une guerre qui me fût avantageuse.

J'appris que le maréchal de *la Feuillade* étoit arrivé heureusement, et que malgré la saison, les vents et les tempêtes, il avoit ramené mes armées de terre et de mer. Je reçus cette nouvelle peu de jours après avoir fait ma première campagne ; je fis aussitôt la distribution des troupes qui étoient débarquées, et après les avoir laissées reposer quelque temps, elles marchèrent les unes en Roussillon, les autres vers la Flandres, et j'en mis une partie dans quelques provinces, pour voir si la déclaration des Anglois ne m'obligeroit point à les envoyer sur les côtes de mon royaume. Je sentis un plaisir intérieur de la résolution que j'avois prise d'abandonner Messine, quoiqu'elle m'eût coûté beaucoup de peines, voyant l'étonnement qu'en eurent mes ennemis, qui avoient espéré de m'embarrasser, par l'impossibilité que j'aurois eue à soutenir une aussi grande diversion. Un roi ne doit point avoir de joie dans de pareilles rencontres, par animosité; mais il faut qu'il fasse son seul plaisir d'avoir contribué au bonheur de son royaume, en prévenant, par ses soins, les maux qui pouvoient arriver par sa négligence.

Les négociations redoublèrent, et mes soins aussi, pour remettre mes troupes. L'armée d'Allemagne n'avoit point fatigué comme celle de Flandres, et elle étoit très-belle. Je n'étois pas pressé de me mettre en campagne; car les Allemands sortent toujours tard de leurs quartiers. Je disposai mes troupes comme je crus qu'elles seroient le mieux. Quoique je retournasse en Flandres, je ne laissai pas d'envoyer mes gardes et mes compagnies de gendarmes et de chevaux légers en Allemagne, et je ne gardai que peu de ces troupes auprès de moi, avec mes mousquetaires.

J'avois vu les années précédentes ce que leur arrivée avoit fait de ce côté-là, et comment leur réputation et leur bonté avoient rétabli les choses dans un état aussi heureux qu'il étoit douteux auparavant.

On parloit toujours de paix, mais on ne voyoit nulle apparence qu'elle se dût conclure, et chacun se préparoit à faire une bonne campagne.

J'avois écrit aux états-généraux, pour leur faire voir que je voulois la paix, et leur rendre mes bonnes grâces, qui leur avoient été aussi utiles de mon temps que de celui de mes pères; ils ne m'avoient pas encore fait de réponse. Dans ce temps-là je savois que le gouverneur de Maëstricht avoit une entreprise en tête; je lui ordonnai de la tenter, et j'appris peu de jours après qu'il avoit emporté la place.

Le printemps étant avancé, je donnai ordre à mes troupes de s'assembler, et je partis de Saint-Germain pour me rendre à Courtray, où étoit le rendez-vous de l'armée.

Le jour que j'arrivai, je reçus des nouvelles de Londres, par lesquelles j'appris que le roi d'Angleterre s'obligeoit de se joindre à moi pour forcer mes ennemis à la paix, si je voulois ajouter quelque chose aux conditions qu'il avoit déjà proposées.

Je fus combattu sur cette proposition; mais le bien public se joignant à la gloire de me vaincre moi-même, l'emporta sur l'avantage que je pouvois espérer par la guerre. Je répondis au roi d'Angleterre que je voulois bien faire le traité qu'il me proposoit, et en attendant de ses nouvelles, je marchai avec l'armée pour aller passer le canal de Bruges.

Je reçus une réponse des Hollandois, par laquelle je vis qu'ils étoient portés à la paix. Je leur écrivis une lettre plus forte que la première, étant persuadé que puisqu'ils étoient ébranlés, il ne falloit pas leur donner le temps de consulter leurs alliés, qui ne la vouloient pas. Je leur mandai tout ce qui les pouvoit le plus toucher, et j'envoyai ma lettre par un trompette, avec ordre de faire une grande diligence. Dans ce temps-là, les armées s'assemblèrent de tous côtés, et la guerre parut plus échauffée que jamais.

Je séjournai quelques jours dans le poste où j'étois, pour donner le temps à ma lettre de faire son effet, et je mandai à mon ambassadeur en Angleterre, et à mes plénipotentiaires à Nimègue, d'agir en conformité de mes bonnes intentions pour le repos commun. Après avoir attendu quelque temps, mais inutilement, n'ayant nulle réponse d'Angleterre, ni de Hollande, je décampai de dessus le canal, et vins passer celui du Sas, auprès de Gand, et camper le lendemain à Wetter, après avoir passé l'Escaut, résolu d'y attendre des nouvelles, ce lieu étant propre pour faire croire que je voulois marcher plus avant, et entreprendre quelque chose de considérable ; je pris grand soin de faire vivre mes troupes avec ordre, et je m'appliquai à ce qui est le plus utile aux armées, quand elles sont dans l'oisiveté d'un camp. J'envoyai des partis ; j'évitois qu'on ne me prît personne au fourrage, et j'attendois avec impatience des nouvelles de tous côtés.

J'en reçus enfin par où je vis que le prince *d'Orange* faisoit ce qu'il pouvoit pour retenir les Etats qui vouloient la paix, et que du côté d'Angleterre, on chicanoit pour tirer de moi quelques conditions plus avantageuses. Il y eut beaucoup de courriers dépêchés, et enfin les Hollandois me firent savoir qu'ils m'enverroient des ambassadeurs pour recevoir mes ordres et s'y conformer.

Il se passa quelque temps dans ces entrefaites, qui me dura beaucoup, ne pouvant agir; enfin le traité d'Angleterre fut fait, et on me l'envoya signé. Un ambassadeur de Hollande arriva, à qui j'expliquai mes intentions; et comme ils avoient peine à se détacher de leurs alliés, qui ne vouloient point la paix, je consentis à une suspension d'armes pour quelque temps, afin qu'ils travaillassent à faire consentir les Allemands et les Espagnols aux conditions que je leur avois expliquées, et cependant je dis à l'ambassadeur que j'enverrois le duc *de Luxembourg*, à qui je laissois le commandement de mon armée, attendre la réponse aux portes de Bruxelles.

Je ne jugeai pas à propos de rester plus long-temps en Flandres, ne pouvant rien entreprendre. Le maréchal *de Créqui* avoit assemblé l'armée d'Allemagne, et il me paroissoit que tout étoit bien disposé de ce côté-là. Les négociations durèrent long-temps, et toujours sur le plus ou le moins des conditions que j'avois proposées. J'étois résolu de faire la paix, mais je la voulois conclure glorieuse pour moi et avantageuse pour mon royaume : je voulois me payer par des endroits essentiels des conquêtes apparentes que je perdois, et me consoler de la fin d'une guerre que je faisois avec plaisir et avec succès.

Pendant tout l'hiver j'avois mis des troupes dans mes places les plus voisines de Mons, pour l'incommoder, et pour empêcher que la garnison ne fît des courses sur mes frontières, je n'avois rien changé aux dispositions que j'avois faites au commencement de la campagne, et quand le printemps donna lieu de la commencer, je formai un corps pour bloquer tout-à-fait cette place. Bientôt après les choses vinrent à une telle extrémité dans la ville, qu'elle auroit succombé si la paix ne se fût faite avec les Espagnols comme avec la Hollande.

L'armée de l'Empereur s'étoit assemblée vers Offembourg, et celle que j'avois eue en Allemagne avoit son rendez-vous général dans l'Alsace, aux environs de Schelestadt. Je crus qu'il étoit meilleur de lui faire passer le Rhin que de la voir inutile, et de laisser aux Allemands le moyen de marcher en-deçà de ce fleuve; je tournai alors toute mon application de ce côté-là. Il y avoit trève en Flandres, et j'avois fait un détachement considérable qui étoit entré dans le pays de Juliers, mais il n'y demeura pas long-temps, car j'eus lieu de douter de la paix par les obstacles qu'on y mettoit de tous côtés.

Il n'y avoit que les vrais Hollandois qui la vouloient; leurs chefs même faisoient ce qu'ils pouvoient pour empêcher qu'elle ne fût conclue. L'Espagne la craignoit, parce qu'elle lui étoit très-désavantageuse; l'Empereur la trouvoit honteuse pour sa maison, et n'appréhendoit pas tant les suites que les autres alliés; l'Angleterre venoit à la traverse pour troubler les affaires; les princes qui avoient eu des avantages sur la Suède, auroient été bien aises d'en jouir, et ils voyoient que lorsque je serois débarrassé des grandes occupations que j'avois, ils seroient bientôt obligés de rendre ce qu'ils avoient pris, conquis et usurpé sur la Suède et sur ses alliés.

Dans ces désordres j'étois tranquille, et ne voyois que du bien pour moi, soit que la guerre continuât ou que la paix se fît : l'agitation et le trouble des autres augmentoient ma joie, et je jouissois pleinement et de ma bonne fortune et de ma bonne conduite, qui m'avoient fait profiter de toutes les occasions que j'avois trouvées d'étendre les bornes de mon royaume aux dépens de mes ennemis.

La négociation étoit vive à Nimègue, la Hollande étoit agitée, le blocus de Mons continuoit, mon armée d'Allemagne avoit passé le

Rhin, Strasbourg s'étoit quasi déclaré, les deux armées étoient voisines, mais l'ancienne fut la plus heureuse, et le maréchal *de Créqui*, qui la commandoit, obligea le duc *de Lorraine* de se retirer et attaqua le fort de Kehl, le prit, le rasa et brûla une partie du pont de Strasbourg; il prit aussi des forts qui étoient dans les isles et les démolit.

J'avois appris la prise de Puy-Cerda par le maréchal *de Noailles*, qui commandoit l'armée que j'avois en Roussillon. Les Espagnols étoient venus pour secourir cette place, mais ils ne purent rien faire, et ne parurent que pour avoir la honte de la voir prendre et la douleur de se retirer.

Le prince *d'Orange*, désespéré de ce que la paix s'alloit conclure malgré lui, résolut de faire un dernier effort pour troubler les négociations et agiter la Hollande; il marcha pour s'approcher de Mons. Le duc *de Luxembourg* voyant l'armée des ennemis s'ébranler, s'en approcha aussi, et se reporta à un lieu qui s'appelle Saint-Denis.

Dans ce même temps la paix fut conclue à Nimègue, mes plénipotentiaires m'en donnèrent avis, et le mandèrent aussitôt au maréchal *de Luxembourg*, qui en reçut la nouvelle le 14 août au matin. Le prince *d'Orange* étant plus près, en fut apparemment plutôt averti par les ambassadeurs de Hollande qui l'avoient signée; cependant il ne laissa pas de marcher au duc *de Luxembourg*, et de faire avancer à grandes journées les troupes angloises pour le joindre, et sachant bien ce qui étoit conclu à Nimègue, il voulut voir ce qu'un coup de désespoir pouvoit faire, et attaqua le duc *de Luxembourg*, quoiqu'il sût ce qui avoit été conclu.

Il vint à des postes que l'armée de France gardoit à la tête de son camp; le combat fut grand et opiniâtre; mais la nuit le finit, et le *Prince d'Orange* fut obligé de se retirer avec une perte considérable. Celle des François fut assez grande; le duc *de Luxembourg* entra dans les lignes devant Mons, croyant que l'ennemi les pourroit attaquer en se retirant s'il les trouvoit dégarnies.

Le *Prince d'Orange* se voyant hors d'état de rien faire, demanda une trêve, et avoua qu'il avoit eu avis de la signature de la paix; il y eut des pour-parlers de part et d'autre, chacun s'alloit visiter dans les deux camps, et peu de jours après on se retira; les troupes qui étoient devant Mons quittèrent leurs postes ainsi que le traité le portoit, et je fis voir en tout combien j'étois religieux à tenir mes paroles à mes ennemis dès qu'ils croyoient pouvoir prendre leurs avantages.

J'eus le plaisir de voir approuver ma conduite toute franche et désintéressée, pendant qu'ils joignoient à leur malheur la honte d'être blâmés de tout le monde. Les armées ne songèrent plus qu'à vivre commodément le reste de la campagne dans les lieux où le traité leur en laissa la liberté.

Les négociations se faisoient avec grand empressement, soit dans les lieux d'assemblées publiques, soit dans les cours particulières; personne ne vouloit la paix en Allemagne, mais il falloit la faire; les Hollandois n'étoient plus pour eux, en qui étoient leurs plus grandes ressources, soit par leur armée, soit par les autres assistances qu'ils en pouvoient attendre.

Du côté d'Allemagne les armées étoient quasi toujours en présence, quand on apprit la conclusion de la paix avec les Espagnols qui s'étoit faite, en dépit d'eux-mêmes, pour éviter leur ruine entière (2).

Je n'entre point dans les conditions, elles sont publiques, et font voir l'avantage que la France en a tiré, tant pour les places qui lui sont demeurées, que par les provinces entières qui ont été réunies au royaume.

Les Impériaux sembloient vouloir s'approcher du Brisgaw, et donnoient jalousie au maréchal *de Créqui*; voyant qu'il falloit faire quelque diversion pour attirer les ennemis, il marcha vers les villes forestières; il détacha un corps qui battit quelques troupes qui étoient au bout du pont de Rheinfeldt, il suivit avec toute l'armée, et fit mine d'attaquer cette place; mais il ne put passer le Rhin; il se contenta de ce qu'il avoit fait, et d'avoir troublé les desseins du duc de Lorraine qui s'avança sur cette marche. Le maréchal *de Créqui* voyant qu'il ne pouvoit rien faire se retira et repassa le Rhin. Il prit les forts de Strasbourg qui sont du côté de la ville, acheva de rompre le pont, laissa garnison dans ces mêmes forts, et alla tenir la campagne vers Landau.

Enfin, l'Empereur, les Princes et Etats de l'Empire signèrent la paix d'une manière qui ne fut pas moins glorieuse pour moi et pour la France : en échange de quelques lieux dont ils étoient en possession, ils me cédèrent des postes plus considérables, et ce fut l'abandon de leurs alliés qui les y fit consentir : le soin que j'avois pris de les détacher les uns des autres, les accabla de telle sorte qu'ils furent contraints de se soumettre aux conditions dont je m'étois déclaré dès le commencement de mes négociations.

La guerre du Nord duroit encore, et l'on avoit peine à croire qu'elle finît de la manière que je me l'étois proposé: mais par mon application, mes soins, mes forces et mon argent, je surmontai les difficultés; la négociation dura long-temps; les allées et venues furent fréquentes; beaucoup d'ambassadeurs furent envoyés; enfin, je vis les choses en état de se terminer, dans la fin de l'année 1678, à ma satisfaction, à celle de mes alliés, et j'eus le bonheur de finir cette année aussi heureusement par les négociations que je l'avois commencée par la guerre.

Fin de l'année 1778, et des Mémoires militaires.

RÉFLEXIONS
SUR LE MÉTIER DE ROI (*a*).

LES Rois sont souvent obligés à faire des choses contre leur inclination, et qui blessent leur bon naturel. Ils doivent aimer à faire plaisir, et il faut qu'ils châtient souvent, et perdent des gens à qui naturellement ils veulent du bien. L'intérêt de l'Etat doit marcher le premier. On doit forcer son inclination, et ne pas se mettre en état de se reprocher, dans quelque chose d'importance, qu'on pouvoit faire mieux. Mais quelques intérêts particuliers m'en ont empêché, et ont déterminé les vues que je devois avoir pour la grandeur, le bien et la puissance de l'Etat. Souvent il y a des endroits qui font peine ; il y en a de délicats qu'il est difficile de démêler : on a des idées confuses. Tant que cela est, on peut

---

(*a*) Propre expression de Louis XIV.

demeurer sans se déterminer; mais dès que l'on se fixe l'esprit à quelque chose, et qu'on croit voir le meilleur parti, il le faut prendre. C'est ce qui m'a fait réussir souvent dans ce que j'ai entrepris. Les fautes que j'ai faites et qui m'ont donné des peines infinies, ont été par complaisance et pour me laisser aller nonchalamment aux avis des autres. Rien n'est si dangereux que la foiblesse, de quelque nature qu'elle soit : pour commander aux autres, il faut s'élever au-dessus d'eux ; et après avoir entendu ce qui vient de tous les endroits, on se doit déterminer par le jugement qu'on doit se faire sans préoccupation, et pensant toujours à ne rien ordonner ni exécuter qui soit indigne de soi, du caractère qu'on porte, ni de la grandeur de l'Etat. Les Princes qui ont de bonnes intentions et quelque connoissance de leurs affaires, soit par expérience, soit par étude et une grande application à se rendre capables, trouvent tant de différentes choses par lesquelles ils se peuvent faire connoître, qu'ils doivent avoir un soin particulier et une application universelle à tout. Il faut se garder contre soi-même, prendre garde à son inclination, et être toujours en garde contre son naturel. Le métier de Roi est grand, noble, flatteur, quand on se sent digne de bien s'acquitter de toutes les choses auxquelles il engage; mais il n'est pas exempt de peines, de fatigues, d'inquiétudes. L'incertitude désespère quelquefois; et quand on a passé un temps raisonnable à examiner une affaire, il faut se déterminer à prendre le parti qu'on croit le meilleur.

Quand on a l'Etat en vue, on travaille pour soi; le bien de l'un fait la gloire de l'autre: quand le premier est heureux, élevé et puissant, celui qui en est cause en est glorieux, et par conséquent doit plus goûter que ses sujets, par rapport à lui et à eux, tout ce qu'il y a de plus agréable dans la vie. Quand on s'est mépris, il faut réparer sa faute le plutôt qu'il est possible, et que nulle considération n'en empêche, pas même la bonté.

En 1671, un homme mourut qui avoit la charge de Secrétaire d'état, ayant le département de l'Etranger. Il étoit homme capable, mais non pas sans défaut: il ne laissoit pas de bien remplir ce poste qui est fort important.

Je fus quelque temps à penser à qui je ferois avoir cette charge; et après avoir bien examiné, je trouvai qu'un homme qui avoit long-temps servi dans des ambassades, étoit celui qui la rempliroit le mieux (a).

Je lui fis mander de venir. Mon choix fut approuvé de tout le monde; ce qui n'arrive pas toujours. Je le mis en possession de cette charge à son retour; je ne le connoissois que de réputation et par les commissions dont je l'avois chargé, et qu'il avoit bien exécutées; mais l'emploi que je lui ai donné s'est trouvé trop grand et trop étendu pour lui. Je n'ai pas profité de tous les avantages que je pouvois avoir, et tout cela par complaisance et bonté. Enfin il a fallu que je lui ordonnasse de se retirer, parce que tout ce qui passoit par lui, perdoit de la grandeur et de la force qu'on doit avoir en exécutant les ordres d'un Roi de France. Si j'avois pris le parti de l'éloigner plutôt, j'aurois évité les inconvéniens qui me sont arrivés, et je ne me reprocherois pas que ma complaisance pour lui a pu nuire à l'Etat. J'ai fait ce détail pour faire voir un exemple de ce que j'ai dit ci-devant.

(a) M. de Pompone.

INSTRUCTION
A PHILIPPE V (a).

1°. Ne manquez à aucun de vos devoirs, surtout envers Dieu.

2°. Conservez-vous dans la pureté de votre éducation.

3°. Faites honorer Dieu partout où vous aurez du pouvoir; procurez sa gloire; donnez-en l'exemple: c'est un des plus grands biens que les rois puissent faire.

4°. Déclarez-vous en toute occasion pour la vertu contre le vice.

5°. N'ayez jamais d'attachement pour personne.

6°. Aimez votre femme; vivez bien avec

(a) Louis XIV donna cette instruction à Philippe V le 3 décembre 1700, au moment où ce prince partoit pour Madrid.

elle ; demandez-en une à Dieu qui vous convienne : je ne crois pas que vous deviez prendre une autrichienne.

7°. Aimez les Espagnols et tous vos sujets attachés à vos couronnes et à votre personne. Ne préférez pas ceux qui vous flatteront le plus ; estimez ceux qui, pour le bien, hasarderont de vous déplaire : ce sont-là vos véritables amis.

8°. Faites le bonheur de vos sujets ; et dans cette vue, n'ayez de guerre que lorsque vous y serez forcé, et que vous en aurez bien considéré et bien pesé les raisons dans votre conseil.

9°. Essayez de remettre vos finances ; veillez aux Indes et à vos flottes ; pensez au commerce. Vivez dans une grande union avec la France, rien n'étant si bon pour nos deux puissances que cette union, à laquelle rien ne pourra résister.

10°. Si vous êtes contraint de faire la guerre, mettez-vous à la tête de vos armées.

11°. Songez à rétablir vos troupes partout ; et commencez par celles de Flandres.

12°. Ne quittez jamais vos affaires pour

votre plaisir ; mais faites-vous une sorte de règle qui vous donne des temps de liberté et de divertissement.

13°. Il n'y en a guère de plus innocens que la chasse et le goût de quelques maisons de campagne, pourvu que vous n'y fassiez pas trop de dépenses.

14°. Donnez une grande attention aux affaires quand on vous en parle ; écoutez beaucoup dans le commencement, sans rien décider.

15°. Quand vous aurez plus de connoissance, souvenez-vous que c'est à vous à décider ; mais quelque expérience que vous ayez, écoutez toujours tous les avis, et tous les raisonnemens de votre conseil, avant que de faire cette décision.

16°. Faites tout ce qui vous sera possible pour bien connoître les gens les plus importans, afin de vous en servir à propos.

17°. Tâchez que vos vice-rois et gouverneurs soient toujours espagnols.

18°. Traitez bien tout le monde ; ne dites

jamais rien de fâcheux à personne ; mais distinguez les gens de qualité et de mérite.

19°. Témoignez de la reconnoissance pour le feu roi, et pour tous ceux qui ont été d'avis de vous choisir pour lui succéder.

20°. Ayez une grande confiance au cardinal Porto-Carrero, et lui marquez le gré que vous avez de la conduite qu'il a tenue.

21°. Je crois que vous devez faire quelque chose de considérable pour l'ambassadeur qui a été assèz heureux pour vous demander et pour vous saluer le premier en qualité de sujet.

22°. N'oubliez pas Bedmar qui a du mérite, et qui est capable de vous servir.

23°. Ayez une entière créance au duc d'Harcourt ; il est habile et honnête homme, et ne vous donnera de conseils que par rapport à vous.

24°. Tenez tous les François dans l'ordre.

25°. Traitez bien vos domestiques, mais ne leur donnez pas trop de familiarité, et encore
moins

moins de créance. Servez-vous d'eux tant qu'ils seront sages; renvoyez-les à la moindre faute qu'ils feront, et ne les soutenez jamais contre les Espagnols.

26°. N'ayez de commerce avec la reine douairière que celui dont vous ne pouvez vous dispenser. Faites en sorte qu'elle quitte Madrid, et qu'elle ne sorte pas d'Espagne. En quelque lieu qu'elle soit, observez sa conduite, et empêchez qu'elle ne se mêle d'aucune affaire. Ayez pour suspects ceux qui auront trop de commerce avec elle.

27°. Aimez toujours vos parens; souvenez-vous de la peine qu'ils ont eue à vous quitter; conservez un grand commerce avec eux dans les grandes choses et dans les petites. Demandez-nous ce que vous auriez besoin ou envie d'avoir, qui ne se trouve pas chez vous; nous en userons de même avec vous.

28°. N'oubliez jamais que vous êtes françois; et, ce qui peut vous arriver, quand vous aurez assuré la succession d'Espagne par des enfans, visitez vos royaumes; allez à Naples et en Sicile; passez à Milan, et venez en Flandres: ce sera une occasion de nous revoir. En attendant visitez la Catalogne, l'Arragon et autres lieux. Voyez ce qu'il y aura à faire pour Ceuta.

29°. Jettez quelque argent au peuple quand vous serez en Espagne, et sur-tout en entrant à Madrid.

30°. Ne paroissez pas choqué des figures extraordinaires que vous trouverez; ne vous en moquez point; chaque pays a ses manières particulières; et vous serez bientôt accoutumé à ce qui vous paroîtra d'abord le plus surprenant.

31°. Evitez autant que vous pourrez, de faire des grâces à ceux qui donnent de l'argent pour les obtenir. Donnez à propos et libéralement; et ne recevez guère de présens, à moins que ce ne soit des bagatelles. Si quelquefois vous ne pouvez éviter d'en recevoir, faites en de plus considérables à ceux qui vous en auront donné, après avoir laissé passer quelques jours.

32°. Ayez une cassette pour mettre ce que vous aurez de particulier, dont vous aurez seul la clef.

33°. Je finis par un des plus importans avis

que je puisse vous donner. Ne vous laissez pas gouverner ; soyez le maître ; n'ayez jamais de favori ni de premier ministre ; écoutez, consultez votre conseil ; mais décidez. Dieu qui vous a fait roi, vous donnera les lumières qui vous sont nécessaires tant que vous aurez de bonnes intentions.

LETTRES

De Louis XIV au Roi d'Espagne, Philippe V, son petit-fils.

A Marly, le 27 juin 1701.

Vous verrez par ce que le courier vous dira de ma part, ce que je pense et ce que j'ai fait sur votre mariage et sur bien d'autres affaires, c'est pourquoi je ne vous en dirai rien dans cette lettre; les deux que j'ai reçues de vous sont du 2 et du 10 juin; je suis bien aise que vous ayez fait tout ce que je vous avois mandé, et vous verrez par ce qu'on vous dira de ma part ce que je crois utile au bien de vos affaires; j'attends avec impatience ce que vous m'avez promis de faire pour le marquis *de Castel-Dolrios*; ne perdez pas de temps pour me satisfaire sur ce que je vous demande;

j'ai fait partir un homme très-habile pour travailler à vos finances, j'espère qu'il vous sera utile dans les suites ; je ferai partir incessamment le *comte de Marsin* (a) pour soulager le *duc d'Harcourt* (b) et pour travailler conjointement avec lui pour le bien de vos affaires communes. Vous pourrez vous fier à lui et croire qu'il ne vous dira rien que je ne pense. Je suis bien en peine de ce que vous me mandez de votre conseil ; je crois que *d'Harcourt* (1) et *Marsin* vous seront d'un grand secours : vous devez vous fier à eux puisque je m'y fie, les connoissant comme je fais ; Finissez le plutôt que vous pourrez, le rang des ducs et des grands : cela sera d'une grande commodité. On travaille aux carosses, on les fait comme le *comte Daten* dit qu'ils doivent être, je crois qu'ils ne seront pas trop beaux ; pour ceux de la Reine, vous ferez de votre mieux ; on ne peut pas vous en en-

---

(a) Ferdinand, comte de Marsin, d'une famille liégeoise, mourut en 1706 de la suite des blessures qu'il reçut à la bataille de Turin, où il fut fait prisonnier.

(b) Henri, duc d'Harcourt, né en 1654. Il avoit été envoyé ambassadeur en Espagne en 1697.

voyer assez à temps pour servir à votre mariage ; je crois qu'il ne sera pas retardé bien long-temps par ce qu'on est obligé de faire pour obliger le duc de Savoye à exécuter son traité. Il ne me reste qu'à assurer V. M. de la tendre amitié que j'ai pour elle ; la suite du temps vous la fera encore mieux connoître.

Signé LOUIS.

A Meudon, le 13 juillet 1701.

Je vous envoie *Marsin* (2) pour demeurer auprès de vous ; il vous dira beaucoup de choses importantes dont je l'ai chargé, donnez-lui une entière créance, je me fie à lui, vous pouvez en faire de même et être persuadé qu'il ne vous proposera rien qui ne soit utile à nos intérêts communs. Je ne saurois finir sans assurer V. M. de ma tendresse, et lui dire que je souhaite avec toute l'ardeur dont je suis capable, de vous voir un aussi grand roi que vous pouvez l'être, si vous le voulez.

Signé LOUIS.

À PHILIPPE V.

A Marly, le 22 juillet 1701.

J'ai appris avec grand plaisir ce que vous avez fait pour le marquis de *Castel-Dolrios*, je vous en suis très-obligé ; je lui ai donné la nouvelle avec joie que vous l'avez fait Grand ; il a reçu cet honneur comme il le devoit. *Durasse* s'en va pour instruire le *duc d'Harcourt* de plusieurs affaires utiles à nos intérêts communs ; donnez attention à ce qu'il vous proposera, tâchez d'en profiter et me croyez plus tendre et plus plein d'amitié que jamais pour vous : j'oubliois de vous dire que le portrait que vous désirez est fait : vous devez m'être obligé du temps que j'ai donné pour vous plaire ; quand le tableau sera achevé on vous l'enverra sans perdre de temps.

Signé LOUIS.

A Marly, le 29 juillet 1701.

J'ai cru devoir différer votre mariage sur les avis que j'ai reçus du peu de sincérité du duc de Savoye (*a*) ; vous connoissez son ca-

---

(*a*) Philippe V épousa cependant Louise-Marie-Gabrielle de Savoye.

ractère ; j'avois écrit au marquis de *Castel-Rodrigue* de suspendre la négociation, j'ai appris depuis qu'elle étoit déjà finie ; ne vous étonnez pas cependant s'il fait naître quelque difficulté nouvelle à l'exécution ; je souhaite qu'il en trouve les moyens ; je n'ai d'autres vues que le bien de V. M., et de lui donner des marques de mon amitié en retardant de quelques mois, pour la rendre plus heureuse, la satisfaction qu'elle croit trouver dans son mariage ; il me paroît que vous ne devriez rien changer à votre départ de Madrid.

Signé LOUIS.

A Versailles, le 7 août 1701.

Vous jugez parfaitement du duc *Darcos*; il est de votre autorité de soutenir ce que vous avez réglé pour les honneurs réciproques entre les ducs et les grands. *Blecourt* vous dira mon avis à l'égard de celui qui vous a présenté ce mémoire ; il faut un exemple ; celui que vous avez fait sur un de vos grands est très-à-propos : le refus de l'investiture a dû vous faire de la peine, mais le ressentiment ne doit paroître que quand le bien de l'Etat le demande ; il faut l'éteindre ou le témoigner suivant les circonstances ; si l'effet ne suit immédiatement les menaces, elles sont presque inutiles ; il n'y a pas d'apparence que le Pape donne l'investiture de Naples à l'Archiduc ; il ne vient point en Italie ; j'avoue que la pensée que vous aviez me fait un sensible plaisir, elle est digne de votre sang et je souhaiterois que l'état de vos affaires et la saison vous eussent permis de l'exécuter, mais il ne faut pas y songer pour cette année; non seulement je consentirai que vous passiez au printems en Italie si la guerre dure encore, mais dès-à-présent je vous le conseille indépendamment de ce que l'Archiduc ou le Roi des Romains pourront faire : rien ne vous donnera plus de réputation et plus de gloire dans le monde, particulièrement dans vos royaumes ; gardez le secret de cette résolution si vous voulez qu'elle réussisse quand vous l'exécuterez ; vous gagnerez le cœur de vos sujets, vos ennemis seront forcés à vous estimer et à vous rendre justice ; que je serai heureux quand je vous verrai dans le haut point de gloire où j'espère que votre courage vous élevera ; je vous en aimerai davantage,

et mon estime se fortifiant, ma tendresse augmentera en vous voyant tel que je vous désire
et que je me persuade que vous serez.

Signé Louis.

A Versailles, le 21 août 1701.

Je renvoye votre courier et j'ai écrit à *Castel-Rodrigue* de conclure votre mariage ; vous apprendrez les raisons, le détail en seroit trop long à vous expliquer ; votre déférence à mes conseils augmente encore mon attention à vous les donner conformes à vos intérêts : celui d'aller en Italie au printemps prochain sera certainement de votre goût, je crois ce voyage nécessaire si la guerre continue ; mais je souhaite en même-temps qu'elle y soit terminée cette campagne ; je l'espère si le Maréchal de *Villeroi* exécute mes ordres comme j'ai lieu de le croire (a).

La guerre ne recommencera pas apparemment en Flandres cette année ; je vois avec

---

(a) Il les exécuta fort mal, puisqu'il fut fait prisonnier à Crémone le 1ᵉʳ. février 1702.

plaisir l'effet de votre amitié pour votre frère ; rien ne me peut toucher davantage que la continuation de cette union ; décidez en faveur de *Fernanonnes*, son zèle vous est connu, c'est une qualité principale et que vous devez fortifier dans le commencement de votre règne; je comprends que l'affaire du duc de *Monteleon* vous embarrasse : laissez agir le cardinal (*a*) comme archevêque de Tolède ; ne compromettez point votre autorité, on l'a trop engagée ; que cet incident vous serve à prendre du temps pour examiner ce qu'on veut vous faire signer dans votre despascho, hors les expéditions ordinaires ; je serai bien aise d'apprendre que *Marsin* y soit entré en l'absence du duc *d'Harcourt* ; vous jugez bien que je souhaite que votre voyage soit heureux et que les prospérités de V. M. répondent aux vœux que ma tendresse me fait faire pour vous.

Signé Louis.

―――――――――――

(*a*) Le cardinal Porto-Carrero, Archevêque de Tolède, qui avoit puissamment secondé Louis XIV dans l'affaire de la succession.

A Fontainebleau, le 2 octobre 1701.

Je persiste toujours dans la pensée que vous devez passer en Italie au printemps prochain; je suis persuadé que l'idée seule de ce voyage vous fait plaisir; j'aurai soin, puisque vous le souhaitez, de régler dans le temps tout ce que je croirai nécessaire pour la descente et pour la commodité de V. M.; il conviendra peut-être de publier bientôt votre passage; la nouvelle en sera vraisemblablement bien reçue et produira de bons effets en Italie; je vous avertirai quand je croirai qu'il sera temps de déclarer cette résolution qui vous fait honneur; vous pourrez l'exécuter dès le mois de mars; je crois vous faire plaisir en avançant le terme de deux mois; vous aurez apparemment attendu plusieurs jours la Reine à Barcelonne; j'espère que vous serez content de *Marsin*; il a vu que je préférois ses services auprès de vous à ceux qu'il me rendoit dans mes armées. La santé de la *duchesse de Bourgogne* est entièrement rétablie : je ne douterai jamais de votre bon naturel, je suis très-sensible aux sentimens que vous témoignez à l'égard de ceux que vous devez aimer; les miens pour vous sont tels que vous les méritez, et je ne puis vous exprimer plus fortement ma tendresse et mon amitié qui dureront toujours pour vous.

Signé LOUIS.

A Fontainebleau, le 12 obtobre 1701.

La navigation des galères a paru si fatigante à la Reine d'Espagne, et même si dangereuse dans cette saison, qu'elle souhaite d'achever son voyage par terre, depuis Marseille jusqu'à Barcelonne; j'y ai consenti, *Marsin* vous en rendra compte, et des ordres que j'ai donnés dans une conjoncture aussi imprévue. Vous serez peut-être bien aise de vous avancer, pour la recevoir, jusques à Geronne. Si vous voulez passer jusqu'à Perpignan, vous en serez le maître; il n'y a point de lieu dans mon royaume où V. M. ne soit regardée comme un fils que j'aime tendrement, et je suis persuadé qu'en cette qualité l'empressement de mes sujets vous fera plus de plaisir que les traitemens dus à votre rang.

Signé LOUIS.

A Versailles, le 6 février 1702.

J'ai reçu vos deux lettres du 7 et du 24 janvier. Quoique j'aie parlé à Louville (*a*) de plusieurs détails dont il vous rendra compte, je ne puis m'en rapporter uniquement à lui pour vous assurer de la joie que j'ai du parfait rétablissement de votre santé, et de la conclusion des états de Catalogne. Il étoit nécessaire de les terminer avant que de songer à passer en Italie. Vous laissez présentement l'Espagne tranquille; j'espère que Dieu bénira vos desseins, et vous fera trouver dans le cœur de vos sujets en Italie le même amour et le même empressement que les Catalans témoignent présentement à V. M. Il est inutile de vous dire combien je le souhaite, et vous devez croire qu'indépendamment de mon intérêt, je regarderois votre satisfaction et vos prospérités comme les miennes propres, par l'unique motif de tendresse que j'ai pour vous.

Je reçois encore votre lettre du 29; je n'ai

(*a*) Eugène d'Allonville, chevalier de Louville; né au château de ce nom, en Béarn, l'an 1671; il avoit suivi Philippe V en Espagne. Il fut brigadier de ses armées; il se retira en France, près d'Orléans, et y mourut en 1732.

qu'à louer les dispositions que vous faites pour la défense de vos états. Songez aux Indes; je me rapporte à ce que *Marsin* vous en dira de ma part.

Signé Louis.

A Versailles, le 26 février 1702.

Vous souhaitez avec trop d'empressement de passer en Italie, pour me laisser douter de la joie que mon consentement à ce voyage vous a donné. Le projet, le désir que vous avez conservés de l'exécuter, et la justice de votre cause, me font espérer que le succès en sera heureux. Vous n'oublierez rien pour la sûreté et pour le bon gouvernement de vos Etats; je le vois par les dispositions que vous faites et par les ordres que vous avez donnés. Les représentations que vous avez reçues lors de votre passage doivent être regardées comme un effet du zèle que les sujets de V. M. ont pour elle; mais elles ne contiennent aucune raison qui n'ait été bien examinée avant la résolution que vous avez prise. J'espère que votre dernière indisposition étant présentement finie, vous jouirez désormais d'une parfaite santé; on m'a épargné l'inquiétude que cette maladie m'auroit causée, en m'apprenant en même-temps votre guérison. Je suis également sensible à tout ce qui vous regarde, et ma tendresse particulière pour vous se fait connoître en toutes occasions.

Signé LOUIS.

A Marly, le 3 mars 1702.

J'ai considéré votre seule satisfaction, lorsque j'ai approuvé le dessein que vous avez de conduire avec vous la Reine à Naples ; mais mon amitié pour vous ne me permet pas de vous taire les inconvéniens que je prévois à lui faire entreprendre ce voyage. Si je vous aimois moins, ma complaisance n'auroit point de bornes ; je supprimerois les conseils de père, lorsqu'ils seroient contraires à ce que vous désirez. La tendresse que vous avez pour la Reine vous fait désirer de ne vous point séparer d'elle : mais vous devez, par la même raison, considérer à quelles incommodités vous l'exposez, en lui faisant entreprendre un trajet de mer aussi considérable que celui qu'il faut faire pour passer

passer à Naples. Si son amitié pour vous lui ferme les yeux sur les suites fâcheuses qu'elle en doit craindre, vous êtes obligé d'y faire encore plus d'attention, et d'assurer votre commun bonheur, en songeant à la conservation de sa santé. Vous savez combien elle a souffert des fatigues de la mer, seulement depuis Nice jusqu'à Toulon ; vous pouvez juger de celles d'un voyage infiniment plus long, où la commodité de se rendre tous les jours à terre est absolument interdite. Au lieu de la satisfaction que vous vous proposez l'un et l'autre à faire ensemble ce voyage, vous vous préparez des sujets continuels de tourmens et d'inquiétude. Je les borne sur mer à la mauvaise santé de la Reine, et j'espère que vous n'essuyerez aucun péril ; mais après votre arrivée à Naples, vous regretterez bien des fois d'avoir pris la résolution de l'y conduire. Si les esprits sont encore agités, que ne craindrez-vous pas pour elle, et pourrez-vous la laisser dans cette ville pour aller vous mettre à la tête des armées en Lombardie ? demeurerez-vous à Naples uniquement pour la Reine, quand vous passez en Italie pour la défense de vos Etats ?

Si tout est tranquille à Naples, il ne vous convient pas d'y faire un long séjour ; la Reine aura fait un voyage très-pénible pour demeurer seulement peu de jours avec vous; vous la laisserez ensuite exposée à tous les périls que vous craindrez pour elle pendant le cours de la campagne, ou du soulèvement des peuples, ou des entreprises des Anglois et des Hollandois dans la Méditerranée. Que V. M. fasse réflexion sur la juste inquiétude qu'elle auroit si leur flotte venoit à bombarder Naples. Si la Reine étoit obligée d'en sortir, que n'auriez-vous pas à craindre pour elle de l'émotion des peuples dans une pareille conjoncture? Considérez l'embarras où vous serez, après la campagne finie, pour retourner avec elle en Espagne. Il est impossible de juger certainement du temps que vous serez obligé de demeurer en Italie. Vous ne quitterez apparemment l'armée que lorsque la saison sera contraire à toute navigation, principalement à celle des galères. Il vous seroit également difficile de passer à Naples pour aller chercher la Reine, et de la faire venir à Milan pour retourner ensemble en Espagne. Le seul parti que vous auriez à prendre seroit de la renvoyer en Espagne dans le temps que vous partiriez de Naples; ainsi, vous l'auriez obligée à un voyage aussi fatigant qu'inutile, pour demeurer seulement quelque temps de plus avec vous, et vous serez contraint d'employer pour son retour, les mêmes vaisseaux dont vous pourrez vous servir utilement à Naples.

Le projet que V. M. entreprend est trop grand pour embarrasser son exécution par de nouvelles difficultés ; il vous convient de passer sans beaucoup d'équipages lorsque vous allez vous-même défendre vos états ; mais il est contre la bienséance que la Reine marche sans l'accompagnement nécessaire à son rang. Le dessein de la mener avec vous est regardé à Madrid comme l'effet d'une résolution prise d'abandonner l'Espagne à la maison d'Autriche. Cette raison seule suffiroit pour vous obliger à laisser la Reine dans ce royaume ; elle vous donnera des marques bien plus sensibles de son amitié, en contenant, par sa présence, les peuples d'Espagne dans le devoir, qu'en s'exposant, pour vous suivre, aux périls et aux incommodités de la mer ; elle a trop de raison pour ne le pas comprendre lorsque vous lui montrerez ma lettre. Vous devez avoir assez de force sur vous-même pour lui demander, comme une preuve essentielle de sa tendresse, ce que vous pourriez obtenir par autorité. Vous consolerez vos fidèles sujets d'Espagne ; ils attendront votre retour avec confiance ; les artifices de vos ennemis ne pourront ternir votre gloire, en faisant regarder comme une fuite votre départ pour aller défendre vos états. Vous savez apparemment que c'est ainsi qu'ils en parlent.

On diroit inutilement que l'espérance d'une prochaine succession vous oblige à mener la Reine avec vous. On sait qu'elle n'est pas encore en état que nous puissions nous en flatter ; si elle pouvoit bientôt vous donner des enfans, seroit-il de la prudence de l'exposer pendant une grossesse aux fatigues d'un long voyage par mer, et conviendroit-il que l'héritier de vos royaumes naquît hors de l'Espagne. J'entre dans ces détails, persuadé qu'il faut des raisons bien pressantes pour surmonter la peine que la Reine et vous aurez à vous séparer. Je n'espérerois pas même de la convaincre, si son esprit solide n'étoit aussi avancé qu'il l'est au-dessus de son âge ; elle doit s'en servir pour se dire elle-même qu'ayant autant d'années que vous en avez vraisemblablement à passer ensemble, ce n'est pas un malheur d'être séparés pour quelques mois, quand il y va de votre gloire, de la consolation de vos peuples, et de la conservation de vos Etats.

Je crois que pendant votre absence vous devez fixer le séjour de la Reine à Saragosse comme à Madrid ; *Marsin* vous en parlera de ma part. Je souhaite que Dieu, en bénissant vos justes desseins, elle vous revoie bientôt plein de gloire, et victorieux de vos ennemis.

Ce que je vous marque est le pur effet de mon amitié, et vous devez suivre mes conseils : il vaut mieux encore que vous n'alliez point en Italie que d'y mener la Reine ; vous en voyez les raisons, je les ai toutes pesées. J'espère que vous prendrez le bon parti, et que vous passerez seul.

Signé Louis.

A Versailles, le 20 avril 1702.

La nouvelle que vous me donnez de votre départ me fait espérer d'en recevoir bientôt de votre arrivée à Naples ; je l'attends avec impatience ; et je ne puis être indifférent à la gloire et à la satisfaction de V. M. Elle sait que le cardinal *de Janson* (*a*) doit se rendre auprès

---

(*a*) Toussaint de Forbin, connu sous le nom de Cardinal de Janson. Il avoit été d'abord Ambassadeur

d'elle; il l'informera de l'état des affaires de Rome, vous connoissez la liaison qu'elles ont avec celles de l'Italie; je m'en rapporte à ce qu'il vous en dira, et je vous assurerai seulement que ma tendresse pour vous est telle que vous la méritez et que vous pouvez la désirer.

Signé LOUIS.

A Versailles, le 24 avril 1702.

J'ai examiné les différentes propositions que l'on vous a faites sur la manière d'établir la régence de la Reine pendant votre absence. La meilleure de toutes me paroît être celle de laisser la junte telle que vous l'avez formée, avec la seule différence que la Reine présidera avec la voix d'honneur, et que les expéditions se feront en son nom seul, quoique les résolutions ayent été prises à la pluralité des voix. Je le marque plus en détail à *Marsin*, à *Blecour*, et l'on en instruit aussi madame la marquise

---

en Pologne où il décida l'élection de Jean Sobieski qui en retour lui fit avoir le chapeau. Le cardinal de Janson fut Grand-Aumonier de France en 1706. Il mourut en 1723 à 83 ans.

des Ursins. J'ai fait écrire au sieur *de Baville* (a) d'acheter en Languedoc les mulets; le cardinal Porto Carrero a pris les mesures nécessaires pour fournir régulièrement à la dépense de votre maison; je ne doute pas qu'il n'exécute ce qu'il vous promet. Pressez de veiller attentivement à la sûreté de vos côtes d'Espagne et à celle de Cadix; le principal objet de vos ennemis est de les attaquer. Je crois que vous êtes présentement en mer; je prie Dieu de bénir votre voyage. Comme vous n'avez en vue que le bien de vos peuples, j'espère que les succès seront tels que vous le souhaitez encore plus pour la tendre amitié que j'ai pour vous, que par l'étroite union de nos intérêts.

Je reçois encore votre lettre du premier du mois; j'apprends avec plaisir la résolution que vous avez prise d'envoyer la toison au duc *d'Harcourt* et au comte *d'Ayen*, et vous devez être bien assuré du zèle de vos sujets pour le service de V. M. J'espère que ce voyage augmentera les raisons que j'ai de vous estimer, mais elles ne peuvent rien ajouter à ma tendresse pour vous.

. *Signé* LOUIS.

―――――――――――――――

(a) Intendant de Languedoc.

A Marly, le 1ᵉʳ. mai 1702.

J'ai appris avec beaucoup de joie votre heureuse navigation, et le duc *de Descalone* m'a fait un sensible plaisir de m'annoncer la nouvelle de votre arrivée à Naples : un passage aussi prompt est un commencement de bonheur, qui sera suivi de succès encore plus heureux, au moins je l'espère des bénédictions que Dieu répandra sur V. M., et je souhaite que ses sujets pensent de même. Je suis persuadé qu'elle se fera aimer de manière qu'ils ne désireront ni le roi des Romains, ni l'Archiduc, et que les peuples seront fidèles, autant par inclination que par devoir.

Vous devez être assuré de l'égard que j'aurai à la recommandation que vous me faites en faveur des officiers généraux qui ont servi à votre passage ; vous savez, comme Roi, ce que je peux accorder aux demandes que vous me faites comme mon petit-fils. Si je consulte seulement ma tendresse pour vous, il n'y aura rien que je puisse refuser à la qualité que votre naissance vous donne. J'ai permis au comte *d'Estrées* d'accepter la grâce que vous lui voulez faire ; elle m'est très-sensible, il la mérite, et pour ses services et pour ceux de sa maison, et j'ordonne à *Marsin* de vous en remercier de ma part. Je me rapporte à ce qu'il vous dira sur l'état présent des affaires, et je vous assurerai seulement de la tendre amitié que j'ai pour vous.

Signé LOUIS.

A Versailles, le 21 juin 1702.

J'ai reçu la lettre que vous m'avez écrite en partant de Naples, et j'attends avec impatience la nouvelle de votre arrivée à Gênes ou à Final; je devrois même l'avoir reçue si votre navigation a été aussi heureuse que j'avois lieu de le croire suivant les dernières lettres; j'apprends avec plaisir que V. M. soit contente des troupes françoises que j'ai envoyées à Naples, et que les Napolitains se louent de leur conduite. Je souhaiterois que vous fussiez aussi assuré de vos sujets que vous le devez être des miens dans les lieux où ils seront employés, mais ne vous étonnez pas du désordre que vous trouvez dans vos troupes, et du peu de confiance que vous pouvez prendre en elles : il faut un long règne et de grands soins pour établir l'ordre et assurer la fidélité de différens peuples éloignés et accoutumés à obéir à une maison ennemie de la vôtre ; il est essentiel pour vous de connoître leurs dispositions, et il est de votre prudence de vous mettre en état de corriger le mal avant que de faire voir que vous le savez ; vous avez raison de compter sur les François plus que sur toute autre nation, mais ne le témoignez pas de manière que vous éloigniez encore les Espagnols par la jalousie qu'ils auroient de cette préférence : il faut beaucoup de sagesse, et vous avez besoin de bien des grâces de Dieu pour conduire des peuples de génie différent, et tous difficiles à gouverner. Il faut que la campagne soit glorieuse pour obliger le Pape à vous donner l'investiture ; vous avez parfaitement bien fait de n'en rien dire au légat, il ne vous convient pas de la solliciter : l'intelligence n'en paroîtra pas moins bonne entre le Pape et vous ; je crois que vous avez bien vu l'importance dont il est que vos sujets soient persuadés qu'elle est très-étroite. Je vous remercie de la statue que vous me destinez ; quand la beauté ne répondroit pas à la réputation, il me suffiroit qu'elle vient de vous.

Signé LOUIS.

A Versailles, le 29 décembre 1701.

Tout ce que le comte *de Marsin* m'a dit de vous m'a fait un extrême plaisir, car je sais que, quelque reconnoissance qu'il aye de la manière dont vous l'avez traité, il ne vous auroit jamais loué aux dépens de la vérité ; il ne pouvoit me rendre des services plus agréables que ceux qu'il m'a rendus auprès de V. M., et la satisfaction qu'elle en témoigne, sera toujours la plus forte recommandation qu'il puisse avoir.

J'ai reçu les lettres que vous m'avez écrites, et par votre nourrice et par le sieur *Candau* ; je suis très-sensible aux assurances que vous me donnez en toutes occasions de votre tendresse, et je crois que vous ne doutez pas que celle que j'ai pour vous ne soit aussi vive.

Signé LOUIS.

Je ferai *Marsin* chevalier de l'ordre.

A Versailles, le 29 décembre 1701.

Mon   m'a rendu votre lettre du 1er. de ce mois ; il ne peut avoir de plus forte recommandation auprès de moi que la satisfaction que vous temoignez de ses services ; je l'ai entretenu, et vous devez croire que je parle toujours avec plaisir à ceux que je sais être particulièrement instruits de ce qui vous regarde ; j'approuve le dessein que vous avez d'augmenter le nombre de vos mousquetaires, rien ne vous doit empêcher de l'exécuter. Il ne faut pas que V. M. diffère à l'armer de toutes manières : c'est l'unique moyen d'établir votre autorité, mais soutenez-la, je vous prie, en décidant et en faisant voir que vous êtes le maître ; parlez aussi s'il est possible plus que vous ne faites à vos sujets, c'est un effort qu'il est essentiel que vous fassiez sur vous-même : je ne vous en avertirois pas si la tendre amitié que j'ai pour vous, ne me donnoit une attention très-vive à tout ce qui a rapport à vous.

Signé Louis.

A

J'ai pu douter de votre fermeté, sans rien diminuer de la bonne opinion que j'ai de vos sentimens ; je sais quelle est votre tendresse pour la Reine; j'ai compris la peine que vous auriez à vous séparer d'elle, votre amitié doit être encore augmentée par les marques qu'elle vous donne de la sienne; c'est vous aimer véritablement que de préférer votre gloire à sa propre satisfaction : la résolution que vous prenez l'un et l'autre mérite autant de louanges qu'elle est conforme à vos intérêts. Regardez présentement votre mariage comme le plus grand bonheur de votre vie : la complaisance de la Reine, la force de sa raison ne sont pas moins rares, qu'il est extraordinaire de trouver toutes ces qualités dans une personne de son âge. Vous ne pouviez m'apprendre des nouvelles plus agréables, et j'avoue que ma tendresse, déjà si vive pour V. M. et pour elle, est encore augmentée. La lettre que vous avez écrite au cardinal Porto est admirée. Je ne crains point de vous donner trop bonne opinion de vous-même, je souhaite au contraire que vous l'ayez telle que vous le devez et que je l'ai de vous. Quelque particulière que soit mon amitié pour vous, je sais qu'elle ne m'aveugle point, et je vois avec un sensible plaisir, pour toutes vos actions, que je vous rends justice; je prie Dieu qu'il vous comble de toutes ses bénédictions; je le remercierai comme répandues sur moi-même.

Je reçois encore votre lettre du 14, il est nécessaire que vous conserviez le prince de *Vaudemont* gouverneur du Milanois. Je me rapporte à ce que *Marsin* vous en dira; ainsi je ne donnerai aucun ordre au sieur *Bonchu* pour vos équipages.

Signé LOUIS.

LETTRE

De madame de Maintenon à Philippe V.

Je suis confuse et bien reconnoissante de la bonté de V. M., d'avoir donné un moment de son attention à la maladie que j'ai eue, et de vouloir m'assurer elle-même quelle est bien aise du retour de ma santé. Je puis bien dire avec vérité à V. M. qu'elle n'a personne plus attaché à elle que je le suis, et que je m'intéresse dans les grandes affaires de V. M., et dans les plus petites. Son divertissement ne m'est point indifférent, et j'avois pris de grands soins de bien instruire madame la maréchale *d'Harcourt* pour qu'elle y contribuât de tout son pouvoir: j'espère que V. M. trouvera de la joie avec la Reine qu'on dit être pleine d'esprit, et madame la princesse *des Ursins* est très-propre à aider V. M. à la former. Il ne faut pas que la bonté de V. M. l'abandonne à faire sa volonté, comme la bonté du roi a abandonné madame la princesse de *Bourgogne* qui a tant mangé et tant veillé qu'elle en a été à la mort; je me souviens que V. M. disoit un jour dans mon cabinet, qu'il falloit contraindre la jeunesse : voici le temps de mettre cette maxime en pratique; ces deux princesses ont été très-bien élevées et fort retenues, de sorte que la nôtre s'est livrée à la liberté qu'on lui a laissée, et a abusé de son bon tempérament; mais, Sire, si sa maladie a dû être regardée comme un effet du déréglement de la vie qu'on faisoit, elle a d'ailleurs été bien honorable à notre princesse qui y a fait voir toute la religion qu'on peut désirer; elle voulut se confesser, et le fit dans des dispositions et avec un courage et une résignation qui n'est pas de son âge; sa raison et sa patience n'étoient pas moins surprenantes dans un naturel si vif : mais il ne faut pas parler de mort sans dire à V. M., qui l'aura bien appris d'ailleurs, que nous en venons de voir une qui a réjoui le ciel, et édifié tous ceux qui en ont été témoins; je ne parle pas seulement des gens de bien, mais les plus libertins de la cour ne voyoient point le roi d'Angleterre sans étonnement; il a été six jours sans qu'on pût rien espérer pour sa vie, tout le monde le voyoit, il communia deux fois, il parla à son fils, à ses domestiques catholiques, aux protestans, à notre Roi, à la Reine, et à toutes les personnes de sa connoissance; mais tout cela avec une présence d'esprit, une paix, une joie, un zèle, une fermeté, une simplicité dont tout le monde revenoit charmé. Quand on ouvrit son corps les médecins et les chirurgiens prenoient quelque chose pour en faire des reliques; les gardes trempoient leurs mouchoirs dans son sang, les autres faisoient toucher leurs chapelets. Je crains d'abuser de la patience de V. M. à qui on a peut-être mandé toutes ces particularités; votre piété, Sire, vous les fera goûter, nous savons qu'elle la conserve, et qu'elle ne perd pas d'occasion d'en donner des marques. Je n'ai point d'avis à donner à V. M., il ne revient d'elle qu'une conduite qui passe ce qu'on pouvoit en attendre; nous n'avons à lui souhaiter que plus de secours jusqu'à ce qu'elle puisse faire par elle-même; le roi voit avec beaucoup de peine que le maréchal *d'Harcourt* ne revient point de sa maladie, c'est un homme à conserver, et qui peut rendre de grands services à V. M. J'espère que le portrait du roi partira bientôt; nous n'en avons point ici qui en approche ; tout le monde, Sire, vous porte ici dans son cœur ; on passe bien des heures à parler de V. M., et on envie le bonheur de l'Espagne ; Dieu veuille qu'elle le connoisse, et combler V. M. de toutes sortes de bénédictions.

Signé MAINTENON.

LETTRE

A M. SEIGNELAY.

Si les ennemis vouloient faire une descente en Normandie, Picardie et Boulonnois, en ce cas seul je vous permets de faire entrer mes vaisseaux dans la Manche, pour les combattre et pour empêcher leur dessein, à quelque prix que ce soit.

Mandez-moi souvent des nouvelles; quoiqu'elles ne soient pas toutes importantes, elles ne laissent pas de me faire plaisir.

Si vous vous mettez en mer, envoyez-moi souvent des nouvelles par des barques qui pourront venir aux côtes voisines.

Faites tout avec prudence, patience et sagesse, et ne précipitez rien dont on puisse se repentir.

Montrez cette lettre à *Tourville*, afin qu'il ne puisse douter de mes intentions, et que cela lui serve pour la conduite qu'il devra tenir quand vous ne serez plus sur mes vaisseaux.

Demeurez tant que vous croirez être nécessaire, et voyez ce qui se passera d'important pour me rendre un compte exact de ce que chacun aura fait.

Vous n'avez rien à craindre de l'absence ; soyez assuré que je suis très-content de vous, et que je compte plus sur les services que vous me rendez où vous êtes, que si vous étiez auprès de ma personne.

PROJET DE HARANGUE.

J'ai soutenu cette guerre avec la hauteur et la fierté qui convient à ce royaume ; c'est par la valeur de ma noblesse et le zèle de mes sujets que j'ai réussi dans les entreprises que j'ai faites pour le bien de mes états. J'ai donné tous mes soins et toute mon application pour y parvenir. Je me suis aussi donné les mouvemens que j'ai crus nécessaires pour remplir mes devoirs, et pour faire connoître l'amitié et la tendresse que j'ai pour mes peuples, en leur procurant par mes travaux une paix qui les mette en repos le reste de mon règne, pour ne penser plus qu'à leur bonheur.

Après avoir étendu les limites de cet empire, et couvert mes frontières par ces importantes places que j'ai prises ; j'ai écouté les propositions de paix qui m'ont été faites, et j'ai peut-être passé en ce rencontre les bornes de la sagesse, pour parvenir à un aussi grand ouvrage. Je puis dire que je suis sorti de mon caractère, et que je me suis fait une violence extrême pour procurer promptement le repos à mes sujets, aux dépens de ma réputation, ou du moins de ma satisfaction particulière, et peut-être de ma gloire, que j'ai bien voulu hazarder pour l'avantage de ceux qui me l'ont fait acquérir. J'ai cru leur devoir cette reconnoissance. Mais voyant à cette heure que nos ennemis les plus emportés n'ont voulu que m'amuser, et qu'ils se sont servis de tous les artifices dont ils sont capables pour me tromper, aussi bien que leurs alliés, les obligeant à fournir aux dépenses immenses que demande leur ambition déréglée, je ne vois plus de parti à prendre, que celui de songer à nous bien défendre, en leur faisant voir que la France bien unie est plus forte que toutes les puissances rassemblées avec tant de peine par force et par artifice pour l'accabler. Jusqu'à cette heure j'ai mis en usage les moyens extraordinaires dont en pareilles occasions on s'est servi, pour avoir des sommes proportionnées aux dépenses indispensables pour soutenir la gloire et la sureté de l'Etat. Présentement que toutes les sources sont quasi épuisées, je viens à vous pour vous demander vos conseils et votre assistance en ce rencontre, où il ira de notre salut pour les efforts que nous ferons pour notre union ; nos ennemis connoîtront que nous ne sommes pas en l'état qu'ils veulent faire croire, et que nous pourrons par le secours que je vous demande, le croyant indispensable, les obliger à faire une paix honorable pour nous, durable pour notre repos et convenable à tous les princes de l'Europe. C'est à quoi je penserai jusqu'au moment de la conclusion, même dans le plus fort de la guerre, aussi bien qu'au bonheur et à la félicité de mes peuples qui ont fait et feront jusqu'au dernier moment de ma vie ma plus grande et ma plus sérieuse application (a).

(a) Ce projet de harangue est écrit sans aucune indication d'époque.

NOTES.

Année 1667.

(1) *Pour remédier aux désordres qui arrivoient ordinairement dans Paris, j'en voulus rétablir la police, etc.*

Paris, à l'époque où Louis XIV prit le gouvernement, étoit presque sans police. Il s'y faisoit un nombre infini de vols; et comme les rues n'étoient point éclairées, il n'y avoit aucune sûreté à sortir le soir. Le pavé négligé depuis long-temps étoit rompu dans beaucoup d'endroits, ce qui joint au peu de pente qu'avoient les rues, empêchoit l'écoulement des eaux, et rendoit la ville extrêmement boueuse.

En 1664, on commença à paver avec des pierres plates, ce qui coûta des sommes immenses. Auparavant, le pavé n'étoit formé que de cailloux posés en pointe. Les rues furent éclairées par un très-grand nombre de lanternes ; on doubla le guet, et on établit un réglement très-sévère sur le port d'armes et sur les gens sans aveu ; mais ce qui contribua surtout à établir l'ordre, ce fut la création d'un magistrat particulier pour la police. Louis XIV. sépara la charge de lieutenant civil de celle de lieutenant de police, qu'il créa en faveur de Nicolas-Gabriel de la Reynie, homme vigilant et ferme, qui remplit si habilement sa charge, que peu de temps après on put marcher en sûreté dans les rues, à toute heure de nuit. On sait que le successeur de M. de *la Reynie* fut un homme du plus grand mérite. M. *d'Argenson* perfectionna ce que M. de *la Reynie* avoit créé, et la police de Paris devint le modèle des autres polices.

(2) A l'égard du réglement général pour la justice dont je vous ai déjà parlé, voyant un bon nombre d'articles rédigés dans la forme que j'avois désirée, je ne voulus pas priver plus long-temps le public de ce soulagement, etc.

L'année 1667 fut à-la-fois l'époque de ses premières loix et de ses conquêtes. L'ordonnance civile parut d'abord ; ensuite le code des eaux et forêts, puis des statuts pour toutes les manufactures ; l'ordonnance criminelle ; le code du commerce; celui de la marine: tout cela suivit d'année en année.

Une connaissance approfondie de la jurisprudence (ajoute Voltaire) n'est pas le partage d'un souverain ; mais le Roi était instruit des loix principales ; il en possédait l'esprit, et savait ou les maintenir ou les mitiger à propos. Il jugeait souvent les causes de ses sujets, non-seulement dans le conseil des secrétaires d'état, mais dans celui qu'on appelle le conseil des parties. Il y a de lui deux jugemens célèbres, dans lesquels sa voix décida contre lui-même.

Dans le premier, en 1680, il s'agissait d'un procès entre lui et des particuliers de Paris, qui avaient bâti sur son fonds. Il voulut que les maisons leur demeurassent avec le fonds qui lui appartenait, et qu'il leur céda.

L'autre regardait un persan nommé *Roupli*, dont les marchandises avaient été saisies par les commis de ses fermes, en 1687. Il opina que tout lui fût rendu, et y ajouta un présent de trois mille écus.

VOLTAIRE, *Siècle de Louis XIV*, tome III.

Me souvenant de ce que *la Feuillade* avoit fait en Hongrie, je consentis à faire passer en sa personne la qualité de duc de Roannois, etc.

Léopold ayant demandé du secours à Louis XIV contre les Turcs, il lui envoya quatre mille hommes de pied et deux mille chevaux. Le marquis de *Coligni* commandoit ces troupes, et le comte de *la Feuillade* étoit son maréchal de camp. Ils joignirent l'armée de l'Empereur au mois de juin 1664. *La Feuillade* se distingua particulièrement à la journée de Saint-Godard où il enfonça les janissaires. Il décida du gain de cette bataille, où les Turcs perdirent plus de huit mille hommes.

M. de *la Feuillade* fut comblé des grâces de *Louis XIV*. Il avoit été long-temps sans lui plaire, et plus long-temps encore sans en rien obtenir. En voici une preuve assez curieuse ; c'est M. l'abbé de *Choisy* qui parle.

Je vais rapporter ici une chose assez singulière de M. de *la Feuillade* ; il étoit fort ami de ma mère, et en lui parlant il l'appeloit toujours ma bonne amie. Un jour, à Saint-Germain, ma mère étant logée à l'hôtel de Richelieu, *la Feuillade* entra dans sa chambre ;

j'étois au chevet du lit de ma mère, qui me faisoit écrire à la reine de Pologne. Il fit sortir *Marion* sa femme de chambre, ferma la porte et commença à se promener à grands pas, comme un furieux; il jeta son chapeau par terre, et disoit tout haut, non, je n'y puis plus tenir, je suis percé de coups; j'ai eu trois frères tués à son service; il sait que je n'ai pas un sol, et que c'est *Prudhomme* qui me fait subsister, et il ne me donne rien. Adieu, ma bonne amie, disoit-il en s'adressant à ma mère qui étoit dans son lit: adieu, je m'en vais chez moi, et j'y trouverai encore des choux. Ma mère lui dit: Vous êtes fou, ne connoissez-vous pas le Roi? c'est le plus habile homme de son royaume; il ne veut pas que les courtisans se rebutent; il les fait quelquefois attendre long-temps, mais heureux ceux dont il exerce la patience, il les accable de bienfaits: attendez encore un peu, et il vous donnera assurément, puisque vos services méritent qu'il vous donne. Mais au nom de Dieu, redoublez d'assiduité, paroissez gai, demandez tout ce qui vaquera. Si une fois il rompt sa gourmette de politique, s'il vous donne une pension de mille écus, vous êtes grand-seigneur avant qu'il soit deux ans. Il la crut, fit sa cour à l'ordinaire et s'en trouva bien ; sa fortune égala celle de monsieur de la Rochefoucault.

(4) Je leur voulus donner une égale terreur de tous côtés, afin qu'étant obligés de partager dans un grand nombre de garnisons le peu de forces qu'ils avoient, ils demeurassent partout également foibles.

Le Roi ne communiqua son dessein à Turenne que quelques jours avant son départ. Son armée étoit nombreuse, celle d'Espagne étoit très-foible ; à peine M. *de Marsin* qui la commandoit put-il mettre cinq ou six mille hommes sur pied.

Charleroy fut pris le 2 juin, Bergues se rendit le 6 au maréchal *d'Aumont* qui commandoit un camp volant ; Furnes tint trois jours et se rendit le 12 au même ; Ath fut pris le 18.

Le Roi prit le 24 la ville de Tournay ; la citadelle se rendit le lendemain ; Douay et le fort de Scarpe tombèrent en son pouvoir le 6 juillet ; le 18 la citadelle de Courtray se rendit au maréchal *d'Aumont* après trente heures de tranchée ouverte ; le 31 Oudenarde se rendit.

Le 17 août le Roi prit Lille après neuf jours

de tranchée ouverte ; ce fut l'action la plus remarquable de la campagne ; cette place avoit une garnison de plus de six mille hommes ; quelques jours auparavant il avoit été repoussé devant Dendermonde, et il l'avoit abandonné par les raisons qu'il développe ici.

Le 31 août, M^{rs}. *de Créqui* et *de Bellefonds*, détachés de l'armée du Roi, attaquèrent et mirent en déroute, près du canal de Bruges, six mille chevaux ennemis commandés par le comte *de Marsin* et par le prince *de Ligne* qui s'étoient avancés pour tenter de secourir Lille ; on leur tua peu de monde, mais on leur fit beaucoup de prisonniers ; M. *de Marsin* se sauva à pied au travers des marais.

Cette campagne, dit Voltaire, faite au milieu de la plus grande abondance, parut le voyage d'une cour ; la bonne chère, le luxe et les plaisirs s'introduisirent alors dans les armées, dans le même temps que la discipline s'affermissait ; les officiers faisaient le devoir militaire beaucoup plus exactement, mais avec des commodités plus recherchées ; le maréchal *de Turenne* n'avait eu long-temps que des assiettes de fer en campagne; le marquis *d'Humières* fut le premier, au siége d'Arras en

1667, qui se fit servir en vaisselle d'argent, à la tranchée, et qui fit manger des ragoûts et des entremets ; mais dans cette campagne de 1667 où un jeune Roi, aimant la magnificence, étalait celle de la cour dans les fatigues de la guerre, tout le monde se piqua de somptuosité et de goût dans la bonne chère, dans les habits, dans les équipages.

(*Siècle de Louis XIV.*)

(5) Je résolus d'attaquer aussitôt après une de leur meilleures places, et je me déterminai, par mon propre sentiment, à choisir Lille.

Louis XIV s'exposa beaucoup à ce siége ; un page de la grande écurie fut tué derrière lui dans la tranchée. Un soldat le voyant exposé le prit brusquement par le bras et le retira en arrière en lui disant : Est-ce-là votre place ? Le vieux *Charost*, capitaine des gardes, croyant s'apercevoir qu'il hésitoit, lui ôta son chapeau garni de plumes et trop remarquable ; puis lui mettant le sien sur la tête et se penchant vers son oreille lui dit : Sire, le vin est tiré, il faut le boire. Le Roi l'entendit, demeura dans la tranchée et lui en sut toujours gré.

Le gouverneur de Lille sachant qu'il n'y

avoit point de glace au camp, en envoyoit tous les jours au Roi, qui dit au gentilhomme qui venoit en présenter : *priez monsieur le gouverneur de m'en envoyer un peu davantage.* Sire, répondit gravement l'Espagnol, il la ménage, parce qu'il espère que le siége sera long, il apréhende que V. M. n'en manque ; et il tira sa révérence. *Dites à M. de Brouay*, lui cria Charost, *qu'il n'aille pas faire comme le gouverneur de Douay qui s'est rendu comme un coquin. Etes-vous fou, Charost,* lui dit le Roi. *Comment Sire*, répliqua-t-il, *Brouay est mon cousin.*

(6) Mais il arriva dans le même temps que la flotte des Hollandois entra dans la Tamise.

Le 22 juin, les Hollandois sous les ordres de *Ruyter* et de *Corneille de With*, entrèrent dans la Tamise avec 70 vaisseaux de guerre et 16 brûlots, ayant su que les Anglois avoient abandonné le fort de Sheerness, situé sur la pointe de la rivière de Chatam, où il y avoit 50 pièces de canon, des mâts, des vergues et des antennes pour plus de trois ou quatre tonnes d'or (dit le père d'Avrigny) ; ils brûlèrent ce qui ne put être emporté. Le lendemain ils attaquèrent

quèrent les vaisseaux qui étoient sur la rivière ; ils en prirent cent et en brûlèrent dix ou douze.

(7) Vers la fin de cette année, il arriva, dans cet État, une révolution qui rompit toutes mes mesures.

Don Alphonse, roi de Portugal, avoit épousé en 1666 Marie-Françoise-Isabelle de Savoye, qu'on appeloit alors Mlle. d'Aumale. Ce prince qui étoit impuissant, avoit formé le projet de prostituer la Reine à un de ses favoris. Cette princesse ayant eu connoissance de ce dessein, se retira le 11 novembre 1667, au couvent de l'Espérance, d'où elle écrivit à don Alphonse pour lui déclarer l'intention où elle étoit de retourner en France, et pour lui redemander ses biens, ajoutant qu'il savoit très-bien qu'elle n'étoit pas sa femme. Alphonse fut d'abord furieux ; mais le lendemain la Reine ayant déclaré publiquement la cause de sa retraite, les grands résolurent de déposséder Alphonse ; on l'arrêta dans sa chambre, et autant il avoit montré d'emportement la veille, autant alors il se montra lâche et pusillanime. Il signa sur-le-champ, sans résistance, son abdication en faveur de don Pèdre son frère, qui prit seulement le titre de Régent du royaume ; mais qui, peu de temps après, épousa Mlle *d'Aumale*, dont le mariage avec *Alphonse* fut déclaré nul. Don *Alphonse* fut confiné aux îles Tercères.

Année 1778.

(1) Et attaqua le duc de Luxembourg, quoiqu'il sût ce qui avoit été conclu, etc.

Le prince d'Orange attaqua le maréchal de Luxembourg à Saint-Denis, près de Mons. Il étoit déjà maître de Casthone, qu'on ne savoit encore rien de sa marche dans l'armée du maréchal. Il força ensuite Saint-Denis ; mais nos troupes s'étant mises en bataille le chassèrent de ces deux postes, après un combat fort opiniâtre, qui dura jusqu'à dix heures du soir, avec une très-grande perte de part et d'autre.

On accusa le prince d'avoir voulu empêcher par cette action qui paroissoit contre toutes les règles, l'exécution du traité de paix qu'il avoit inutilement traversé. Son historien assure que le pensionnaire Fagel avoit différé de lui donner avis de la conclusion du traité ; et qu'il ne lui en écrivit que le 13. D'autres disent qu'à la vérité le pensionnaire lui en avoit envoyé une copie, mais qu'elle fut interceptée par le marquis de Grana, qui la cacha au prince dans l'espérance qu'un combat donné dans la conjoncture allumeroit la guerre : il faut avouer que tout cela n'est guères probable.

Le chevalier *Temple* prétend que M. de *Luxembourg* fut mis en désordre ; et que si le prince *d'Orange* avoit eu la liberté de l'attaquer le lendemain, avec sept ou huit mille Anglois qui étoient à portée de le joindre, non-seulement il auroit fait lever le blocus de Mons, mais il auroit pu même pénétrer en France. Samson a dit à-peu-près la même chose ; de Richemont au contraire ; le P. *du Londel*, dans ses Fastes, et la plupart de nos relations donnent la victoire complette au général françois. La gloire qu'on ne peut lui disputer, c'est d'avoir repris deux postes considérables, et de n'avoir pas perdu un pouce de terrain, après s'être laissé surprendre, en se reposant sur la foi d'un traité solennel signé depuis quatre jours, et dont il ne pouvoit douter que le prince *d'Orange* qui étoit si proche de Nimègue, et où il avoit tant de relations, ne fût aussi instruit que lui.

Mémoires chronologiques
de d'Avrigny.

Au reste, dit M. de *la Fare*, le prince d'*Orange*, qui ne pouvoit consentir à la paix, fit une chose qui découvrit bien son génie élevé et entreprenant. Il avoit la paix signée dans sa poche ; mais il la cacha à son armée, et alla attaquer M. de *Luxembourg* sous Mons. Il pensa le battre ; mais ce général qui ne s'y attendoit point, se défendit bien, et le lendemain la paix fut publiée.

(2) *La paix entre la France et la Hollande fut signée à Nimègue, le 10 août 1678. Le Roi leur rendit Maëstricht.*

La paix avec l'Espagne fut signée le 17 septembre suivant. Voici les conditions prescrites par Louis XIV. Il promit de rendre Charleroy, Binch, Ath, Oudenarde, Courtray et dépendances, à l'exception de Menin et de la ville de Condé, quoique tous ces lieux lui eussent été cédés par la paix d'Aix-la-Chapelle, et de plus la ville, le duché de Limbourg, Gand, le pays de Woës, Lewe, Saint-Guillonin les fortifications rasées, Puy-Cerda et les autres places occupées de ce côté-là. Le Roi garda la Franche-Comté, Valenciennes, Condé, Bouchain, Cambray, Aire, Saint-Omer, Ypres, Warwick, Warneton, la Lys, Poperingue, Bailleul, Cassel, Menin, Bavoy et Maubeuge avec leurs dépendances, et Charlemont ou Dinan. (Charlemont fut réuni à la France). Le traité fut ratifié à Saint-Germain-en-Laye, le 28 du même mois, et le 14 de novembre à Madrid.

Le chevalier Temple dit qu'il n'a jamais vu ni lu qu'aucune négociation ait été maniée avec autant d'habileté et d'adresse, que celle-là le fut de la part des plénipotentiaires françois.

(1) Et j'eus le bonheur de finir cette année aussi heureusement par les négociations, que je l'avois commencée par la guerre.

On s'assembla à Nimègue, dit M. de *la Fare*, et l'on peut dire que ce fut là où le Roi parut le maître en Europe. Il pouvoit presque choisir entre l'asservir ou lui donner la paix, et il étoit au comble de sa gloire, dont il est bien tombé depuis, pour avoir écouté et suivi de méchans conseils. Il préféra pour lors la paix à la guerre, car il la fit en maître; mais parce que l'Angleterre commençoit à se mouvoir, et à ne pouvoir consentir que toutes les conquêtes du roi lui demeurassent par la paix, on résolut, au commencement de la campagne de 1678, d'aller prendre Gand, et il faut dire à l'honneur de *Louvois*, que toutes les mesures pour cette importante conquête furent si bien prises et si bien exécutées, que ce grand coup réussit, et ensuite la prise d'Ypres : si bien que dès que *Barillon*, ambassadeur en Angleterre, eut le pouvoir d'offrir à *Charles II* de rendre Gand par le traité de paix, il fut bientôt conclu et signé à Nimègue. Par ce traité, dit M. de *la Fare*, le plus glorieux que la France ait peut-être jamais fait, le roi se chargea de faire rendre à la Suède tout ce que l'électeur de Brandebourg lui avoit pris pendant cette guerre, où elle avoit été presque entièrement chassée de l'Allemagne. Et en effet, les armes du roi la rétablirent dans tous ses états, ce qui donna le dernier titre à cette glorieuse paix de Nimègue, que le roi et les François peuvent regarder comme l'époque de leur grandeur, n'ayant rien fait depuis qui ne les ait conduit à leur ruine et à l'état pitoyable où ils sont tombés et tomberont, à moins, comme l'on dit, que Dieu ne s'en mêle.

Notes des Lettres.

(1) Je vous enverrai *Marsin* pour soulager le duc d'*Harcourt*.   Lettre Ire.

Henri, duc d'*Harcourt*, fut envoyé ambassadeur en Espagne, en 1697, il s'y conduisit en homme habile, et à son retour le roi le récompensa en érigeant son marquisat de Thury en duché sous le titre d'*Harcourt*. Ce duché fut érigé en pairie en 1709.

Voici le portrait que M. de *Saint-Simon* fait du duc d'*Harcourt*.

C'étoit un beau et vaste génie d'homme, un esprit charmant, mais d'une ambition sans bornes, d'une avarice sordide, et quand il pouvoit prendre le montant, une hauteur, un mépris des autres, une domination insupportable, tous les dehors de la vertu, tous les langages ; mais au dedans rien ne lui coûtoit pour arriver à ses fins, toutefois plus honnêtement corrompu qu'*Huxelles*, et même que *Tallart* et *Tessé* ; le plus adroit de tous les hommes en ménagemens et en souterrains, et à se concilier l'estime et les vœux publics sous une écorce d'indifférence, de simplicité, d'amour de sa campagne et des soins domestiques, et de faire peu ou point de cas de tout le reste. Il étoit assez supérieur à lui-même pour sentir ce qui lui manquoit du côté de la guerre, quoiqu'il en eût des parties; mais pour les grandes il n'y atteignit pas. Aucun seigneur n'eut le monde et la cour aussi généralement pour lui; aucun n'étoit plus tourné à y faire le premier personnage, peu ou point de plus capable pour le soutenir; avec cela beaucoup de hauteur et d'avarice, qu'il avoit même portée au point d'avoir avancé son dîné à onze heures du matin, pour en mieux bannir la compagnie; il mêloit avec grâce un air de guerre à un air de cour, d'une façon tout-à-fait noble et naturelle. Il étoit gros, point grand, et d'une laideur particulière, et qui surprenoit; mais avec des yeux si vifs et un regard si perçant, si haut et pourtant doux, et toute une physionomie qui pétilloit de tant d'esprit et de grâces, qu'à peine le trouvoit-on laid. Il s'étoit démis une hanche d'une chûte qu'il fit du rempart de Luxembourg en bas, où il commandoit alors, qui ne fut jamais bien remise, et qui le fit demeurer fort boiteux et fort vilainement, parce que c'étoit en arrière; naturellement gai, et aimant à s'amuser; il prenoit autant de tabac que le maréchal *d'Huxelles*, mais non pas aussi salement que lui, dont l'habit et la cravate en étoient toujours couverts. *Harcourt* s'aperçut de la répugnance que le roi avoit pour cette poudre, il la quitta tout-à-coup: on attribua à cela les apoplexies qu'il eut dans la suite, et qui lui causèrent une fin terrible.

(2) Je vous envoie *Marsin* pour demeurer auprès de vous. LETTRE 2°.

M. l'abbé *de Saint-Pierre* parle de M. de *Marsin* comme d'un homme ardent, généreux, médiocre général, dérangé dans ses affaires. C'étoit, dit M. *de Saint-Simon*, un très-petit homme, vif, sémillant, ambitieux, bas complimenteur sans fin, babillard et dévot, qui ne manquoit ni d'esprit ni de manège. Il ne laissoit pas, ajoute-t-il, malgré ce flux de bouche, d'être de bonne compagnie, d'être mêlé à l'armée avec la meilleure, et toujours bien avec le général sous lequel il servoit. Tout cela le fit choisir pour remplacer *Harcourt* (dans l'ambassade d'Espagne), dont la santé le mettoit hors d'état de supporter aucune fatigue, ni aucun travail : cette ambassade étoit fort au-dessus de la capacité de *Marsin* et de son maintien.

Le roi voulut que *Marsin* eût les mêmes appointemens et les mêmes traitemens que *Harcourt*. Il voulut même qu'il eût en tout une maison et un équipage pareils, et lui ordonna en conséquence de les commander, et paya tout.

(*St.-Simon, Supplém., tome* 3.)

A la fin de son ambassade, M *de Marsin* refusa la grandesse que *Philippe V* lui offrit. « Etant absolument nécessaire (écrivoit-il à » *Louis XIV*) que l'ambassadeur de V. M. » en Espagne ait un crédit sans bornes auprès » du roi son petit-fils, il est aussi absolument » nécessaire qu'il n'en reçoive jamais rien sans » exception, ni biens, ni honneurs, ni digni-» tés ; parce que c'est un des principaux moyens » pour faire recevoir au conseil du roi catho-» lique toutes les propositions qui viendront de » la part de V. M. » Il ajouta modestement, « que n'ayant point de famille, et n'ayant pas » dessein d'en avoir, ce sacrifice apparent ne » devoit lui être compté pour rien. » — Quoique je ne sois pas surpris de votre désintéressement, lui répondit le Roi, je ne le loue pas moins, et plus il est rare, plus j'aurai soin de faire voir que j'en connois le prix, et que je suis sensible aux marques d'un zèle aussi pur que le vôtre. Peu de temps après M. *de Marsin* eut le cordon bleu.

On sait qu'il fut blessé à mort, en 1706, à la bataille de Turin.

(3) Elle sait que le cardinal de *Janson* doit se rendre auprès d'elle. LETTRE 12°.

M. *de Saint-Simon* rapporte au sujet du cardinal *de Janson*, une anecdote curieuse qu'on ne sera pas fâché, je pense, de retrouver ici.

Le Roi voyant au conseil des dépêches de Rome qui ne ressembloient pas à celles qu'il avoit accoutumé de recevoir du cardinal *de Janson* qui, après sept ans de séjour fort utile ne faisoit que d'en arriver, S. M. se mit sur ses louanges, et ajouta qu'elle regardoit comme un vrai malheur de ne pouvoir pas le faire ministre. *Torcy* qui avoit apporté les dépêches, mais sans s'asseoir ni opiner encore, crut faire sa cour de dire, entre haut et bas, qu'il n'y avoit personne plus propre aux affaires que le cardinal, et ajouta que puisqu'il avoit le bonheur d'en être estimé capable par le Roi, il ne voyoit pas ce qui pouvoit l'empêcher d'être nommé ministre. Le roi qui l'entendit, répondit que lorsqu'à la mort du cardinal *Mazarin* il avoit pris le timon de ses affaires, il avoit été en grande connoissance de cause bien résolu de n'admettre aucun ecclésiastique dans son conseil, et moins encore un cardinal que les autres ; qu'il s'en étoit bien trouvé, et qu'il ne changeroit pas ; il ajouta qu'il étoit bien vrai qu'outre la capacité, le cardinal *de Janson* n'auroit pas les inconvéniens des autres, mais que ce seroit un exemple qu'il ne vouloit pas faire ; ce qui ne l'empêchoit pas de regretter de ne l'y pouvoir faire entrer. Je l'ai su de *Torcy* même, et long-temps auparavant de *Beauvilliers* et de *Pontchartrain* père. (*Saint-Simon, supplément, tome* 3).

Fin de la deuxième partie.